suhrkamp taschenbuch
wissenschaft 2253

Gegen die verbreitete Idee, daß Erkenntnis, wenn sie objektiv sein will, die erste Person transzendieren muß, erklärt Sebastian Rödl in seinem neuen Buch, daß Erkenntnis nur durch ihren erstpersonalen Charakter Objektivität besitzt. Er bietet auf diesem Weg eine überraschende Einführung in den absoluten Idealismus und unterminiert zugleich eine Reihe fraglos geltender Vorstellungen. Dazu gehört etwa die, Urteilen sei eine propositionale Einstellung und Schließen ein geistiger Vorgang, oder auch die, es gebe eine empirische Wissenschaft des Vermögens objektiver Erkenntnis. Rödl zeigt, daß sie alle der irrigen Idee entspringen, die Objektivität der Erkenntnis sei ihrem erstpersonalen Charakter entgegengesetzt.

Sebastian Rödl ist Professor für Praktische Philosophie an der Universität Leipzig. Im Suhrkamp Verlag veröffentlicht hat er: *Selbstbewußtsein* (stw 1992) und *Kategorien des Zeitlichen. Eine Untersuchung der Formen des endlichen Verstandes* (stw 1748)

Sebastian Rödl

Selbstbewußtsein und Objektivität

Eine Einführung in den absoluten Idealismus

Aus dem Englischen
von Carolin Böse-Sprenger

Suhrkamp

FAGI
FORSCHUNGSKOLLEG
ANALYTIC GERMAN IDEALISM

Titel der Originalausgabe:
Self-Consciousness and Objectivity. An Introduction to Absolute Idealism
Erstmals veröffentlicht 2018
Published by arrangement
with Harvard University Press

Die deutsche Übersetzung wurde vom Autor durchgesehen und autorisiert.

Bibliografische Information der Deutschen Nationalbibliothek
Die Deutsche Nationalbibliothek verzeichnet diese Publikation in der Deutschen Nationalbibliografie; detaillierte bibliografische Daten sind im Internet über http://dnb.d-nb.de abrufbar.

suhrkamp taschenbuch wissenschaft 2253
Erste Auflage 2019

Umschlag nach Entwürfen
von Willy Fleckhaus und Rolf Staudt
Druck: Druckhaus Nomos, Sinzheim
Printed in Germany
ISBN 978-3-518-29853-4

Inhalt

Inhalt

James Conant und Andrea Kern

Analytischer Deutscher Idealismus
Vorwort zur Buchreihe

Die Philosophie des Deutschen Idealismus – und damit meinen wir die Philosophie von Kant bis Hegel – scheint vielen durch die analytische Philosophie überholt. Nicht selten wird sie als Gegenprojekt zu dieser Tradition der Philosophie verstanden. Mit der Buchreihe »Analytischer Deutscher Idealismus« wollen wir sichtbar machen, dass die Philosophie des Deutschen Idealismus keinen Gegensatz zur analytischen Philosophie darstellt, sondern umgekehrt ihr Maßstab und Fluchtpunkt ist.

Die Reihe antwortet auf eine intellektuelle und gesellschaftliche Herausforderung, die durch die Renaissance des Naturalismus in den Wissenschaften erneut ins Zentrum der Aufmerksamkeit gerückt ist. Sie liegt in der für uns grundlegenden Frage, wie wir es verstehen können, dass wir geistbegabte Tiere sind, die einerseits das, was sie tun, aus Freiheit tun, deren Leben aber andererseits durch Gesetzmäßigkeiten bestimmt ist, die sie nicht selbst hervorgebracht haben. Es ist offenkundig, dass man diese Frage nicht beantworten kann, indem man ihre eine Seite – die Freiheit des Menschen – leugnet. Eine Naturalisierung des Geistes, die leugnet, dass all das, was das menschliche Leben ausmacht – Denken, Sprechen, Handeln, soziale Institutionen, religiöser Glaube, politische Ordnungen, Kunstwerke etc. –, Gegenstände sind, die, um mit Kant zu sprechen, dem Reich der Freiheit angehören, löst das Problem nicht, sondern kapituliert vor ihm. Doch auch wenn jeder sieht, dass diese Leugnung, die der Szientismus unablässig predigt, nicht das Resultat einer Erkenntnis sein kann, sondern vielmehr Ausdruck einer intellektuellen Hilflosigkeit ist, führt uns diese Reaktion ebenso vor Augen, dass die Frage nach der Einheit von Geist und Natur eine echte Frage ist, bei deren Beantwortung unser Selbstverständnis als geistige Wesen auf dem Spiel steht.

Die beschriebene Situation ist indes nicht neu. Blicken wir ins 18. Jahrhundert zurück, erkennen wir eine ähnliche intellektuelle Lage. Auch damals war es der Fortschritt der modernen Naturwissenschaften, der unser Selbstverständnis als geistbegabte Tiere herausgefordert hat. Der Deutsche Idealismus antwortet auf diese Herausforderung, indem er die Philosophie explizit durch die Frage nach der Einheit von Geist und Natur definiert. Im Angesicht der modernen Naturwissenschaft ringt die Philosophie von Kant bis Hegel darum, die zwei Seiten des Menschen zusammenzubringen: dass er ein Tier ist und doch ein geistiges Wesen, dass er Natur ist und doch Gesetzen unterliegt, die von anderer Art sind als die Gesetze der Natur: Gesetzen der Freiheit. Die Philosophie des Deutschen Idealismus ist von dem Bewusstsein durchdrungen, dass das Begreifen dieses Verhältnisses – des Verhältnisses von Geist und Natur, wie Hegel es zu Anfang seiner *Enzyklopädie der philosophischen Wissenschaften* formuliert – die bestimmende Aufgabe der Philosophie ist. Wenn wir daher mit der Buchreihe »Analytischer Deutscher Idealismus« die Philosophie des Deutschen Idealismus stärken wollen, dann weil wir meinen, dass der Deutsche Idealismus für die intellektuelle Herausforderung, der wir uns gegenübersehen, die maßgebliche Orientierung ist. Der Deutsche Idealismus liegt nicht hinter uns, sondern vor uns. Damit meinen wir, dass die Art und Weise, wie der Deutsche Idealismus seine grundlegenden Begriffe und Ideen, allen voran die Begriffe der Freiheit, der Vernunft und der Selbstbestimmung, entwickelt und artikuliert, dem gegenwärtigen philosophischen Bewusstsein vielfach unbekannt und verstellt ist. Das liegt teilweise daran, wie die Philosophie in Westdeutschland nach 1945 mit diesem philosophischen Erbe umgegangen ist. Sie hat ihre durch den Nationalsozialismus verursachte Verstümmelung viel zu wenig als solche erfasst und zu heilen gesucht. Damit hat sie sich in eine Lage gebracht, in der sie aus sich heraus nicht mehr die Mittel schöpfen konnte, um die Begriffe und Ideen, in denen sie zu Recht ihre Bedeutung sah, so zu artikulieren, dass sie als Maßstab der systematischen Arbeit erscheinen konnten. Für einen großen Teil der Jüngeren wurde dieser Maßstab stattdessen die analytische Philosophie angloamerikanischer Prägung.

So wichtig diese Erneuerung der Philosophie war, so entstand dadurch doch der falsche Eindruck, die analytische Philosophie und die Philosophie des Deutschen Idealismus seien Gegensätze, nämlich Orientierungen und Vorgehensweisen, die nicht nur nichts miteinander zu tun haben, sondern einander ausschließen. Die Bücher dieser Reihe möchten darum auch sichtbar machen, dass der Deutsche Idealismus von Kant bis Hegel nicht nur kein

Gegensatz zur analytischen Philosophie ist, sondern eine Form, und zwar eine maßgebliche Form, der analytischen Philosophie. Der Deutsche Idealismus als analytische Philosophie ist eine Reflexion auf elementare Formen des Denkens und damit auf die Quelle unserer grundlegenden Begriffe, die diese Begriffe zugleich als notwendig ausweist. Philosophie ist, so sagt es Hegel, der Versuch, das Denken aus sich selbst zu begreifen. Sie ist ein Begreifen des Denkens, das von keinen »Voraussetzungen und Versicherungen« abhängt, wie er sagt, eine radikal voraussetzungslose Untersuchung der Voraussetzungen des Denkens. Darin liegt der gemeinsame Zug der Philosophie des Deutschen Idealismus: dass die Begriffe, die sie durcharbeitet, von nirgendwo her – von keiner Wissenschaft und keinem Common Sense – übernommen werden, sondern diese Begriffe nur so weit verwendet werden, wie sie als notwendig für das Denken erkannt werden. Diese Einsicht, dass die Philosophie ihre Begriffe nur aus dem Denken selbst nehmen kann, macht den radikalen Anspruch des Deutschen Idealismus aus. Und so ist die Idee der analytischen Philosophie, die Idee der Philosophie als logischer Analyse der grundlegenden Formen des Denkens und der Aussage, nirgends so streng durchgeführt worden wie im Deutschen Idealismus.

Unter dem Label »Analytischer Deutscher Idealismus« versammelt die Buchreihe Texte und Bücher, die auf exemplarische Weise Philosophie als analytische Aufklärung verstehen, im Geist und mit den Begriffen des Deutschen Idealismus. Die analytische Philosophie kommt erst da zu sich selbst, wo sie sich nicht von der idealistischen Philosophie abwendet, sondern auf diese ausgerichtet ist: in ihren Grundbegriffen und in der Radikalität ihrer Methode. Das mag manchen als provokante These anmuten, doch es gibt viele Beispiele, die ihr entsprechen. Gottlob Freges *Begriffsschrift*, die vielen als Gründungsdokument der analytischen Philosophie gilt, ist kein Gegenprojekt zum Deutschen Idealismus, sondern eine Weiterführung der kritischen Philosophie Kants. Und wenn wir uns zwei andere große Werke der analytischen Philosophie vergegenwärtigen, Wilfrid Sellars' *Empiricism and the Philosophy of Mind* (deutsch: *Der Empirismus und die Philosophie des Geistes*) und Peter Strawsons *The Bounds of Sense* (deutsch: *Die Grenzen des Sinns*), sehen wir, dass sich die herausragenden Repräsentanten der analytischen Philosophie niemals vom Deutschen Idealismus abgewendet, sondern stets dessen Nähe gesucht haben. Das offizielle Selbstverständnis der analytischen Philosophie, in dem sie sich dem Empirismus verschreibt und sich damit dem Deutschen Idealismus entgegensetzt, ist ein Selbstmissverständnis. Der Empirismus, der sich für aufgeklärt hält, weil er die empirischen Wissenschaften zum Maß der Erkenntnis erklärt, ist in Wahrheit der Widersacher der analytischen Philosophie, nämlich der radikalen, der grundlegenden Analyse der Formen unseres Denkens und Verstehens. Soweit der Empirismus die analytische Philosophie dominiert, verdeckt er deren eigentliche Orientierung, die dieselbe ist wie die des Deutschen Idealismus.

Der vorliegende Band *Selbstbewußtsein und Objektivität* von Sebastian Rödl ist der sechste Band dieser Buchreihe, die 2015 durch den Band *Wiedererinnerter Idealismus* von Robert B. Brandom eröffnet wurde. Rödls Abhandlung trägt den Untertitel *Eine Einführung in den absoluten Idealismus*. Damit soll angezeigt werden, dass sie keine Einführung in die Philosophie irgendeines überlieferten Autors ist, auch nicht in die Philosophie Hegels, dessen Philosophie sich als eine Gestalt des absoluten Idealismus versteht. Sie ist vielmehr eine Einführung in einen Grundgedanken und in ein Philosophieren, das von diesem Grundgedanken getragen wird.

Rödl unterläuft im vorliegenden Band ein bestimmendes Dogma der zeitgenössischen Philosophie: dass die Objektivität des Denkens darin liegt, dass es sich auf etwas anderes bezieht als sich selbst, auf etwas, das ist, wie es ist, gleich, ob es als so seiend erkannt ist oder nicht. Er erweckt den alten Gedanken – ein Gedanke, so alt wie die Philosophie – zu neuem Leben, wonach Erkenntnis, eben da sie objektiv ist, Selbsterkenntnis ist: sich selbst erkennendes Erkennen. Er radikalisiert damit die in der analytischen Philosophie seit einiger Zeit wieder gewonnene Einsicht in die grundlegende Bedeutung der ersten Person. Diese Bedeutung liegt nach Rödl darin, dass Selbsterkenntnis der Grund und die Seele aller Erkenntnis ist. Das Anliegen des vorliegenden Bandes ist es, diesen Grundgedanken des absoluten Idealismus zu artikulieren.

Die Buchreihe wird von einem internationalen Forschungszentrum getragen, dem *Forschungskolleg Analytic German Idealism* (FAGI), das 2012 an der Universität Leipzig gegründet wurde und dessen Arbeit durch ein international besetztes Gremium unterstützt wird (siehe ⟨http://www.sozphil.uni-leipzig.de/cm/fagi/⟩).

Ziel des FAGI ist es auch, die Stimme des Analytischen Deutschen Idealismus in die außerakademische Öffentlichkeit hineinzutragen und ihr Gewicht in den Debatten über unser Selbstverständnis zu stärken.

Selbstbewußtsein und Objektivität

Eine Einführung in den absoluten Idealismus

Danksagung

Ich danke dem Wissenschaftskolleg zu Berlin, an dem ich das Jahr 2014/15 als Fellow verbringen konnte. In diesem Jahr ist der größte Teil des ersten Entwurfs entstanden. Weiter danke ich der Andrew Mellon Foundation. Der Distinguished Achievement Award, den die Mellon Foundation John McDowell zugesprochen hat, hat die Mittel bereitgestellt, die es mir erlaubt haben, im Jahr 2016/17 Gast des Department of Philosophy der University of Pittsburgh zu sein. Es ist Jahre her, daß ich so viel Zeit hatte zu lesen und zu denken wie in diesem Jahr. Es war ein großes Glück. Und es hat Frucht getragen. In diesem Jahr habe ich das Buch abgeschlossen. Ich danke John McDowell dafür.

1. Objektivität versus erste Person

1.1. Objektivität, erste Person

Denken, daß dies und das der Fall ist, ist etwas, das jemand tut. Gleichwohl ist Denken objektiv: Ob einer zu Recht denkt, was er denkt, hängt davon ab, hängt allein davon ab, was er denkt; es ist von jeder Bestimmung desjenigen, der es denkt, unabhängig. Wenn wir das, was ein Subjekt denkt, das Objekt seines Denkens nennen, können wir sagen: Denken ist objektiv, da seine Geltung allein von seinem Objekt abhängt und von seinem Subjekt unabhängig ist.

Denken ist objektiv: Ob es richtig ist, etwas zu denken, hängt allein davon ab, was gedacht wird, nicht von irgendeiner Bestimmung desjenigen, der es denkt. Das scheint zu implizieren, daß Denken objektiv ist, insofern sein Subjekt nicht in dem vorkommt, was es denkt. Genauer: insofern es darin nicht *als sein Subjekt* vorkommt. Jemand mag etwas von sich selbst denken; der denkt, mag in dem vorkommen, was er denkt. Doch soweit sein Denken objektiv ist, kommt er in dem, was er denkt, nicht vor *als es denkend*. Denken, das objektiv ist, bezieht sich auf etwas anderes als sich selbst.

Es gibt Denken, das sich auf das Subjekt dieses Denkens bezieht und auf es als sein Subjekt: Denken, dessen sprachlicher Ausdruck ein Pronomen der ersten Person verlangt. Wenn eine so denkt, wie es ein erstpersonales Pronomen ausdrückt, dann ist die, die denkt, die, von der sie etwas denkt, und nicht *per accidens*, sondern kraft der Weise, in der sie denkt. Da hier die Identität derer, die denkt, mit der, von der sie etwas denkt, die Weise ihres Denkens bestimmt, begreift sie diese Identität nicht in einem zweiten Akt, in dem sie die, von der sie etwas denkt, als sich selbst erkennte. Sondern diese Identität ist im erstpersonalen Denken selbst verstanden. Etwas in der ersten Person denken heißt also sich als es denkend denken. Was erstpersonal gedacht wird, enthält sein Gedachtwerden.

Denken ist objektiv: Seine Geltung hängt allein davon ab, was gedacht wird, und von keiner Bestimmung derer, die es denkt. Das scheint zu bedeuten, daß Denken sich auf etwas anderes bezieht als den Akt, in dem man es denkt. Was in der ersten Person gedacht wird aber, enthält sein Gedachtwerden. Soweit Denken objektiv ist, wird es deshalb dem, was gedacht wird, nicht wesentlich sein, in der ersten Person gedacht zu werden. Denn dann wäre es dem, was gedacht wird, wesentlich, gedacht zu werden. Da wir nach objektiver Geltung streben, fliehen wir die erste Person; wir erreichen Objektivität, da wir die erste Person aus unserem Denken vertreiben. So mag ich denken, daß ich ein Mensch bin. Insofern mein Denken objektiv ist, denke ich: Da ist ein bestimmtes Individuum, und es ist ein Mensch. Denke ich das in der ersten Person, verstehe ich, daß der, von dem ich denke, er sei ein Mensch, denkt, daß er das sei. Ich verstehe das, da ich von ihm in dieser Weise denke: erstpersonal. Insofern jedoch mein Denken objektiv ist, schließt das, was ich denke – daß der hier ein Mensch ist –, nicht ein, daß er denkt, daß er ein Mensch ist. In letzter Instanz ist objektives Denken nicht erstpersonal.

Es gilt weithin als selbstverständlich, daß die Objektivität des Denkens darin liegt, daß es sich auf etwas bezieht, das ist und ist, wie es ist, unabhängig davon, daß es als seiend und so seiend gedacht wird. Diese Idee prägt etwa die Literatur, die von den Schriften P. F. Strawsons ausgeht und in der es darum geht, wie sinnliche Erfahrung objektive Erkenntnis sein kann, Erkenntnis einer, wie es heißt, *objektiven Welt*. Wir verstehen sinnliche Wahrnehmung als etwas, das uns objektive Erkenntnis verschafft, da wir begreifen, daß sie von etwas herrührt, das weder seine Existenz noch seine Natur unserer Erfahrung seiner verdankt. Gareth Evans schreibt im einleitenden Abschnitt von »Things Without the Mind«:

Worin besteht der Zusammenhang zwischen der Idee einer objektiven Welt und der Idee einer räumlichen Welt? Wenn jemand die Vorstellung einer Welt hat, *etwas, dessen Existenz und Lauf von der Erfahrung seiner unabhängig ist* [Hervorhebung S. R.], stellt er sich darin zwingend ein System räumlicher Verhältnisse vor, in dem sowohl er als die Phänomene, die er wahrnimmt, einen Ort haben? [...] Die Verknüpfung von Raum und Objektivität ist [...] tief in unserem Begriffsschema verankert [...].[1]

1 Gareth Evans, »Things Without the Mind. A Commentary upon Chapter Two of Strawson's *Individuals*«, in: ders., *Collected Papers*. Oxford 1985, S. 249-290, hier S. 249. Alle englischsprachigen Zitate sind von mir (S. R.) übersetzt, auch wenn eine deutsche Übersetzung vorliegt. In diesem Fall gebe ich den Ort der zitierten Passage in der vorliegenden Übersetzung an, zitiere diese Übersetzung aber nicht.

Der in Kommata eingeschlossene Satzteil, den ich kursiv gesetzt habe, erklärt, was Evans meint, wenn er von einer Welt spricht oder, wie im vorangehenden Satz, einer objektiven Welt. Eine Welt, eine objektive Welt, der Gegenstand des Denkens, insofern Denken objektiv ist, ist etwas, das ist und ist, wie es ist, unabhängig davon, daß es von der, die es erfaßt, erfaßt wird. Das ist der Ausgangspunkt von Evans' Untersuchung der Rolle des Raums in der Erfahrung.

Die Idee, daß der erstpersonale Charakter eines Gedankens seiner Objektivität widerstreitet, ist gleichermaßen verbreitet. Betrachten wir etwa den ersten Abschnitt von Thomas Nagels *The Last Word*:

> Diese Erörterung befaßt sich [...] mit der Frage, wo Verstehen und Begründen an ihr Ende kommen. Enden sie in objektiven Prinzipien, deren Geltung von unserem Standpunkt unabhängig ist, oder enden sie innerhalb unseres – individuellen oder gemeinsamen – Standpunkts, so daß letztlich selbst die scheinbar objektivsten und allgemeinsten Prinzipien ihre Geltung oder Autorität der Perspektive und Praxis derjenigen verdanken, die ihnen folgen? [...] In nuce ist das die Frage, ob sich am Grunde von allem, was wir sagen und denken, die erste Person, Singular oder Plural, verbirgt.[2]

Ein Begründen kommt an sein Ende in Gedanken, die wir für gültig halten. Ihre Geltung ist entweder auf unseren »Standpunkt« beschränkt, in welchem Falle sie davon abhängt, daß wir diese Gedanken denken – daß wir geneigt, willens oder gewohnt sind, sie zu denken –, und ihr Ausdruck verlangt ein Pronomen der ersten Person, Singular oder Plural. Oder ihre Geltung hängt allein davon ab, was wir denken, und in keiner Weise von uns, die wir es denken. In diesem Fall lassen wir die erste Person in Gedanken, die unser Verlangen nach objektiver Geltung befriedigen, hinter uns. Ein Gedanke, in dem unser Streben nach Objektivität zur Ruhe kommt, weiß nichts von uns, die wir ihn denken.

2 Thomas Nagel, *The Last Word*, Oxford 1997, S. 3; deutsch: *Das letzte Wort*, Stuttgart 1999, S. 9.

1.2. Selbstbewußtsein; terminologische Anmerkungen

Denken, haben wir gesagt, ist objektiv: Seine Geltung hängt allein davon ab, was gedacht wird, und von keiner Bestimmung desjenigen, der es denkt. Es gibt ein weiteres Merkmal der Geltung des Denkens oder Urteilens. Indem ich urteile, daß die Dinge soundso sind, denke ich, daß es richtig ist, das zu urteilen. Ich urteile nicht in einem Akt, daß die Dinge so sind, und halte mein Urteil in einem zweiten Akt für gültig. Sondern urteilen, daß die Dinge so sind, *ist* es richtig finden zu urteilen, daß sie so sind. Das Urteil kehrt zu sich selbst zurück.

Denken, daß etwas so ist, heißt, sich bewußt sein, daß es richtig ist, das zu denken. Wir können das so ausdrücken, daß wir sagen, ein Urteil ist selbstbewußt gültig, was bedeutet, daß es ein Bewußtsein *seiner selbst* als gültig *ist*. Die Geltung eines Urteils ist also nicht nur objektiv; sie ist ebenso selbstbewußt.

Das ist der Ort, einige Redeweisen zu erläutern, die, während sie die Darstellung erleichtern, ungewohnt sein mögen und Mißverständnisse hervorrufen können. Ich verwende »Urteilen« und »Denken« dem Sprachgebrauch folgend austauschbar: »Marcus denkt, daß die Dinge so sind« beschreibt Marcus als einen, der urteilt, für wahr hält, daß sie so sind. Mit »Bewußtsein« bezeichne ich eine Gattung, deren Spezies Denken, Urteilen und Erkennen sind. Weitere ihrer Spezies sind etwa tierisches Wahrnehmen und Begehren. »Urteilen, daß die Dinge so sind, heißt sich bewußt sein, daß es richtig ist, das zu urteilen« ist also eine Variante von »Urteilen, daß es so ist, heißt, es für richtig halten, so zu urteilen«. Keine dieser Formulierungen impliziert, daß das Urteil, das für richtig gehalten wird, richtig *ist*. Jemandes Urteil mag ungültig sein. Wenn es das ist, gilt das auch für seinen Gedanken, sein Urteil sei gültig. So muß es sein, da jenes Urteil und dieser Gedanke *ein* geistiger Akt sind.

Urteilen heißt sich bewußt sein, daß es richtig ist, so zu urteilen. Das drücke ich auch so aus, daß ich sage, ein Urteil sei sich seiner Geltung bewußt. Das ist keine Metapher, die ein Urteil als denkendes Subjekt darstellt, sondern eine Redeweise, die umständliche Formulierungen vermeidet. Mit ihr ist nicht mehr und nicht weniger gesagt, als daß ein Urteil und der Gedanke seiner Geltung *ein* geistiger Akt und *ein* Bewußtsein sind.[3] Ich werde freimütig Sätze bilden, in denen ein Urteil als grammatisches Subjekt von Verben des Bewußtseins auftritt. Das ist stets so zu verstehen, daß das genannte Bewußtsein dem fraglichen Urteil intern ist. Wer an dieser Redeweise Anstoß nimmt, möge sich solche Wendungen gemäß der eben gegebenen Erläuterung übersetzen.

Statt zu sagen »die Geltung eines Urteils ist objektiv und selbstbewußt« sage ich auch »ein Urteil ist selbstbewußt und objektiv gültig«. Das bedeutet nicht, daß ein Urteil als solches gültig ist – das wäre absurd. Sondern es beschreibt die Form der Geltung, die dem Urteil eignet. Es sagt: Von solcher Art ist die Geltung des Urteils – des gültigen, versteht sich. Die Geltung eines Urteils ist selbstbewußt: Ein gültiges Urteil wird *in* eben diesem Urteil als gültig gedacht. Und sie ist objektiv: Der Maßstab seiner Geltung involviert nicht das urteilende Subjekt. Ich sage auch, Denken ist objektiv, und verwende das als Kurzform dafür, daß seine Geltung objektiv ist. In Kapitel 6 werden wir sehen, daß die Objektivität der Geltung des Denkens eine Objektivität auch des Akts des Denkens mit sich bringt. Bis dahin beziehen wir die Rede von der Objektivität des Denkens allein auf seine Geltung.

Eine letzte Anmerkung zum Ausdruck »Geltung«. Die Geltung oder Richtigkeit, von der ich spreche, ist die Übereinstimmung eines Urteils mit seinem inneren Maßstab der Vollkommenheit: Ein gültiges Urteil ist so, wie es sein soll, schlicht als Urteil. Es ist ein *innerer* Maßstab, da ihm ein Urteil unterliegt kraft dessen, daß es ist, was es ist: ein Urteil. Die Frage, was ein Urteil ist, und also die Frage, wie ein Urteil schlicht als Urteil sein soll, wird uns im Verlauf des gesamten Buchs beschäftigen. Wir können jedoch mit

3 Wilfrid Sellars spricht davon, daß die Erfahrung »sozusagen [...] Behauptungen aufstellt«. (Wilfrid Sellars, *Der Empirismus und die Philosophie des Geistes*, Münster 1999, § 16, S. 29.) John McDowell erklärt, das sei eine Metapher, die die Erfahrung als ein Subjekt vorstellt. Sellars' Redeweise ist insofern metaphorisch, als eine Erfahrung Behauptungen aufstellen kann, denen das Subjekt dieser Erfahrung nicht zustimmt. Metaphorisch also ist eine Erfahrung ein eigenständiges Subjekt unterschieden vom Subjekt eben dieser Erfahrung. (Vgl. John McDowell, »Sellars über sinnliche Erfahrung«, in: ders., *Die Welt im Blick. Aufsätze zu Kant, Hegel und Sellars*, Berlin 2015, S. 19-46, hier: S. 28.) Wenn Sellars meine Redeweise verwendete, bedeutete seine Aussage, daß Erfahrungen Behauptungen aufstellen, dies: Erfahren, daß die Dinge so sind, ist ein Urteilen, daß sie so sind. Ich erwähne das nicht, um Sellars zu erläutern, sondern um klarzumachen, was ich meine.

einer vertrauten Bestimmung seiner Vollkommenheit beginnen: Ein Urteil, das ist, wie es als Urteil sein soll, ist wahr. Es ist nur richtig zu urteilen, daß die Dinge so sind, wenn man, indem man so urteilt, wahr urteilt, nur dann also, wenn die Dinge so sind, wie man urteilt. Bis auf weiteres ist das unsere Idee der Geltung eines Urteils.

1.3. Selbstbewußtsein und die erste Person

Das Urteil ist selbstbewußt gültig. Das Wort »Selbstbewußtsein« läßt an das Pronomen der ersten Person denken, und zu Recht. Wir hatten bemerkt, daß, was in der ersten Person gedacht wird, sein Gedachtwerden enthält. Ebenso gilt umgekehrt: Was ein Denken seiner selbst enthält, wird in diesem Denken erstpersonal gedacht.

Nehmen wir an, einer ist soundso in einer Weise, daß sein Sosein einschließt, daß er sich als so seiend denkt. (»Sein« steht hier für Prädikation überhaupt. »Siggi geht zum Bäcker« ist ein Fall von Siggis Sosein.) Dieser sein Gedanke ist ein erstpersonaler Gedanke. Denn gesetzt, er wäre es nicht, gesetzt, er dächte sich in einer Weise als so seiend, die es offenließe, ob der, der das denkt, der ist, von dem er es denkt. Gesetzt, heißt das, er dächte sich als so seiend, aber nicht in der ersten Person. Dann – so haben wir stipuliert – versteht er in dem, was er denkt, den, von dem er es denkt, nicht als einen, der das denkt. Was er denkt, da er ein bestimmtes Subjekt als so seiend denkt, schließt nicht ein, daß sich dieses selbst als so seiend denkt. Also ist das, was er denkt, nicht, daß er so ist; denn *das* – mit dieser Annahme haben wir diesen Absatz begonnen – schließt ein, daß der, der so ist, eben das denkt. Was ein Denken seiner selbst enthält, enthält ein erstpersonales Denken.

Wir sagten, indem ich denke, daß die Dinge so sind, halte ich es für richtig, das zu denken; ein Akt des Denkens denkt seine eigene Geltung. Also ist Denken als solches das Denken seiner selbst; Denken ist selbstbewußt. Da es selbstbewußt ist, wird es in der ersten Person gedacht: *Ich denke.*

Da denken, daß die Dinge so sind, denken heißt, daß es richtig ist, das zu denken, ist das *Ich denke* in jedem Akt des Denkens gedacht: Ein Akt des Denkens ist der erstpersonale Gedanke seiner selbst. Da das Bewußtsein, daß man denkt, die Dinge seien so, kein von diesem Denken verschiedener Akt ist, ist der geistige Akt, den *So ist es* ausdrückt, derselbe wie der, den *Ich denke, daß es so ist* ausdrückt. Da der Akt des Denkens einer ist, ist das, was in ihm gedacht ist, eines; da das *Ich denke* in jedem Denken gedacht wird, ist das *Ich denke* in allem, was gedacht wird. Das kann man nicht ausdrücken, indem man sagt, in jedem Denken würde zweierlei gedacht: *p* und *Ich denke p*. Im Gegenteil. Da etwas zu denken heißt, sich als es denkend zu denken, gibt es nichts, was beschrieben werden könnte als: denken, *zusätzlich zu p*, daß man das denkt. Falls unsere Schreibweise uns irreführt, indem sie nahelegt, das *Ich denke* trete zu einem *p* hinzu, das von ihm frei ist, können wir eine entwerfen, die das *Ich denke* in *p* hineinnimmt. Wir können etwa den Buchstaben *p* schreiben, indem wir die Zeichen »Ich denke« so anordnen, daß sie ein *p* bilden.

Es schadet nicht, das zu wiederholen: Es hat keinen Sinn zu sagen, in einem Akt des Denkens würde zweierlei gedacht: *p* und *Ich denke p*. Kant sagt: Das *Ich denke* begleitet all meine Gedanken.[4] Hegel nennt diese Ausdrucksweise »ungeschickt«.[5] Zu Kants Verteidigung können wir sagen, daß er eilends ergänzt, das *Ich denke* könne seinerseits von keiner Vorstellung begleitet werden. Damit will er klarmachen, daß das *Ich denke* nicht etwas ist, das neben den Gedanken, die es begleitet, gedacht wird, sondern das allem, was gedacht wird, als solchem innewohnt.

Wenn ich sage, das *Ich denke* ist in dem, was gedacht wird, enthalten, mag auch das mit Recht ungeschickt genannt werden. Es legt nahe, daß es zwei Dinge gibt, von denen eines das andere enthält. Vielleicht sollten wir sagen, was gedacht wird, ist vom *Ich denke* durchdrungen. Doch auch damit laufen wir auf Grund, wenn wir die Metapher durchdenken. Manche haben versucht zu sagen, das *Ich denke* sei im Hintergrund, während sich das Gedachte im Vordergrund befinde, oder das Gedachte sei thematisch, das *Ich denke* unthematisch. Diese Metaphern sind geeignet, die

4 Immanuel Kant, *Kritik der reinen Vernunft*, B 131, in: Kants gesammelte Schriften 3/4, Berlin 1911. Genauer sagt Kant, das *Ich denke* müsse alle meine Vorstellungen begleiten können, weil alle meine Vorstellungen gedacht werden können müssen. Das setzt voraus (wovon Kants Philosophie ausgeht und wofür zu argumentieren ihm nie in den Sinn kommt), daß das *Ich denke* all meine Gedanken begleitet.

5 G. W. F. Hegel, *Enzyklopädie der philosophischen Wissenschaften im Grundrisse*, in: Gesammelte Werke 20, Hamburg 1992, § 20.

Vorstellung zu verfestigen, es würden zwei Dinge vorgestellt, der Gegenstand und mein Denken seiner: In dem, was man sieht, sind das, was im Vordergrund, und das, was im Hintergrund ist, verschiedene Dinge, die es zu sehen gibt (das Haus im Vordergrund, die Bäume im Hintergrund); in einer Musik ist das Thema neben der Begleitung zu hören. Wir wollen uns aber nicht mit diesen figürlichen Reden aufhalten; wir verstehen Selbstbewußtsein nicht durch Metaphern und Bilder.[6] Wir werden weiter davon sprechen, daß das *Ich denke* in dem, was gedacht wird, enthalten ist, nicht weil das erhellend wäre, sondern weil es eine bequeme Ausdrucksweise ist.

Ehrgeiziger ist die Idee, das *Ich denke* sei die Form dessen, was gedacht wird. Das mag richtig sein. Gleichwohl dürfen wir nicht hoffen, das Denken durch einen Formbegriff zu verstehen, den wir irgendwoher entlehnen, von der bronzenen Statue etwa oder vom Tier.[7] Was wir sagen können, ist dies: Wenn das *Ich denke* die Form des Gedachten ist, dann ist die Form dessen, was gedacht wird, in allem, was gedacht wird, gedacht. Etwas denken heißt, es durch seine Form denken, die Form, die es aufweist als etwas, das gedacht wird. Das stimmt. Wir kommen darauf in Kapitel 4 zurück.

Denken ist objektiv. Und es ist selbstbewußt. Das ist verwirrend. Soweit Denken objektiv ist, schien es, ist das, was gedacht wird, von seinem Gedachtwerden verschieden. Dem, was objektiv gedacht wird, ist es äußerlich, daß es gedacht wird. Insofern Denken objektiv ist, hat es die erste Person aus sich ausgeschlossen. Wenn aber Denken selbstbewußt ist, enthält das, was gedacht wird, als solches sein Gedachtwerden. Das *Ich denke* ist nicht nur in besonderen Fällen in dem enthalten, was gedacht wird – in dem, was erstpersonal gedacht wird. Es ist in dem, was gedacht wird,

6 Die Metaphern verweisen vielleicht auf die besondere Aufgabe der Philosophie, die darin liegt, zur Sprache zu bringen, was jeder immer schon versteht, nämlich in allem, was er denkt, was, wie Hegel es formuliert, »uns in jedem Satze, den wir sprechen, zum Munde herausgeh[t]« (*Wissenschaft der Logik*, in: Gesammelte Werke 21, Hamburg 1985, Vorrede zur zweiten Ausgabe). Wir werden uns mit der Natur dieser Aufgabe beschäftigen und insoweit diese Metaphern erläutern.

7 Was nicht heißt, daß es nicht lohnend wäre, über Artefakte und Tiere nachzudenken. Tatsächlich ist die Reflexion über solche Begriffe wesentlich, um das Denken zu verstehen, nicht weil das Denken dem Tier oder dem Artefakt ähnlich wäre, sondern weil diese Begriffe Formen des Denkens vorstellen und also Momente des Begriffs des Denkens sind.

insofern es etwas ist, das gedacht wird. Das scheint zu zeigen, daß Denken entweder objektiv ist oder selbstbewußt. Es kann nicht beides sein. Selbstbewußtsein schließt Objektivität aus, Objektivität Selbstbewußtsein.

Wir können das in Nagels Worten sagen. Wenn Denken objektiv ist, müssen wir uns von der ersten Person befreien, um objektive Geltung zu erreichen. Wenn Denken objektiv ist, ist die erste Person nicht das letzte Wort. Wenn dagegen Denken selbstbewußt ist, ist die erste Person in jedem Gedanken. Sie kann dem Denken nicht ausgetrieben werden, denn Denken ist als solches das erstpersonale Denken seiner selbst. Die erste Person ist das ursprüngliche Wort des Denkens, sein erstes und sein letztes Wort.

1.4. Die Einheit von Objektivität und Selbstbewußtsein, wie sie in den angeführten Texten hervortritt

Es scheint, Denken kann nicht beides sein: selbstbewußt und objektiv. Vielleicht ist Denken objektiv, aber nicht selbstbewußt, oder es ist selbstbewußt, aber nicht objektiv. Da wir diese Alternative erwägen, fällt uns auf, daß in eben den Texten, die wir oben herangezogen haben, die Objektivität des Denkens gar nichts anderes zu sein scheint als sein Selbstbewußtsein.

In *The Last Word* erklärt Nagel, daß wir »Denken nicht von außen verstehen können«.[8] Es ist die Objektivität des Denkens, die der Möglichkeit, es »von außen« zu verstehen, eine Schranke setzt:

> Ich würde die Pointe des Cartesischen *Cogito* so erklären: Es zeigt eine Grenze der Art von Selbstkritik, die einsetzt, wenn man sich von außen betrachtet und überlegt, wie die eigenen Überzeugungen durch Ursachen hervorgebracht worden sein könnten, die sie nicht rechtfertigen und als gültig ausweisen.[9]

Nagel stellt dem Verstehen der eigenen Überzeugungen von außen eine andere Weise ihres Verstehens gegenüber. Dieses andere Verstehen ist eines von innen, von innerhalb der fraglichen Überzeugungen. Etwas denken heißt, sich als es denkend verstehen. Da

8 Vgl. die Überschrift des zweiten Kapitels des Buchs.

9 Thomas Nagel, *The Last Word*, S. 19, *Das letzte Wort*, S. 31.

man sich so, von innen, als etwas denkend versteht, legt Nagel nahe, hält man es für gültig oder recht, es zu denken:[10] Denken, daß die Dinge so sind, heißt, es für gültig oder recht halten, das zu denken. Wir verstehen einen Gedanken als gültig, schlicht da wir ihn haben (wir können wohl sagen: denken): »Es gibt Gedanken, die zu haben wir einfach nicht vermeiden können – die von außen zu betrachten strikt unmöglich ist.«[11] Wir verstehen einen Gedanken als gültig, indem wir ihn direkt (Nagel: »straight«) denken: »Bestimmte Formen des Denkens treten in der Betrachtung solcher Hypothesen unweigerlich direkt auf – und erweisen sich so als in ihrem Inhalt objektiv.«[12] Die Objektivität des Denkens scheint also darin zu liegen, daß das Denken ein Verständnis seiner selbst als gültig enthält. Die Objektivität des Denkens liegt in seinem Selbstbewußtsein.

Etwas ähnliches sehen wir in der Strawsonschen Literatur zur Erfahrung und ihrer Objektivität. Die arbeitet heraus, daß eine Person, um das, was sie erfährt, als etwas zu verstehen, das unabhängig von ihrer Erfahrung ist, wie es ist, sich verschiedener Aspekte ihrer Erfahrung bewußt sein muß – etwa der Abhängigkeit ihrer Erfahrung von ihrer räumlichen Position relativ zum Gegenstand ihrer Erfahrung.[13] Sie muß sich dieser Aspekte ihrer Erfahrung *in dieser Erfahrung* bewußt sein. Kurz nach der oben zitierten Passage schreibt Evans:

10 Oder als gültig ausgewiesen und gerechtfertigt. Diese Unterscheidung soll uns hier noch nicht kümmern. Wir werden später auf sie zurückkommen.

11 *The Last Word*, S. 20, *Das letzte Wort*, S. 32.

12 *The Last Word*, S. 23-24, *Das letzte Wort*, S. 38.

13 Vgl. Evans, *The Varieties of Reference*, Oxford 1982, S. 222: »Jeder Denker, der die Idee einer objektiven, räumlichen Welt hat – die Idee einer Welt von Gegenständen und Phänomenen, die wahrgenommen werden können, deren Existenz aber nicht davon abhängt, daß sie wahrgenommen werden – muß seine Wahrnehmung der Welt als etwas denken können, das zugleich seiner Position in der Welt und dem dortigen Zustand der Welt geschuldet ist. Die Idee einer wahrnehmbaren, objektiven, räumlichen Welt führt die Idee eines Subjekts mit sich, das *in* der Welt ist und der Verlauf dessen Wahrnehmungen sich seiner wechselnden Position in der Welt sowie der mehr oder weniger stabilen Weise, wie die Welt ist, verdankt. Die Idee, daß es eine objektive Welt gibt, und die Idee, daß das Subjekt irgendwo ist, können nicht voneinander getrennt werden, und wo es ist, ist dadurch bestimmt, was es wahrnehmen kann.« Die Idee des Subjekts und der Gedanke, daß es irgendwo ist, von denen Evans spricht, sind die Idee des Subjekts von *sich selbst* und sein Gedanke von *sich* als irgendwo; es sind erstpersonale Gedanken.

Er [Strawson] erklärt, daß der Begriff einer objektiven Welt und entscheidend die Idee nicht wahrgenommener Existenz keine Anwendung *in* der Erfahrung eines solchen Wesen hätten, es sei denn seine Erfahrung liefert ihm wenigstens ein Analogon des Raums.[14]

Evans spricht von Begriffen, die nicht nur *auf* den Gegenstand der Erfahrung, sondern *in* der Erfahrung angewendet werden: Das erfahrende Subjekt selbst verwendet sie, indem es wahrnimmt, was es wahrnimmt. Entscheidend verwendet es den Begriff nicht wahrgenommener Existenz. Wie Evans erläutert, ist das derselbe Begriff wie der wahrgenommener Existenz. Damit ein Wahrnehmen objektiv ist, muß der Begriff der Wahrnehmung *im* Wahrnehmen verwendet sein. Ein paar Seiten später führt Evans das so aus: Der Begriff der Erfahrung ist eine Theorie der Erfahrung, eine Idee davon, was Erfahrung ist, wie immer unartikuliert sie sein mag.

[E]ine rudimentäre Theorie oder eine Art von Theorie der Wahrnehmung ist nötig. Sie ist die unerläßliche Umgebung der Idee nicht wahrgenommener Existenz und also wahrgenommener Existenz.[15]

Es ist vielleicht unglücklich, das Verständnis der Wahrnehmung, das im Wahrnehmen wirksam ist, als Theorie zu bezeichnen. Sicher ist es keine empirische Theorie. Jedenfalls erklärt Evans, daß objektive Erfahrung als solche sich selbst als das versteht, was sie ist: objektive Erfahrung. Das ist nichts, was Evans in dem Text, dem das Zitat entstammt, ausweisen will. Er untersucht, ob objektive Erfahrung als solche ein Bewußtsein des Raums ist. Was wir zitiert haben, schreibt er, da er erklärt, was das ist, wovon er wissen möchte, ob es notwendigerweise ein Bewußtsein des Raums ist. Als definierendes Merkmal des Gegenstands seiner Untersuchung gibt er an: Objektive Erfahrung ist Erfahrung, die ein Verständnis ihrer selbst enthält. Die Objektivität der Erfahrung liegt in ihrem Selbstbewußtsein.[16]

14 Evans, »Things Without the Mind«, S. 250, meine Hervorhebung.

15 Ebd., S. 261-262. Mir ist nicht klar, warum Evans die rudimentäre Theorie der Wahrnehmung eine »Umgebung« der Idee wahrgenommener Existenz nennt – im Gegensatz zu einer Artikulation dieser Idee. Wenn man angibt, was es heißt, etwas wahrzunehmen, ist das dasselbe wie anzugeben, was es für etwas heißt, wahrgenommen zu werden. Es ist nicht so, als umgäbe jenes dieses.

16 Das Selbstbewußtsein der Wahrnehmung ist in Evans' Überlegungen zum demonstrativen Bezugnehmen in *The Varieties of Reference* entscheidend. Nur dank dieses Selbstbewußtseins setzt das Wahrnehmen eines Gegenstands ein Subjekt

Eben die Texte, die wir herangezogen haben, um die Vorstellung zu dokumentieren, die Objektivität des Denkens verlange, daß es sich auf etwas anderes als sich selbst bezieht, daß wir Objektivität nur erreichen, da wir die erste Person hinter uns lassen, eben diese Texte legen nahe, daß die Objektivität des Denkens nichts anderes ist als sein Selbstbewußtsein. Wenn das stimmt, kann man nicht an der Objektivität des Denkens festhalten, indem man sein Selbstbewußtsein leugnet, und man kann nicht an seinem Selbstbewußtsein festhalten, indem man seine Objektivität leugnet.

instand, den Gegenstand zu verorten und damit zu wissen, auf welchen es sich bezieht. Gleichzeitig ruiniert das Selbstbewußtsein der Wahrnehmung, die die demonstrative Bezugnahme trägt, Evans Versuch, die erste Person als eine Weise der Bezugnahme zu behandeln. Möglicherweise hat Evans das gesehen; der Grund dafür zeigt sich jedenfalls im dritten Appendix zu Kapitel 6 von *The Varieties of Reference*, S. 264-265. Kurz gesagt ist es dieser: Ein Subjekt bezieht sich mit ›a‹ nur auf einen Gegenstand, wenn es weiß, auf welchen es sich bezieht. Das wiederum weiß es, da es weiß, was es für eine beliebige Aussage ›$\delta_i = a$‹ heißt, wahr zu sein. Dabei ist ›δ_i‹ eine Idee, die den Gegenstand durch seinen grundlegenden Unterscheidungsgrund identifiziert. Dieser Unterscheidungsgrund liegt im Ort des Gegenstands zu einer Zeit gemeinsam mit einem Begriff, der das Prinzip der räumlichen und zeitlichen Einheit des Gegenstands angibt. Evans nennt Ideen der Form ›δ_I‹ grundlegend, und er bezeichnet Gedanken, die solche Ideen verwenden, als die grundlegende Ebene des Denkens. (In seinen *Vorlesungen zur Einführung in die sprachanalytische Philosophie*, Frankfurt/M. 1967, 21. Vorlesung, erklärt Ernst Tugendhat, daß die Frage »Welcher?« fragt »Welcher von allen?«. Frage und Antwort beziehen sich auf eine Totalität von Gegenständen. Die grundlegende Ebene des Denkens ist das Bewußtsein dieser Totalität; sie ist der Gedanke *einer objektiven Welt.*) Jedoch ist die grundlegende Idee δ_i nicht leer, nur weil und insofern ihr Subjekt ihren Gegenstand relativ zu sich verorten kann. So enthält jede Idee δ_i den erstpersonalen Gedanken des jeweiligen Subjekts. Daraus folgt, daß es keine Erklärung der Weise, wie man von sich in der ersten Person denkt, geben kann, die die erste Person unter die obige Auffassung des Bezugnehmens subsumiert und erklärt, wie dieses vorgebliche Bezugnehmen einen Gegenstand herausgreift und die Bedingung erfüllt, daß die, die so bezugnimmt, weiß, welcher Gegenstand es ist, auf den sie bezugnimmt. (Vgl. mein »Self-Knowledge in Analytic Philosophy«.)

1.5. Die Identität von Objektivität und Selbstbewußtsein

Da Denken objektiv ist, ist das, was gedacht wird, von seinem Gedachtwerden verschieden. Da Denken selbstbewußt ist, enthält das, was gedacht wird, sein Gedachtwerden. So scheinen Selbstbewußtsein und Objektivität einander auszuschließen. Zugleich scheint es, als liege die Objektivität des Denkens in seinem Selbstbewußtsein. Wenn das richtig ist, muß es bloßer Schein sein, daß Objektivität und Selbstbewußtsein einander entgegengesetzt sind. Und so ist es: Die Objektivität des Denkens ist nichts anderes als sein Selbstbewußtsein, sein Selbstbewußtsein nichts anderes als seine Objektivität.

Bevor wir die Identität von Objektivität und Selbstbewußtsein herausstellen können, müssen wir eine Implikation der Weise, in der wir die Idee der Objektivität eingeführt haben, besprechen. Die Geltung eines Urteils ist objektiv, haben wir gesagt, da sie von keiner Bestimmung des urteilenden Subjekts abhängt, sondern allein davon, was es urteilt. Der Ausdruck »sondern« zeigt an, daß die durch ihn verbundenen Terme einander ausschließen: was jemand urteilt einerseits und Bestimmungen dessen, der urteilt, andererseits. Im Kontext dieser Definition der Objektivität des Denkens sind also Bestimmungen des Subjekts nur solche, die nicht in dem enthalten sind, was es urteilt. Um das anzuzeigen, werde ich von *gegebenen* Bestimmungen sprechen: Eine gegebene Bestimmung des Subjekts ist eine, die man nicht schon dadurch als seine Bestimmung erkennt, daß man in sein Urteil einstimmt und urteilt, was es urteilt. Um eine gegebene Bestimmung des urteilenden Subjekts zu erfassen, muß man über das hinausgehen, was es urteilt. Das macht sie zu einer gegebenen Bestimmung. (Unten erkläre ich, warum es treffend ist, eine solche Bestimmung »gegeben« zu nennen.)[17]

17 In *Being Realistic About Reasons*, Oxford 2014, Kapitel 1, Abschnitt 5, stellt Tim Scanlon die Vernunft als eine gegebene Bestimmung des Subjekts praktischer Erkenntnis dar und den Kantianer als einen, der absurderweise praktische Erkenntnis in dieser gegebenen Bestimmung des Subjekts gründen will. Die Kritik trifft Kant nicht, denn er beschreibt das Bewußtsein des moralischen Gesetzes – den höchsten Akt moralischer Erkenntnis – als Selbstbewußtsein der praktischen Vernunft. Wissen, was jemand weiß, der das moralische Gesetz kennt – das moralische Gesetz kennen –, ist deshalb dasselbe wie wissen, daß er ein Subjekt praktischer Vernunft ist. Die praktische Vernunft ist keine gegebene

Nun sehen wir leicht, daß Objektivität und Selbstbewußtsein des Urteils dasselbe sind. Das Selbstbewußtsein des Urteils enthält seine Objektivität: Da urteilen, daß die Dinge soundso sind, dasselbe ist wie denken, daß es richtig sei, das zu urteilen, kann die Geltung des Urteils von nichts abhängen, was man nicht *in* eben diesem Urteil erkennt. Sie kann von keiner *gegebenen* Bestimmung des Subjekts abhängen, von keiner, die man nicht als seine Bestimmung erkennt, indem man nur urteilt, was es urteilt. Umgekehrt enthält die Objektivität des Urteils sein Selbstbewußtsein: Da die Geltung eines Urteils allein davon abhängt, was es urteilt, kann es nichts geben, dessen man sich zusätzlich zu dem, was man urteilt, bewußt sein muß, um einzusehen, daß das Urteil gültig ist; sich dessen, was geurteilt wird, bewußt zu sein, genügt, um sich bewußt zu sein, daß es richtig ist, so zu urteilen. Da jede gegebene Bestimmung des Subjekts vom Maßstab der Geltung seines Urteils ausgeschlossen ist, ist nichts außer dem Gedanken dessen, was geurteilt wird – das heißt nichts außer dem Urteil selbst –, erforderlich für den Gedanken, daß es richtig ist, eben dies zu urteilen. Ein Urteil, da es objektiv ist, ist der Gedanke seiner eigenen Geltung.

Wir können es auch so darstellen. Angenommen, eine urteilt, dies und das ist der Fall. Ihr Urteil ist genau dann gültig, wenn es der Fall ist. Ja, ihr Urteil, wenn es gültig ist, ist gültig kraft dessen, daß es der Fall ist. Darin liegt die Objektivität ihres Urteils. Und es bedeutet, daß ich auf keine gegebene Bestimmung ihrer, die urteilt, sehen muß, um zu beurteilen, ob sie recht hat zu urteilen, wie sie urteilt. Sondern ich richte mich allein auf den Gegenstand ihres Urteils. Wenn ich erkenne, daß dies und das der Fall ist, dann weiß ich und weiß eben darin alles, was ich wissen muß, um ihr Urteil als gültig zu erkennen. Da ich urteile, was sie urteilt, halte ich es für richtig, so zu urteilen, wie sie es tut. Indem ich urteile, daß ihr Urteil gültig ist, wiederhole ich ihr Urteil. Was für mich gilt, gilt für sie: Indem sie urteilt, was sie urteilt, hält sie es für richtig, so zu urteilen. Da Urteilen objektiv ist, ist es selbst der Gedanke seiner Geltung.

Bestimmung des Subjekts praktischer Erkenntnis. Wenn wir sehen, daß die Kritik an Kant vorbeigeht, können wir den Kantianer wohlwollender verstehen: Er verfolgt vielleicht Kants Gedanken.

1.6. Ziel und Umriß der Untersuchung

Die Objektivität des Denkens *ist* sein Selbstbewußtsein. Es kann deshalb nicht stimmen, daß die Objektivität des Denkens verlangt, daß das, was gedacht wird, von seinem Gedachtwerden verschieden ist. Es muß falsch sein zu meinen, daß sich Denken, um objektiv zu sein, auf etwas anderes beziehen muß als sich selbst. Da die Objektivität des Denkens sein Selbstbewußtsein ist, denkt das Denken, gerade da es objektiv ist, nichts als sich selbst. Das ist der Gedanke, den dieses Buch entfaltet.

Da das Urteil selbstbewußt ist, enthält es eine Idee davon, was es ist: Urteil. Jedes Urteil versteht sich selbst als Urteil. Die Idee des Urteils, die das vorliegende Buch entfaltet, ist diese Idee: die Idee des Urteils, die in jedem Urteil als solchem enthalten ist. Deshalb handelt dieses Buch nicht nur vom Selbstbewußtsein des Urteils; es *ist* das Selbstbewußtsein des Urteils – sein sprachlicher Ausdruck. Es ist, wovon es handelt. Natürlich. Denn was es ist und wovon es handelt ist Selbstbewußtsein. Wir diskutieren diesen Charakter unserer Untersuchung in Kapitel 3.

Er erklärt einen womöglich eigenartig scheinenden Zug dieses Buchs: Es formuliert keine Thesen, stellt keine Hypothesen auf, empfiehlt keine Sicht und keine Position; es gibt keine Argumente, die eine Sicht stützen sollen, verteidigt keine Position gegen widerstreitende, tut nichts, um entgegengesetzte Thesen auszuschließen. Es tut nichts dieser Art, denn dieses Buch ist – es bringt zur Sprache – das Selbstbewußtsein des Urteils. Weil es das in jedem Urteil enthaltene Verstehen des Urteils zum Ausdruck bringen will, kann das vorliegende Buch nur sagen, was jeder immer schon weiß, in jedem Urteil und insofern er überhaupt urteilt. Es kann nichts sagen, das neu wäre, keine Entdeckungen machen, unser Wissen nicht im geringsten erweitern. In Kants Worten können wir sagen, seine Leistung ist nicht dieses universale Wissen, sondern dessen Formel.[18] Seine Leistung ist seine Sprache. Und mit Kant können wir sagen, daß das nichts Geringes ist. In seiner Formel ist das, was wir immer schon wissen, klar; die Formel bewahrt

18 Immanuel Kant, *Kritik der praktischen Vernunft*, in: Kants Gesammelte Schriften 5, Berlin 1913, A 15, Fn.

uns vor Wirrnissen, die, da sie dasjenige Wissen betreffen, in dem und durch das wir urteilende Subjekte sind, alles erfassen und durchdringen müssen.

Während das Wissen, das dieses Buch sucht, universal ist – es ist der ursprüngliche Besitz eines jeden, der überhaupt urteilt –, wird seine Darstellung nicht von jedem so aufgenommen werden. Es ist das Schwierigste, hinsichtlich des Ersten und Letzten, das wir wissen, Klarheit zu erlangen. Dieser Klarheit stehen mächtige Hindernisse im Wege. Eine untergeordnete Aufgabe dieses Buchs ist die Beseitigung solcher Hindernisse.

Da Urteilen selbstbewußt ist, gibt es nicht zwei Dinge, die man urteilt: *p* und *Ich urteile p*. Das *Ich urteile* ist in dem, was geurteilt wird, enthalten, insofern es etwas ist, das geurteilt wird. Oder vielleicht sollten wir sagen, das *Ich urteile* durchdringt das, was geurteilt wird, um anzuzeigen, daß es nicht möglich ist, etwas innerhalb seiner zu isolieren, das frei ist von dem Gedanken, daß es geurteilt wird. Umgekehrt ist es, da der Gedanke eines Akts des Urteilens nichts anderes ist als dieses Urteil, nicht möglich, den Akt des Urteilens von dem zu isolieren, was in diesem Akt geurteilt wird: Der Gedanke eines Urteils ist kein anderer als der Gedanke dessen, was in diesem Urteil geurteilt wird. Daraus folgt allgemein, daß es dasselbe ist zu verstehen, was Urteilen ist, und zu verstehen, was das ist, was geurteilt wird. Das heimtückischste Hindernis dafür, diese Eigenart des Urteils – sein Selbstbewußtsein – zu erfassen, ist die Vorstellung, daß wir, um das Urteilen zu verstehen, das, was geurteilt wird, von dem Akt, in dem es geurteilt wird, unterscheiden müssen. In Freges Terminologie ist das die Vorstellung, daß ein Urteil einem Inhalt eine Kraft anheftet, wobei der Inhalt ein Gedanke ist, die Kraft der Akt, in dem wir diesem den Wert *wahr* zuschreiben. In einer in vergangenen Jahrzehnten populären Terminologie ist das Urteil eine propositionale Einstellung; die Einstellung ist ein Akt des Bejahens, die Proposition das Bejahte.

Das Urteil ist selbstbewußt, und das heißt, der Akt des Urteilens ist in dem, was geurteilt wird. Die Vorstellung, daß sich das Urteil in Kraft und Inhalt gliedert, leugnet das Selbstbewußtsein des Urteils. Wir können nichts, was das Urteil betrifft, klar denken, solange wir es durch die Unterscheidung von Kraft und Inhalt denken; die Vorstellung, Urteilen sei eine propositionale Einstellung, ist überall die Quelle der gründlichsten Verwirrung. Damit wir über das Urteil und seine Geltung nachdenken können, müssen wir als erstes sehen, daß sich das Urteil so nicht verstehen läßt. In Kapitel 2 wird das unser erster Schritt sein.

Nachdem wir in Kapitel 3 den Versuch erwägen und abweisen, an der Kraft-Inhalt-Unterscheidung festzuhalten, indem man bestreitet, daß das Urteil selbstbewußt ist, beginnen wir im vierten Kapitel, die Idee des Urteils auszuführen: die Idee seines Gegenstands, seines Vermögens, seines Begriffs. Was wir finden, ist: Der Gegenstand des Urteils ist nicht dieser oder jener Gegenstand; es ist *der* Gegenstand, der Gegenstand *überhaupt*. Das Vermögen zu urteilen ist kein Vermögen, dieses oder jenes zu tun; es ist *das* Vermögen, das Vermögen *überhaupt*. Der Begriff des Urteils ist kein Begriff von diesem oder jenem; er ist *der* Begriff, der Begriff *überhaupt*. Das folgt aus der Objektivität des Urteils. Daher ist weiter die Wissenschaft des Urteils – die systematische Erkenntnis, in der wir verstehen, was Urteilen ist – nicht diese oder jene Wissenschaft; sie ist *die* Wissenschaft, die Wissenschaft *überhaupt*. Sie ist die Philosophie.

Indem ich urteile, halte ich es für richtig, so zu urteilen. Zunächst liegt die Geltung eines Urteils – daß es so ist, wie es schlicht als Urteil sein soll – in seiner Wahrheit, also seiner Übereinstimmung mit dem, was ist. Indem ich es für richtig halte, so zu urteilen, wie ich urteile, halte ich mein Urteil für wahr; ich denke, daß die Dinge so sind, wie ich urteile. Da ich jedoch mein Urteil *im Urteilen* für gültig halte, halte ich mein Urteil nicht nur für wahr; ich halte es für nicht zufälligerweise wahr. Ich halte mein Urteil für Erkenntnis. Im grundlegenden Fall denke ich, daß ich weiß, daß die Dinge so sind, wie ich urteile. Dieser Gedanke ist nichts anderes als mein Urteil.

Da der Begriff der Erkenntnis im Selbstbewußtsein des Urteils enthalten ist, kann es keine Erklärung dessen, was Erkenntnis ist, geben, nach der die, die etwas weiß, nicht eben darin versteht, daß sie das weiß. Eine Erklärung dessen, was es heißt, etwas zu wissen, spricht aus, was das erkennende Subjekt von sich selbst weiß; sie artikuliert sein Verständnis seiner als etwas erkennend. Wenn wir das Selbstbewußtsein des Urteils sprachlich ausdrücken wollen, müssen wir die Idee des Urteils artikulieren, in der und durch die diejenige, die urteilt, ihr Urteil als Erkenntnis begreift, und das heißt als übereinstimmend mit der Wirklichkeit. Dieser Aufgabe stellt sich die heutige Erkenntnistheorie kaum.[19] Thomas Nagel und Adrian Moore stellen sich ihr. Wir diskutieren ihre Überlegungen in Kapitel 5. Obwohl beide von dem Verständnis des Urteils ausgehen, das wir *im* Urteilen haben, werden sie der Bedeutung dieser Tatsache nicht gerecht; sie werden der Bedeutung des Selbstbewußtseins des Urteils nicht gerecht. Denn sie halten an der Idee fest, die Objektivität des Urteilens liege darin, daß es sich auf etwas anderes als sich selbst bezieht, auf etwas, das ist, wie es ist, unabhängig davon, daß es als so seiend gedacht wird. Und so ist ihr Ergebnis, daß wir uns im Gedanken unserer selbst als urteilend und erkennend letztlich unbegreiflich bleiben.

Das Denken denkt, eben weil es objektiv ist, nichts als sich selbst. Wir müssen verstehen, wie das Urteil Erkenntnis dessen sein kann, was ist, und zwar so, daß es eben als Erkenntnis dessen, was ist, nichts anderes ist als das Wissen des Wissens von sich selbst oder das sich selbst wissende Wissen. Das ist eine Formel des absoluten Idealismus, ein Echo der Formel Hegels: »Die Vernunft ist die Gewißheit des Bewußtseins, alle Realität zu sein.«[20] Daher kann das vorliegende Buch als Einführung in den absoluten Idealismus gelesen werden.

Es gibt ein großes Hindernis der Rezeption des absoluten Idealismus, seiner Geschichte und, wichtiger, seines Gedankens: die Vorstellung, der absolute Idealismus sei eine Spielart des – Idealismus. Wenn wir angemessen vage und vulgär sprechen, können wir den Idealismus als die Vorstellung beschreiben, die Welt, die Natur, der Gegenstand der Erfahrung sei vom Geist abhängig. Die Wirklichkeit ist geistabhängig. Der absolute Idealismus ist die radikalste, die gründlichste und die einzig tragende Zurückweisung dieser Idee.

Offensichtlich haben wir empirische Erkenntnis: Erkenntnis von etwas, das ist, wie es ist, unabhängig davon, daß es als so seiend erkannt wird. Wenn sich allerdings Erkenntnis auf nichts be-

19 In dieser Hinsicht unterscheidet sich die zeitgenössische Erkenntnistheorie seit etwa den 1970er Jahren scharf von jeder anderen Periode des philosophischen Denkens. Es gibt allerdings bemerkenswerte Ausnahmen, wie etwa Barry Stroud, Donald Davidson und John McDowell.

20 G. W. F. Hegel, *Phänomenologie des Geistes,* in: Gesammelte Werke 9, Hamburg 1980, S. 133. Das Bewußtsein, das der Gegenstand der *Phänomenologie* ist, ist Wissen.

zieht als sich selbst, dann – scheinen wir sagen zu müssen – gibt es so etwas wie empirische Erkenntnis nicht. Und wenn man nun wider die Vernunft behauptet, Erkenntnis sei stets und als solche Selbsterkenntnis, entpuppt sich das, was wir für Erkenntnis einer unabhängigen Welt zu halten gewohnt waren, als Erkenntnis allein des Geistes. Als Einführung in den absoluten Idealismus ist es das Ziel dieses Buchs klarzumachen, daß es unmöglich ist, Urteilen durch diesen Gegensatz zu denken: hier der Geist, dort die Welt, zwei Dinge, die in Beziehung stehen oder nicht. Diesen Gegensatz aufzulösen heißt nicht vorzuschlagen, die Welt sei geistabhängig. Noch heißt es vorzuschlagen, der Geist sei weltabhängig. Diese Redeweisen zementieren den Gegensatz; sie stehen dem Verstehen im Weg.

Ich habe gesagt, es sei offensichtlich, daß wir empirische Erkenntnis haben. Inwiefern ist das offensichtlich? Zeigt die Naturwissenschaft, daß wir empirische Erkenntnis haben? Hat uns die Wissenschaft durch ihren Erfolg Beweise für ihre Übereinstimmung mit der Wirklichkeit geliefert? Es ist offensichtlich, daß wir empirische Erkenntnis haben, weil das *im Selbstbewußtsein* erkannt ist. Die Schwierigkeit ist zu verstehen, wie das sein kann. Wie kann es sein, daß meine Erkenntnis dessen, wie die Dinge unabhängig von meiner Erkenntnis ihrer sind, von mir erkannt wird und nicht in einem unabhängigen Akt, sondern *in* meinem Erkennen dessen, wie sich die Dinge unabhängig von meiner Erkenntnis ihrer verhalten? *Empirische* Erkenntnis ist Erkenntnis dessen, was ist, unabhängig davon, daß es erkannt wird. Gleichwohl ist sie *Erkenntnis* nur, indem sie Erkenntnis ihrer selbst ist, sich wissendes Wissen. Im letzten Kapitel werden wir das mit Einsicht sagen können; wir werden verstehen, wie es sein kann, daß Denken eben darin objektiv ist, daß es selbstbewußt ist, und selbstbewußt eben darin, daß es objektiv ist.

Nachdem wir Nagel und Moore besprochen haben, beginnen wir zu tun, was sie zu tun versuchen: das Verstehen des Urteils darlegen, das dem Urteil intern ist, insbesondere dem Gedanken seiner Geltung. Wir wollen ein Verständnis des Urteils, das es als das zeigt, was es sein soll: Begreifen seiner selbst als Erkenntnis dessen, was ist.

Wir beginnen mit einer Idee, die dem Urteil intern ist, der Idee dessen, was den Urteilsakt erklärt. Was ein Urteil erklärt, ist etwas, das dieses Urteil, indem es es erklärt, als gültig ausweist. Die Erklärung eines Urteils ist seine Rechtfertigung (Kapitel 6). Letztlich aber verschafft Rechtfertigung keine Einsicht in die Geltung des gerechtfertigten Urteils; sie kann die Übereinstimmung des Urteils mit der Wirklichkeit nicht in das, was wir in diesem Urteil erkennen, hineinbringen.

Die Möglichkeit der Rechtfertigung hängt ab von der Idee einer allgemeinen Quelle des Urteilens: Indem ich urteile, verstehe ich mein Urteil als einem Vermögen entspringend, das in letzter Beschreibung das Vermögen der Erkenntnis ist. Ja, so verstehe ich jedermanns Urteil. Die Idee des Erkenntnisvermögens als Quelle des Urteilens liegt jederzeit jedem Denken eines jeden Urteils zugrunde. Der Begriff des Urteils ist nichts anderes als eben dieses Vermögen (Kapitel 7).

In jüngerer Zeit ist die Idee des Erkenntnisvermögens wieder in die Erkenntnistheorie eingeführt worden. Das ist ein bedeutender Schritt.[21] Doch ist die Idee verwirrend. Sie ist verwirrend wegen der Objektivität des Urteils. Da das Urteil objektiv ist, ist das Erkenntnisvermögen kein Vermögen zu diesem oder jenem; es ist *das* Vermögen, das Vermögen *überhaupt*. Und das macht es schwer zu verstehen, wie es für die Einsicht in die Geltung eines bestimmten Urteils sorgen kann. Wir kommen voran, da wir bemerken, daß das Erkenntnisvermögen kein *gegebenes* Vermögen ist. Es ist kein Vermögen, das ist, wie es ist, unabhängig davon, daß es in Akten eben dieses Vermögens verstanden ist. (Wie Aristoteles bemerkt, unterscheidet sich Erkenntnis eben darin von Vermögen sinnlichen Bewußtseins.) Da das Erkenntnisvermögen nichts Gegebenes ist, ist es nur in seiner eigenen Ausübung, was es ist: Es bestimmt sich selbst. Das Erkenntnisvermögen ist das, was erkannt wird; es ist, was wir erkennen oder *die Erkenntnis* (Kapitel 8).

Es kann scheinen, als hätten wir damit die Frage nur verschoben: Wie kann das, was wir erkennen, durch sich selbst für ein Verständnis seiner als erkannt sorgen? Jedoch finden wir in eben der Struktur der Erkenntnis, die Kapitel 8 offenlegt – Erkenntnis, die im Erkannten gründet –, Erkenntnis: Erkenntnis der Prinzipien des Urteilens als solchem. Diese Prinzipien sind nicht weitere Ur-

21 Vgl. Andrea Kern, *Quellen des Wissens. Zum Begriff vernünftiger Erkenntnisfähigkeiten*, Frankfurt/M. 2006.

teile neben anderen. Sie sind in jedem Urteil erkannt, im Gedanken seiner als gültig, der jedes Urteil ist. Sie sind die Wissenschaft vom Urteil. In diesen Prinzipien sind Denken und Sein als dasselbe erkannt. Die Erkenntnis dieser Prinzipien ist ursprüngliches oder absolutes Wissen (Kapitel 9).

Allerdings ist absolutes Wissen gar nichts, wenn es nicht Wissen von dem ist, was empirisch und mittels der Sinne erkannt wird. Ja, das absolute Wissen muß selbst das Verständnis seiner als Erkenntnis dessen, was empirisch erkannt wird, sein: Im Wissen dessen, was wir ursprünglich oder absolut wissen, müssen wir uns als eben jene Wirklichkeit erkennend begreifen, die Gegenstand der empirischen Erkenntnis ist. Indem wir das verstehen, sehen wir, daß und wie das absolute Wissen nichts anderes ist als empirische Erkenntnis und empirische Erkenntnis nichts anderes als das absolute Wissen (Kapitel 10). So verstehen wir, wie es sein kann, daß Denken selbstbewußt ist, indem es objektiv, und objektiv, indem es selbstbewußt ist.

2. Propositionen

2.1. Kraft und Inhalt

Da Denken objektiv ist, hängt seine Geltung allein davon ab, was gedacht wird, und von keiner Bestimmung derer, die es denkt. Das scheint zu implizieren, daß das, was gedacht wird, etwas anderes ist als sein Gedachtwerden. Wenn das so ist, ist Denken so gegliedert: Es gibt das, was gedacht wird, und es gibt sein Gedachtwerden. Ein Urteil ist eine propositionale Einstellung: Es gibt die Proposition, den Gegenstand, den man denkt, und es gibt eine Einstellung, die man ihm gegenüber einnimmt, da man ihn bejaht. In Freges Terminologie ist das Bejahen die Kraft, was bejaht wird, der Inhalt. (Ich bezeichne mit »Proposition« einen vorgeblichen Gegenstand des Denkens, dem seine Bejahung äußerlich ist. Ich denke nicht, daß das historisch die übliche Verwendung dieses Ausdrucks ist.[1] Doch die Geschichte kümmert uns nicht.)

Die Unterscheidung von Kraft und Inhalt soll die Objektivität des Denkens und damit seine Allgemeinheit erklären: Objektivität und Allgemeinheit liegen im Inhalt, im Gegensatz zum Akt des Urteilens. Zuerst ist die Proposition gültig; die Geltung des Akts folgt: Es ist genau dann richtig, eine Proposition zu bejahen, wenn sie wahr ist. Das erklärt die Objektivität des Urteils: Es stellt sicher, daß die Geltung der Einstellung von keiner gegebenen Bestimmung desjenigen abhängt, der sie einnimmt, sondern allein vom Gegenstand seiner Einstellung. Und es erklärt die Allgemeinheit des Urteils: Urteile verschiedener Subjekte können sich in ihrer Geltung nicht unterscheiden, solange sie sich auf dieselbe Proposition beziehen.

Wenn ein Urteil in Kraft und Inhalt gegliedert ist, ist *Ich denke p* ein Inhalt neben und verschieden von *p*. Es ist eine Sache, etwas zu denken; es ist eine andere zu denken, daß man das denkt. Ein Gegenstand des Urteils, der Erkenntnis, des Verstehens ist, daß die Dinge soundso sind. Das eigene Urteilen, daß sie so sind, ist ein

1 Vgl. Jennifer Smalligan Marusic, »Propositions and Judgments in Locke and Arnauld. A Monstrous and Unholy Union?«, in: *Journal of the History of Philosophy* 52 (2014), S. 255-280.

anderer Gegenstand des Urteils, der Erkenntnis, des Verstehens. Daß man urteilt, daß dies und das der Fall ist, ist ein Stück Wirklichkeit neben anderen, unter denen sich auch jenes befindet, das darin besteht, daß dies und das der Fall ist.

Das verneint das Selbstbewußtsein des Denkens. Angenommen, John denkt etwas, das er so ausdrücken würde: *Ich denke p*. Hier gibt es zwei Elemente: die Proposition *Ich denke p* und Johns Einstellung zu ihr: John bejaht *Ich denke p*. Da die Proposition vom Akt ihrer Bejahung verschieden ist, hängt ihr Wahrheitswert nicht davon ab, daß irgendwer sie bejaht, a fortiori nicht davon, daß John das tut. Indem John die Proposition bejaht, erfaßt er ein Stück Wirklichkeit, das unabhängig davon, daß irgend jemand es erfaßt, ist, wie es ist. John erfaßt diese Wirklichkeit, und vielleicht kann er nicht verfehlen, sie zu erfassen, gegeben wie er, John, in sie eingebunden ist. Dennoch ist diese Wirklichkeit eines und Johns Erfassen ihrer ein anderes. Weil aber etwas denken heißt, sich als es denkend verstehen, denkt John *p* genau dann, wenn er denkt, daß er das denkt. »Er selbst« ist hier das Pronomen der ersten Person in indirekter Rede: John denkt *p* genau dann, wenn er etwas denkt, das er durch »Ich denke *p*« ausdrücken würde. Die Wahrheit der Proposition, die John bejaht, da er *Ich denke p* bejaht, hängt also davon ab, ja, sie hängt *allein* davon ab, daß er sie bejaht. Was bedeutet, daß es keine solche Proposition gibt.

Denken, daß man *p* denkt, heißt nicht, eine Proposition *Ich denke p* bejahen. Denn da man denkt, daß man *p* denkt, denkt man nichts anderes als *p*. Das scheint ein lokales Versagen der Kraft-Inhalt-Unterscheidung. *Ich denke p* kann keine Proposition sein, weil Urteilen selbstbewußt ist. Doch dieser Charakter des Akts des Urteilens betrifft nicht seinen Gegenstand; *der* ist eine Proposition. Die Unterscheidung von Kraft und Inhalt ist in Ordnung; wir dürfen sie nur nicht auf das erstpersonale Denken des Denkens anwenden. Hier bricht die Unterscheidung aufgrund des eigentümlichen Charakters des Denkens, nämlich seines Selbstbewußtseins, zusammen. Doch dieser Charakter des Denkens läßt die Natur dessen, was gedacht wird, unberührt.

Wir sind versucht, so zu denken, wenn wir die Identität des Gedankens, daß dies und das der Fall ist, mit dem Gedanken, daß man das denkt, in einer Weise betrachten, die wir durch Klammern so anzeigen können. Wir vergleichen [*Ich denke*] *daß p* mit [*Ich denke daß ich denke*] *daß p* und bemerken, daß das, was in Klammern steht, dasselbe ist: ein Denken und das Denken dieses Denkens. Wir können die Klammern jedoch auch anders setzen und *Ich denke* [*daß p*] mit *Ich denke* [*daß Ich denke daß p*] vergleichen. Wieder erkennen wir die Identität dessen, was in Klammern steht: des Gedachten mit seinem Gedachtwerden. Den verschiedenen Positionen der Klammern entspricht kein Unterschied in der Wirklichkeit. Daß Urteilen selbstbewußt ist und daß das Geurteilte sein Geurteiltwerden enthält, ist *ein* Gedanke. Es gibt keinen Schritt von diesem zu jenem.

Es gibt Weisen, das zu verschleiern. Wir möchten sagen, daß da einerseits unser Bejahen von *p* ist und andererseits *p*. Das sind verschiedene Dinge. So halten wir an der *Objektivität des Inhalts* des Urteils fest. Weiter aber sind wir uns unseres Bejahens von *p* in eben diesem Bejahen bewußt und nicht in einem Akt, der von unserem Bejahen von *p* verschieden wäre und zu diesem hinzuträte. So halten wir am *Selbstbewußtsein des Urteilens* fest. Nun wollen wir nicht einfach sagen, daß uns im Bejahen von *p* zwei Dinge bewußt sind: *p* und *Ich denke p*. Dann wäre offensichtlich, daß wir das Denken nicht als selbstbewußt verstehen. Denn indem wir zwei Dinge, die wir vorgeblich denken, da wir *p* denken, unterscheiden – *p* und *Ich denke p* –, unterscheiden wir *p* denken von *Ich denke p* denken. Gleichzeitig behaupten wir, *p* denken sei nichts anderes als denken, daß man das denkt. Da wir so plump nicht sein wollen, sagen wir, daß uns zwar im Bejahen von *p* zwei Dinge bewußt sind – *p* und unser Bejahen seiner –, aber nicht in derselben Weise. Unseres Bejahens sind wir uns nicht-positional bewußt, dessen, was wir bejahen, positional; was wir bejahen, ist im Vordergrund, unser Bejahen im Hintergrund, die objektive Tatsache ist im Zentrum, unser subjektiver Zugang zu ihr an der Peripherie. Indem wir diese Weisen, sich einer Sache bewußt zu sein, unterscheiden, schreiben wir fest, daß es zwei Bewußtseine gibt, jedes mit seinem eigenen Gegenstand. Und damit haben wir die Einsicht verloren, daß das Urteil selbstbewußt ist. Wir können weitermachen, uns tiefer in den Sumpf begeben und erklären, diese beiden Bewußtseine seien untrennbar aneinander gebunden, mit metaphysischer Notwendigkeit, wie wir waghalsig sagen mögen. Aber nun müssen wir fragen, wie wir um diese metaphysische Notwendigkeit wissen, ob unsere Erkenntnis ihrer ein vom fraglichen Urteil verschiedener Akt ist, und wenn ja, wie es möglich ist, daß wir dieses Urteil in der ersten Person denken: *Ich urteile p*. Belassen wir es dabei.

Da das Urteil selbstbewußt ist, gibt es nicht zwei Dinge, die gedacht werden, *p* und *Ich denke p*; das *Ich denke* ist *in* jedem Gedanken gedacht; es ist in dem, was gedacht wird, als solchem. Einen Akt des Urteilens denken heißt nicht – im grundlegenden Fall jedenfalls – etwas anderes denken als das, was in diesem Urteilen geurteilt wird. Und umgekehrt. Versteht man Urteilen als propositionale Einstellung, leugnet man deshalb sein Selbstbewußtsein. Diskussionen der Kraft-Inhalt-Unterscheidung machen das nicht deutlich. Die Unterscheidung wird als selbstverständlich eingeführt; dem Studenten wird eingeschärft, sich von der Ambiguität von Akt und Gegenstand nicht irreführen zu lassen. Doch gibt es die Wahrnehmung, daß es die Kraft-Inhalt-Unterscheidung und die Lehre von den Propositionen schwer haben, mit der ersten Person zurechtzukommen: *Ich_*. Die erste Person ist ein Stachel im Fleisch der Freunde der Proposition. Man hält sie für ein lokales Problem, das Problem, eine besondere Art des Denkens unter die offenkundig richtige Auffassung des Denkens zu subsumieren. Die Wunde der ersten Person aber kann nicht heilen, denn das Pronomen der ersten Person bedeutet Selbstbewußtsein: Es zeigt an, daß es dem, was gedacht wird, intern ist, gedacht zu werden. Deshalb ist es *niemals* möglich in dem, was erstpersonal gedacht wird, etwas zu isolieren, das unabhängig davon, daß es gedacht wird, ist, wie es ist.

Ich werde zunächst besprechen, warum es keine Fregesche Erklärung erstpersonalen Denkens geben kann, keine, die diesem einen Fregeschen Gedanken als seinen Gegenstand zuordnet. Anschließend wende ich mich einer Idee von Proposition zu, die den Anschein erweckt, als erfaßte sie das Selbstbewußtsein des Denkens, da sie alles Denken formal als erstpersonal darstellt oder leicht so darzustellen erlaubt. Eine Proposition der fraglichen Art ist nicht schlichtweg wahr oder falsch, sondern in einem Kontext, in dem sie gedacht wird – einem Kontext, der entscheidend den, der denkt, einschließt. Die Idee findet sich in Schriften Kaplans und Lewis', die die gegenwärtige Sprachphilosophie umfassend prägen. Wir werden sehen, daß diese Idee kein Verständnis erstpersonalen Denkens liefert; sie erreicht nie das, was jemand denkt, der etwas behauptet und darin für richtig hält, es zu behaupten.

2.2. Fregesche Propositionen

Indem wir die Unterscheidung von Kraft und Inhalt auf erstpersonales Denken anwenden, denken wir uns eine Proposition, die zwar von der Einstellung, die einer ihr gegenüber einnimmt, verschieden ist und sich dennoch auf ihn *als den, der diese Einstellung einnimmt*, bezieht. Das Pronomen der ersten Person, denken wir, ist eine Weise der Bezugnahme, ein Ausdruck, der einen bestimmten Gegenstand aus einer Mannigfalt von Gegenständen herausgreift. Sein Beitrag zur Proposition ist die besondere Weise, in der der Gegenstand herausgegriffen wird. Der kursiv gesetzte Ausdruck beschreibt diese Weise: Der Gegenstand wird herausgegriffen *als das Subjekt, das die Proposition bejaht*.

Die eben gegebene Beschreibung einer erstpersonalen Proposition – sie bezieht sich auf den, der eine Einstellung zu ihr einnimmt und auf ihn *als diesen* – impliziert, daß es für jede solche Proposition nur ein Subjekt gibt, das eine Einstellung ihr gegenüber einnehmen kann; nur ein Subjekt kann der Proposition Kraft verleihen. Die Proposition bezieht sich auf, sagen wir, Dr. Lauben und bezieht sich auf ihn als den, der eine Einstellung zu eben dieser Proposition einnimmt. Niemand als Dr. Lauben kann Einstellungen zu einer Proposition einnehmen, die sich in dieser Weise auf Dr. Lauben bezieht.[2] Hier gibt es nicht verschiedene Subjekte, die denselben Inhalt bejahen; der Inhalt ist für das Subjekt, das ihn bejaht, reserviert. Es ist ein privater Inhalt. Doch das ist merkwürdig. Ob es richtig ist, eine Proposition zu bejahen, hängt allein von ihrem Wahrheitswert ab. Eine Proposition ist ein Gesetz, das Einstellungen zu ihr regiert. Eine private Proposition ist ein privates Gesetz. Sie ist ein Gesetz für nur ein Subjekt; sie bindet dieses allein und niemand sonst. Oder wir können es so sagen: Eine Proposition stellt eine Weise vor, wie die Dinge sein mögen; wenn sie wahr ist, sind sie so. Wenn es wahre erstpersonale Propositionen gibt, gibt es Weisen, wie die Dinge sind, die von nur einem Subjekt gedacht werden können. Es sind private Tatsachen einer privaten Welt, die wohl objektiv sind, doch jeden außer einem ausgezeichneten Subjekt davon ausschließen, sie zu erfassen.

2 Diese Konsequenz der Kraft-Inhalt-Unterscheidung wird von Frege in *Der Gedanke*, in: G. Patzig (Hg.), *Logische Untersuchungen*, Göttingen 1966, S. 30-53, hier S. 39, benannt und bekräftigt.

Der Fregeaner erwidert, daß die Objektivität des Denkens in erster Linie darin liegt, daß seine Geltung allein davon abhängt, was gedacht wird, nicht von dem, der es denkt. Ein privater Inhalt – einer, der nur von der gedacht werden kann, die er betrifft – kann in diesem Sinn objektiv sein: Ob es richtig ist, ihn zu bejahen, hängt von der Wahrheit der bejahten Proposition ab; es hängt von keiner Bestimmung derjenigen ab, die es bejaht. Es stimmt, daß privaten Propositionen ein Merkmal abgeht, das normalerweise mit Objektivität einhergeht: Außer dem, der in ihr vorkommt, kann keiner eine solche Proposition bejahen. Erstpersonalen Propositionen fehlt dieses Merkmal nicht deshalb, weil sie nicht objektiv wären, sondern aufgrund der besonderen Weise, in der sie ihren Gegenstand herausgreifen, einer, in der nur der, der dieser Gegenstand ist, ihn herausgreifen kann. Wir können uns deshalb ein Surrogat für diesen Mangel ausdenken. So können wir postulieren, daß, obzwar niemand als der Bezugsgegenstand eines erstpersonalen Denkens dessen Inhalt bejahen kann, jemand anderes einen anderen Inhalt bejahen kann, der mit dem, den er nicht bejahen kann, korreliert ist und von ihm als so korreliert verstanden wird; die Inhalte sind so korreliert, daß, wenn der eine gültig ist, der andere das auch ist, und nicht *per accidens*, sondern kraft dessen, daß sie die Inhalte sind, die sie sind.[3] Wenn also John etwas denkt, das er mit *Ich habe Schlamm im Gesicht* ausdrücken würde, hält er eine Proposition für wahr, zu der nur er eine Einstellung einnehmen kann. Ein anderer aber, sagen wir Bob, kann etwas denken, das er ausdrücken würde mit *John hat Schlamm im Gesicht* oder *Dieser Mann hat Schlamm im Gesicht* oder auch, an John gewandt, *Du hast Schlamm im Gesicht.* Indem Bob das denkt, versteht er, daß die Proposition, die er für

3 Vgl. John McDowell, »*De Re* Senses«, in: *Meaning, Knowledge, and Reality.* Cambridge/Mass. 1998, S. 214-227, hier S. 222: »Freges Schwierigkeiten mit ›ich‹ können nicht einfach der Idee besonderer und primitiver Sinne angelastet werden. Vielmehr resultieren sie aus der Annahme [...], Kommunikation verlange, daß der Kommunizierende und sein Publikum Gedanken teilen. Diese Annahme ist sehr natürlich, und Frege scheint sie für selbstverständlich zu halten. Doch es gibt keinen offensichtlichen Grund, warum er nicht statt dessen hätte denken können, daß in einem sprachlichen Austausch geeigneter Art gegenseitiges Verstehen – das, was erfolgreiche Kommunikation leistet – keine geteilten Gedanken verlangt, sondern verschiedene Gedanken, die allerdings in einer geeigneten Korrespondenzbeziehung stehen und wechselseitig als in dieser Beziehung stehend verstanden sind.«

wahr hält, der korreliert ist, die John (*dieser Mann, Du*) für wahr hält, obwohl letztere Proposition (die John bejaht) seinem, Bobs, Bejahen unerreichbar ist. Das antwortet auch auf die zweite Weise, die Merkwürdigkeit erstpersonaler Inhalte zu beschreiben. Denn wir können den Begriff einer Tatsache bilden, die genau dann besteht, wenn eine erstpersonale Proposition wahr ist, eine Tatsache, die von jedermann erfaßt werden kann: Wir denken uns diese Tatsache als das, was den wahren Inhalten, die in der beschriebenen Weise korreliert sind, gemein ist.

Wie aber erkennt Bob, daß ein Gedanke, den er nicht denken kann, einem Gedanken korreliert ist, den er denkt? Wie kann er auch nur die Idee eines solchen Gedankens fassen? Fregesche Theorien erstpersonalen Denkens – Theorien, die für es Fregesche Sinne postulieren – verwenden Zeichen, die den Begriff der ersten Person eines Subjekts anzeigen sollen, das von dem, der dieses Zeichen verwendet, verschieden ist. Tatsächlich zitiert ein solches Zeichen ein Pronomen der ersten Person: Die Proposition, die John denkt, wenn er denkt *SELBST hat Schlamm im Gesicht*, ist die, die er denkt, wenn er etwas denkt, das er mit »Ich habe Schlamm im Gesicht« ausdrücken würde. Was aber ermöglicht es uns – was ermöglicht es Bob –, dieses Zeichen zu verstehen? Ja, was ermöglicht es uns, es als Zeichen zu verstehen? Nach der Frege'schen Erklärung können wir dem Gedanken, den wir zitieren, nicht näher kommen, als wir es tun, da wir sein Zeichen angeben. Die Anführungszeichen lassen sich nicht tilgen. Und wir dürfen nicht sagen: Doch, die, die den erstpersonalen Gedanken denkt, kann sie tilgen. Denn wir begreifen ihre Zitattilgung nur zitiert. Und unsere Frage ist, was wir mit diesen Zitaten anfangen können. Das neo-Fregeanische »Ich« oder SELBST oder ❀ ist das untilgbare Zitat, das uninterpretierbare Zeichen, das Rätsel überhaupt.[4]

Natürlich versteht Bob, daß das, was er behauptet, da er an John gewandt sagt »Du hast Schlamm im Gesicht«, genau dann wahr ist, wenn das, was John behauptet, da er sagt »Ich habe Schlamm im Gesicht«, wahr ist. Das zeigt nicht, daß John eine erstpersonale Proposition denkt, die sein »Ich denke *p*« ausdrückt und die Bob

4 Für Klarheit hinsichtlich dieses Punkts danke ich Adrian Haddock. Vgl. auch Michael Thompson, »You and I: Some Puzzles about ›Mutual Recognition‹«, verfügbar unter ⟨http://www.pitt.edu/~mthompso/i+you.pdf⟩, letzter Zugriff 13. 6. 2018.

als der Proposition äquivalent versteht, die er, Bob, denkt, wenn er das, was er denkt, mit »Du denkst *p*« ausdrückt. Es zeigt, daß es keine erstpersonalen Propositionen gibt.

Die Frege'sche Auffassung versteht das Pronomen der ersten Person als eine Form der Bezugnahme, die einen Gegenstand auf besondere Art herausgreift; die fragliche Art wird angezeigt durch den Ausdruck *als denjenigen, der die Proposition bejaht.* Diese vermeintliche Weise, einen Gegenstand herauszugreifen, sprengt die Auffassung des Denkens, die sie an erstpersonales Denken heranträgt: Ein Gedanke, der sich auf die bezieht, die ihn bejaht, und auf sie *als diesen Gedanken bejahend*, enthält seine Bejahung. Er ist *keine* Proposition. Das Pronomen der ersten Person ist keine Weise der Bezugnahme, sondern Ausdruck von Selbstbewußtsein. Es zeigt an, daß dem Gedachten sein Gedachtwerden intern ist. Der Fregeaner versucht, Selbstbewußtsein, das die Kraft-Inhalt-Unterscheidung auflöst, als einen besonderen Inhalt darzustellen. Wenn wir das Pronomen der ersten Person verstehen wollen, müssen wir Selbstbewußtsein verstehen. Der erste Schritt dazu ist, die Kraft-Inhalt-Unterscheidung hinter uns zu lassen.

2.3. Selbstbezügliche Propositionen

Die scheinbare Stimmigkeit der Kraft-Inhalt-Unterscheidung hat auch unabhängig von neo-Fregeanischen Versuchen, mit erstpersonalen Gedanken zurechtzukommen, dazu veranlaßt, das Selbstbewußtsein eines Akts des Denkens als Merkmal einer Proposition darzustellen: Die Proposition bezieht sich auf sich selbst; sie ist selbstbezüglich. So erklärt man, daß eine einem nur dann etwas mitteilt, wenn sie folgendes beabsichtigt: »Ich beabsichtige, daß er glaubt, daß *p*, und zwar kraft dessen, daß er erkennt, daß ich *dies* beabsichtige.« Der Ausdruck »dies«, der ein Teil des Satzglieds ist, das den Inhalt der Absicht angibt, bezieht sich auf eben diesen Inhalt. Der Inhalt ist selbstbezüglich. Oder man gibt den Inhalt einer Absicht, die eine Handlung, die sie erfüllt, absichtlich macht, so an: »Ich beabsichtige, *A* zu tun, und zwar kraft dessen, daß ich *dies* beabsichtige.« Auch hier bezieht sich der Ausdruck »dies« auf den Inhalt einer Absicht und gehört zu dem Satzteil, der diesen Inhalt angibt.

Die Idee einer selbstbezüglichen Proposition ist der eines erstpersonalen Frege'schen Sinns äquivalent. Obwohl Neo-Fregeaner wenig über den Inhalt der vorgeblichen Proposition [❀ ist *F*] sagen, außer daß sie das ist, was in einem erstpersonalen Gedanken gedacht wird, ist klar, daß [❀ ist *F*] implizieren muß [Die, die *dies* denkt, ist *F*], wobei der Ausdruck »dies« die Proposition bezeichnet, die der Satz, der ihn enthält, ausdrückt. Umgekehrt kann eine selbstbezügliche Proposition in nicht mehr als einem Akt gedacht werden. So muß die Proposition [Ich tue *A*, weil ich *dies* beabsichtige] so verstanden werden, daß sie einen bestimmten Akt des Beabsichtigens identifiziert. Dieser Akt ist der einzige, dessen Gegenstand diese Proposition sein kann.

»Ich beabsichtige, *A* zu tun, kraft dessen, daß ich *dies* beabsichtige.« Der Ausdruck, durch den sich der Inhalt auf sich selbst beziehen soll – »dies« –, hat nur eine Bedeutung, wenn der Satzteil, der den fraglichen Inhalt angibt, Bedeutung hat. Dieser Satzteil aber enthält eben den Ausdruck »dies« und hat deshalb nur eine Bedeutung, wenn dieser eine hat. Es führt kein Weg in diesen Zirkel. Die Situation unterscheidet sich nicht von folgender: »Ich glaube das.« – »Was glaubst du?« – »Ich habe es gerade gesagt.« Mein Gesprächspartner fragt nach dem Bezugsgegenstand meines »das«, und ich gebe vor, ihn mit eben dem Satz angegeben zu haben, in dem er selbst auftritt: »Ich glaube das.« Meine Rede ist bedeutungslos. Es wurde keine Überzeugung angegeben, mitgeteilt, ausgedrückt. Die Beispiele oben, die sich auf Mitteilung und absichtliches Handeln beziehen, bringen zusätzliches Material in das Satzglied ein, das den Inhalt, auf den sich der relevante Ausdruck beziehen soll, angibt. Das mag den Mangel an Bedeutung der Wortfolge, die den Inhalt angeben soll, verschleiern; beseitigen kann es ihn nicht. Die Berufung auf selbstbezügliche Inhalte ist weit verbreitet; sie ist in der Behandlung aller möglichen Arten selbstbewußter Tätigkeit Routine geworden. Sie ist sinnlos.

2.4. Propositionen, die in einem Kontext wahr sind

Was in der ersten Person gedacht wird, enthält sein Gedachtwerden. Denn es ist dem so Gedachten intern, daß die, auf die sich das Gedachte bezieht, es denkt. Wenn daher die Objektivität dessen, was gedacht wird, darin liegt, daß es etwas anderes ist als dies, daß es gedacht wird, ist erstpersonales Denken, weil und insofern es erstpersonal ist, nicht objektiv; Denken ist in dem Maß objektiv, in dem es von der ersten Person frei ist.

Wir sagten, erstpersonales Denken, *insofern* es erstpersonal ist, ist nicht objektiv. Niemand wird behaupten wollen, daß es im erstpersonalen Denken *nichts* gibt, das objektiv gedacht wird. Aus diesem Grund ist der Neo-Fregeaner, sobald er festgelegt hat, daß ein erstpersonaler Gedanke von niemandem als seinem Subjekt gedacht werden kann, schnell dabei, etwas Objektives in diesem Denken zu bergen, nämlich die verstandene Äquivalenz des erstpersonalen mit solchen Gedanken, die andere denken können. Im Rahmen der Unterscheidung von Kraft und Inhalt bietet sich noch ein anderer Weg an. Offensichtlich muß die, die den erstpersonalen Gedanken denkt, die vermeintliche Äquivalenz nicht nur verstehen; sie muß sie *im* Denken des erstpersonalen Gedankens verstehen. Das legt nahe zu versuchen, etwas *im* erstpersonal Gedachten zu isolieren, das objektiv gedacht und als jedermann verfügbar verstanden wird; es legt nahe, daß es möglich ist, etwas Objektives von der erstpersonalen Weise zu isolieren, in der es vorgestellt wird. Wenn ich etwa denke *Ich bin ein Mensch* – das war oben unser Beispiel –, gibt es in dem, was ich denke, etwas, das jedenfalls so ist, wie es ist: Eine gewisse Substanz ist ein Mensch. Indem ich das in der ersten Person denke, stelle ich diese Substanz als jemanden vor, der denkt, er sei ein Mensch. Daß er dies denkt, ist eine Sache, daß er ist, was er denkt, daß er ist, eine andere. Wie wir sehen werden, gliedert der von Kaplan und Lewis stammende semantische Rahmen erstpersonales Denken in dieser Weise: Wer einen erstpersonalen Gedanken denkt, denkt etwas über einen bestimmten Gegenstand, von dem er in einem davon verschiedenen Gedanken denkt, daß er selbst dieser ist.

Wir können die grundlegende Idee des fraglichen semantischen Rahmens einführen, indem wir eine bestimmte Art von Satz betrachten: einen, der sich auf Aspekte seines Gebrauchs bezieht. Wer einen Satz im Tempus Präsens gebraucht, spricht vom Zeitpunkt eben dieses seines Gebrauchs des Satzes. Er kann daher mit dem Satz zu einer Zeit etwas Wahres sagen und zu einer anderen etwas Falsches. Und wer einen Satz mit einem Pronomen der ersten Person gebraucht, spricht vom Subjekt des Gebrauchs dieses Satzes.

Und also mag einer mit dem Satz etwas Wahres sagen, ein anderer etwas Falsches. Es liegt nahe, das so zu formulieren, daß ein solcher Satz wahr oder falsch ist relativ zur Zeit seines Gebrauchs und der Person, die ihn gebraucht.

Das können wir verallgemeinern, indem wir den Begriff eines Kontexts des Gebrauchs einführen: Ein Kontext enthält alle relevanten Aspekte eines gegebenen Gebrauchs eines Satzes. Die Beispiele oben geben Anlaß, das Subjekt und die Zeit des Satzgebrauchs in den Kontext einzuschließen. Sollte es Sätze geben, die sich auf weitere Aspekte ihres Gebrauchs beziehen, können wir entsprechend ergänzen.[5] Wir können dann sagen: Ob mit einem gegebenen Satz etwas Wahres geäußert wird, hängt vom Kontext ab, in dem er geäußert wird.[6]

5 Man wird einen Ort einschließen wollen, um Sätzen mit »hier« gerecht zu werden. Es ist üblich, eine Welt hinzuzufügen. Das kann man aber nicht in der obigen Weise motivieren. Es gibt Leute, die sagen würden, *Wer den Satz »Phosphor schmilzt bei 55 Grad Celsius« gebraucht, spricht über die Welt eben dieses seines Gebrauchs dieses Satzes.* Außerhalb einer semantischen Theorie allerdings, die Dinge postuliert, die in bestimmten Welten wahr sind, ist diese Aussage unverständlich. Deshalb kann sie keine solche Theorie motivieren. Tatsächlich liegt das Motiv dafür, dem Kontext eine Welt zuzuordnen, in einer Deutung der Modalität, die ihrerseits auf der (falschen) Vorstellung beruht, modale Ausdrücke seien Satzoperatoren.

6 Wenn wir die Idee einer Proposition, die in einem Kontext wahr ist, eingeführt haben, können wir den Begriff von Operatoren bilden, die Merkmale des Kontexts verschieben: Der Wahrheitswert in einem Kontext eines Satzes, der aus der Anwendung eines solchen Operators auf einen gegebenen Satz resultiert, hängt vom Wahrheitswert des letzteren in einem Kontext oder in Kontexten ab, die sich vom erstgenannten in einem bestimmten Merkmal unterscheiden in einer Weise, die der Operator anzeigt. (Die Durchführung dieser Idee erfordert weiter gehende technische Maßnahmen, die hier nicht interessieren.) Zum Beispiel können wir vorschlagen, ein Satz im Präteritum resultiere aus der Anwendung eines Operators auf einen gegebenen Satz; der resultierende Satz ist in einem gegebenen Kontext genau dann wahr, wenn der Satz, auf den der Operator angewandt wurde, in einem Kontext wahr ist, der sich vom gegebenen Kontext zeitlich in folgender Weise unterscheidet: Er ist früher. Wenn die Idee einer Proposition, die in einem Kontext wahr ist, unstimmig ist, gibt es solche Operatoren nicht. Das ist auch gut so, denn es scheint offensichtlich, daß die Aspekte der logischen Form, die populärerweise durch solche Operatoren dargestellt werden, nämlich Modalität und Zeit, nicht so verstanden werden können. (Für die Zeit diskutiere ich das in *Kategorien des Zeitlichen. Eine Untersuchung der Formen des endlichen Verstandes*, Frankfurt/M. 2005, Kap. 4.) Was die vielerlei anderen Merkmale des Kontexts angeht, die jüngst vorgeschlagen wurden, sollten wir umso lieber auf sie verzichten.

Ob einer etwas Wahres sagt, wenn er einen Satz gebraucht, hängt vom Kontext seines Gebrauchs ab. Die in Rede stehende Semantik stellt das so dar: Was man mit einem gegebenen Satz sagt, ist nicht schlechthin wahr, sondern bezogen auf einen Kontext. Das führt eine neue Art Proposition ein, eine K-Proposition, wie wir sie nennen wollen: etwas, das in einem Kontext wahr ist. K-Propositionen sind Inhalte von Sprechakten und von Akten des Denkens, die diese ausdrücken. Wer etwas behauptet, indem er den Satz »Ich bin hungrig« gebraucht, behauptet eine Proposition, die in einem Kontext wahr ist; wer etwas denkt, dessen sprachlicher Ausdruck den Gebrauch des Satzes »Ich bin hungrig« verlangt, denkt eine Proposition, die in einem Kontext wahr ist.

Wenn man K-Propositionen einmal eingeführt hat, spricht nichts dagegen, solche Propositionen Sätzen zuzuordnen, gleichgültig ob sie sich auf Aspekte ihres Gebrauchs beziehen oder nicht; nichts spricht dagegen, jedes Urteil als eines darzustellen, dessen Inhalt wahr ist in einem Kontext. (Oder – das sind alternative Weisen, das zu formulieren – nichts spricht dagegen zu erklären, in allen Fällen sei, was behauptet oder geurteilt wird, eine Menge – nicht möglicher Welten, sondern – zentrierter möglicher Welten oder eine Menge von Paaren einer Welt und eines Kontexts.) Propositionen, die mit nicht-erstpersonalen Urteilen verknüpft sind, erweisen sich dann als wahr für alle Sprecher oder Denker, wenn sie für einen wahr sind. In diesem Sinn ist jede Proposition an den gebunden, der sie denkt, und deshalb sind in diesem Sinn alle Propositionen erstpersonal. Das ist ein technischer Kniff ohne philosophische Bedeutung. In derselben Weise kann man alle Sätze so behandeln, als hätten sie ein Tempus, auch wenn sie zeitlos sind. Diese Sätze sind dann, wenn sie zu einer Zeit wahr sind, zu jeder wahr.

Frege führt Propositionen (er nennt sie Gedanken) ein, um die Objektivität des Urteils zu erklären. Die Proposition ist der Maßstab ihrer Bejahung: Ein Urteil ist gültig genau dann, wenn die Proposition, die es bejaht, wahr ist. Eine Proposition, da sie ihre eigene Wahrheitsbedingung vorstellt, stellt die Bedingung vor, unter der es richtig ist, sie zu behaupten. K-Propositionen, die in einem Kontext wahr sind, tun das nicht. Denn eine K-Proposition stellt die Bedingung vor, unter der sie in einem Kontext wahr ist. Sie legt daher nicht fest, ob es richtig ist, die Proposition zu bejahen. Sie legt das fest, wenn für einen Kontext gesorgt ist, einen Kontext, für den die K-Proposition *nicht* selbst sorgt. Wir können also sagen, daß eine Behauptung genau dann richtig ist, wenn die behauptete K-Proposition in dem Kontext wahr ist, in dem sie, die K-Proposition, behauptet wird.

Wer etwas behauptet, tut das, indem sie denkt, es sei richtig, das zu behaupten. Daraus folgt, daß sich das, was sie denkt, da sie etwas behauptet, nicht in dem erschöpft, was sie behauptet, wenn das eine K-Proposition ist. Ihr Gedanke, ihre Behauptung sei richtig, muß die K-Proposition zu einem Kontext bringen; er muß aus allen Kontexten einen auswählen. Die K-Proposition, die sie behauptet, tut das nicht. Der Gedanke derjenigen also, die es für richtig hält zu behaupten, was sie behauptet, bringt zwei Dinge zusammen: eine K-Proposition und den Kontext, in dem sie diese behauptet.

Das wird in der Literatur bemerkt, wenn die Weise besprochen wird, in der K-Propositionen den Sprachgebrauch bestimmen sollen. John MacFarlane erklärt, daß wir, wenn wir etwas behaupten, einer Regel zu entsprechen suchen, die vorschreibt, nur zu behaupten, was in dem Kontext, in dem wir es behaupten, wahr ist: »Wenn wir sprechen, versuchen wir im Normalfall Sätze zu verwenden, die in unserem Kontext wahr sind.«[7] Und David Lewis erklärt, daß wir, wenn wir jemandem mitteilen wollen, daß die Dinge soundso sind, einen Satz ausfindig machen, der in unserem Kontext wahr ist, und diesen dann behaupten.[8]

Was jemand behauptet, ist nicht, was er denkt, da er denkt, es sei richtig, es zu behaupten. Diese beiden Dinge unterscheiden sich

7 John MacFarlane, *Assessment Sensitivity. Relative Truth and Its Applications,* Oxford 2014, S. 53; vgl. ebd., S. 101, die »Truth Rule«.

8 David Lewis, »Index, Context and Content«, in: S. Kanger / S. Öhmann (Hg.), *Philosophy and Grammar. Papers on the Occasion of the Quincentennial of Uppsala University,* Dordrecht 1981, S. 79-100, hier S. 80: »Was wir mit Worten in erster Linie tun, ist, Informationen zu vermitteln, und wir tun das wie folgt. [...] Ich finde etwas zu sagen, dessen Wahrheit davon abhängt, ob A oder B oder ..., und das ich für wahr halte. Ich sage es, und du hörst es. Du, da du darauf vertraust, daß ich willens und fähig bin, die Wahrheit zu sagen, kannst dann schließen, ob A oder B oder ...« Später erklärt Lewis, daß ich, genauer gesagt, etwas zu sagen finde, dessen Wahrheit-im-Englischen von A oder B oder ... abhängt (S. 80), und daß Wahrheit-im-Englischen abhängt von »Merkmalen der Situation, in der die Worte gesagt werden« (S. 81).

nicht in der Weise, in der sich »ist größer« von »ist kleiner« unterscheidet. Sie unterscheiden sich in der Weise, in der sich »ist größer« von »ist größer als 4« unterscheidet. Eine Zahl ist nicht schlechthin größer, sondern sie ist größer *als eine Zahl.* Wenn wir festlegen, relativ zu welcher Zahl eine gegebene Zahl größer sein soll, ist die Relativität beseitigt: eine Zahl ist schlechthin größer als 4 (oder nicht). In derselben Weise ist, was jemand behauptet, wenn es eine K-Proposition ist, nicht schlechthin wahr, sondern in einem Kontext. Was jemand denkt, der denkt, es sei richtig, das zu behaupten, bestimmt einen Kontext, in dem das, was er behauptet, wahr sein soll. Damit beseitigt das, was er denkt, die Relativität und ist schlechthin wahr.

Es lohnt sich, bei der Unterscheidung einer K-Proposition von dem Gedanken, es sei richtig, sie zu behaupten, zu verweilen. Der größere Teil einer Bedeutungstheorie wird sich mit K-Propositionen und ihrer kompositionalen Bedeutung befassen. So kann es scheinen, als wären K-Propositionen das eigentliche Thema; sie sind das, wovon die Bedeutungstheorie handelt. Jedoch kann der Begriff der K-Proposition nur beanspruchen, ein semantischer Begriff zu sein, wenn sich zeigen läßt, daß K-Propositionen den Sprachgebrauch bestimmen. Und den bestimmen sie nur, wenn sie im Denken desjenigen vorkommen, der die fraglichen Sätze gebraucht, indem er überlegt, wie sie zu gebrauchen und richtig zu gebrauchen sind. Die Rechtfertigung des Begriffs der K-Proposition hängt deshalb davon ab, daß das Denken desjenigen, der einen Satz gebraucht, um etwas zu behaupten, wie folgt gegliedert ist: Da er denkt, es sei richtig, den Satz so zu gebrauchen, wie er es tut, denkt er, daß die dem Satz zugeordnete K-Proposition in dem Kontext, in dem er ihn gebraucht, wahr ist.

Wer es für richtig hält zu behaupten, was er behauptet, verbindet das, was er behauptet, mit einem Kontext, dem Kontext, in dem das, was er behauptet, wahr sein muß, wenn er recht damit haben soll, es zu behaupten. Überlegen wir, wie er das tut. Wir können uns das, was behauptet wird, die K-Proposition, so vorstellen, daß sie eine Regel gibt, die in allgemeinen Begriffen angibt, wie ein Kontext sein muß, damit die K-Proposition relativ zu ihm wahr ist. Die K-Proposition wird zu diesem Kontext gebracht, da diese Regel auf ihn angewandt wird. [*Ich bin hungrig*] sei die Bezeichnung der K-Proposition, die mit dem Satz »Ich bin hungrig« assoziiert ist.

[*Ich bin hungrig*] gibt folgende Regel: [*Ich bin hungrig*] ist wahr in dem Kontext, in dem diese K-Proposition gebraucht (geurteilt, behauptet) wird, wenn die Sprecherin dieses Kontexts (diejenige, die die Proposition gebraucht, urteilt, behauptet) hungrig ist. Die, die [*Ich bin hungrig*] behauptet, wendet diese Regel an: Sie versteht, daß ihre Behauptung von [*Ich bin hungrig*] richtig sein wird, sofern diejenige, die das behauptet, hungrig ist. Da sie bemerkt, daß sie selbst diese Sprecherin ist, versteht sie, daß sie recht damit hat, [*Ich bin hungrig*] zu behaupten, weil sie hungrig ist. (Wir nehmen an, sie ist tatsächlich hungrig.)

Wir haben gesagt, diese Auffassung läßt uns im erstpersonalen Denken etwas Objektives, etwas, das ist, wie es ohnehin ist, von seinem Gedachtwerden unterscheiden. Es ist nicht die K-Proposition [*Ich bin hungrig*], die so gegliedert ist. Was so gegliedert ist, ist das Denken derer, die [*Ich bin hungrig*] behauptet, da sie denkt, es sei richtig, das zu behaupten, und das Denken derer, die [*Ich bin hungrig*] urteilt, da sie denkt, es sei richtig, das zu urteilen. Da sie denkt, sie habe recht zu behaupten, was sie behauptet, nämlich [*Ich bin hungrig*], denkt sie erstens, daß das richtig ist, weil die Sprecherin hungrig ist, und zweitens, daß sie diese Sprecherin ist. Das sind unterscheidbare Elemente, weil die Regel – daß [*Ich bin hungrig*] in einem Kontext wahr ist, gegeben die Sprecherin des Kontexts ist hungrig – nicht selbst den Kontext identifiziert, auf den sie angewandt wird.

Wir unterscheiden eine K-Proposition als das, was behauptet wird, von dem, was jemand denkt, der es behauptet, denkend, es sei richtig, es zu behaupten: Er denkt, daß die von ihm behauptete K-Proposition in dem Kontext, in dem er sie behauptet, wahr ist. Das ist ein erstpersonaler Gedanke; es ist ein Gedanke, den er ausdrücken würde, indem er sagt: »[*Ich bin hungrig*] ist relativ zu meinem Kontext wahr, dem Kontext, in dem ich es behaupte.« Würde er den Kontext anders herausgreifen, nicht als *seinen*, nicht als den Kontext *seiner* Behauptung, würde er darin, daß er denkt, [*Ich bin hungrig*] sei relativ zu diesem Kontext wahr, nicht denken, er habe recht zu behaupten, was er so behauptet. (Hier und im folgenden ist das Pronomen »sein« das Pronomen der ersten Person; es ist dieses Pronomen in indirekter Rede.) Auch das ist in der relevanten Literatur explizit. Wir haben oben MacFarlane zitiert: Wir suchen zu sagen, was in *unserem* Kontext wahr ist.

Was unser Subjekt denkt, da es denkt, es sei richtig zu behaupten, was es behauptet, nämlich [*Ich bin hungrig*], ist etwas, das es ausdrücken würde, indem es ein Pronomen der ersten Person verwendet. Laut der Theorie, die wir betrachten, ist das, was einer denkt, der etwas denkt, das er mit »ich_« ausdrücken würde, eine K-Proposition: etwas, das nicht schlechthin wahr ist, sondern in einem Kontext. Eine K-Proposition aber ist *nicht* der Gedanke, daß eine K-Proposition in einem bestimmten Kontext wahr ist. Und deshalb ist sie *nicht* der Gedanke der Richtigkeit einer Behauptung. Zu einem solchen Gedanken kommen wir, da wir erneut das, was unser Subjekt denkt, da es denkt [[*Ich bin hungrig*] *ist relativ zu meinem Kontext wahr*], von dem unterscheiden, was es denkt, da es denkt, es sei richtig, *das* zu denken. Der Gedanke unseres Subjekts, daß es recht hat, [*Ich bin hungrig*] zu behaupten, ist nicht, was es denkt, da es denkt [*Es ist richtig* [*Ich bin hungrig*] *in meinem Kontext zu behaupten*]. Vielmehr ist er das, was das Subjekt denkt, da es denkt, *das* zu denken sei richtig. Denn es versteht, daß [*Es ist richtig* [*Ich bin hungrig*] *in dem Kontext zu behaupten, in dem ich es gerade behaupte*] in all den und nur den Kontexten wahr ist, in denen [*Ich bin hungrig*] wahr ist. Und es weiß, daß der Kontext, in dem es denkt [*Es ist richtig* [*Ich bin hungrig*] *in meinem Kontext zu behaupten*], derselbe Kontext ist wie der, in dem es [*Ich bin hungrig*] behauptet.[9] Doch erneut gilt, daß unser Subjekt, da es denkt, die Proposition [*Es ist richtig* [*Ich bin hungrig*] *in dem Kontext zu behaupten, in dem ich es behaupte*] sei in dem Kontext wahr, in dem *es selbst* sie denkt, einen erstpersonalen Gedanken denkt. Und so fort.

Wir gelangen niemals zu dem, was einer denkt, der denkt, es sei richtig zu behaupten, was er behauptet. Wir erreichen diesen Gedanken nicht, wenn es ein Gedanke sein soll, daß etwas in dem Kontext wahr ist, in dem es behauptet wird. Das zeigt, daß es kein

9 [*Es ist richtig,* [*Ich bin hungrig*] *in dem Kontext zu behaupten, in dem ich es behaupte*] ist in allen und nur den Kontexten wahr, in denen [*Ich bin hungrig*] wahr ist. Das zeigt nicht, daß das, was jemand denkt, da er denkt, er habe recht [*Ich bin hungrig*] zu behaupten, ist: [*Es ist richtig,* [*Ich bin hungrig*] *in dem Kontext zu behaupten, in dem ich es behaupte*]. Denn wenn das, was das Subjekt denkt, keinen Kontext herausgreift, bestimmt es keine Bedingung, unter der es richtig ist, eine K-Proposition zu behaupten. Und [*Es ist richtig,* [*Ich bin hungrig*] *in dem Kontext zu behaupten, in dem ich es soeben behaupte*] greift keinen Kontext heraus. (Ich danke John MacFarlane für einen erhellenden Austausch in diesem Punkt. Er mag nach wie vor unzufrieden sein mit dem, was ich daraus gemacht habe.)

solcher Gedanke ist. Der fragliche Gedanke ist nicht so gegliedert. Wenn wir das Bewußtsein derer untersuchen, die urteilen und ihr Urteil sprachlich ausdrücken, ist der Begriff einer K-Proposition nutzlos.[10]

2.5. Regeln und die erste Person

Eine K-Proposition gibt eine Regel, die sagt, wie ein Kontext sein muß, damit es richtig ist, diese K-Proposition in diesem Kontext zu behaupten. Wenn wir bestreiten, daß sich das Denken derer, die eine Behauptung aufstellt und denkt, ihre Behauptung sei richtig, in eine K-Proposition und einen Kontext, in dem diese wahr sein soll, gliedert, so scheint es, als wollten wir bestreiten, daß Sprecher einer Sprache solche Regeln verstehen. Wir scheinen zu sagen, daß die, die den Satz »Ich bin hungrig« gebraucht, um etwas zu behaupten, nicht versteht, daß jemand, der mit diesem Satz etwas behauptet, etwas Wahres sagt, sofern die, die das sagt, hungrig ist. Wir scheinen zu sagen, daß die, die den Ausdruck »ich« gebraucht, nicht versteht, daß jemand, der »ich« sagt, von sich selbst spricht.

Das sagen wir nicht. Was wir sagen, ist: Die fraglichen Regeln sind erstpersonale Gedanken und im Selbstbewußtsein des Sprechers enthalten. Damit weisen wir die Idee zurück, die erste Person würde nicht – noch nicht – mit der Regel selbst ins Spiel kommen, sondern erst mit ihrer Anwendung *auf einen selbst*. Eine solche Anwendung gibt es nicht. Denn die relevanten Regeln sind solche, denen man folgt. Und einer Regel folgen heißt nicht sie auf sich selbst anwenden.

Eine Regel ist eine allgemeine Beschreibung einer Handlungs-

10 Vielleicht ist es hilfreich, die Dialektik, die sich durch diesen und den vorangehenden Abschnitt zieht, so darzustellen. Wenn der Fregeaner behauptet, daß die, die eine Frege'sche erstpersonale Proposition denkt, die Korrelation des von ihr Gedachten mit dem versteht, was ein anderer denkt, der etwas von ihr denkt, will er die Allgemeinheit der in der K-Proposition eingekapselten Regel in das Verstehen des Subjekts eintragen. Das geht aber nicht, da die erstpersonale Proposition nicht für das Verständnis dieser Allgemeinheit sorgt. Umgekehrt kann die Theorie der K-Propositionen, die die Allgemeinheit der Regel im Bewußtsein derjenigen, die einen erstpersonalen Gedanken denkt, verortet, nicht darstellen, wie das Subjekt diese Regel auf – nicht diesen oder jenen, sondern – sich selbst bezieht.

weise. Damit jemand einer Regel folgt, genügt es nicht, daß sein Tun unter diese Beschreibung fällt; er muß verstehen, daß er mit der Beschreibung übereinstimmt, indem er tut, was er tut. Die Regel muß in ihm sein, in seinem Denken; er muß mit ihr oder aus ihr handeln. Das meint Aristoteles, wenn er erklärt, daß tugendhaft sein heißt, nicht nur in Übereinstimmung mit dem rechten Begriff (*kata ton orthon logon*), sondern *mit* dem rechten Begriff (*meta tou orthou logou*) handeln.[11] Kant macht den Punkt allgemein, da er Dinge, die nach Gesetzen handeln, von Dingen unterscheidet, die nach der Vorstellung von Gesetzen handeln (ihre Handlungen aus einem Gesetz ableiten), und im besonderen, da er nur *pflichtgemäße* Handlungen von solchen *aus Pflicht* unterscheidet.[12] Wittgensteins Überlegungen zum Regelfolgen sind Meditationen über eben diesen Charakter von Regeln.[13]

Wer einer Regel folgt, denkt sich selbst als der Regel entsprechend. Das ist ein erstpersonaler Gedanke: Es ist ihm intern, daß die, die eine als der Regel entsprechend denkt, die ist, die sie als der Regel entsprechend denkt. Es mag scheinen, als wende sie in diesem Gedanken die Regel auf sich selbst an. Wir werden diese Vorstellung mit Blick auf die Regeln, die uns hier interessieren, besprechen. Doch was wir sagen, gilt für Regeln überhaupt.

Schreiben wir die Überlegung auf, in der ich die Regel des Gebrauchs von »ich« auf mich beziehe.

> (R: Regel) Wer deutsch spricht und den Ausdruck »ich« gebraucht, spricht von sich.
> (K: Bedingung der Anwendung) Ich spreche deutsch.
> (A: Anwendung) Wenn ich den Ausdruck »ich« gebrauche, spreche ich von mir.

11 Aristoteles, *Nikomachische Ethik,* hg. v. U. Wolf, Hamburg 2006, Buch VI, 1144b.

12 *Grundlegung zur Metaphysik der Sitten,* in: Kants gesammelte Schriften 4, Berlin 1911, S. 397 ff.

13 Daß der Gegenstand von Wittgensteins Überlegungen zum Regelfolgen, die sich in den *Philosophischen Untersuchungen* finden, Selbstbewußtsein ist, ist in vielen erhellenden Interpretationen dieser Passagen implizit. Die einzige mir bekannte Diskussion, in der es explizit wird, findet sich in G. E. M. Anscombes »Regeln, Rechte und Versprechen« in: U. Hlobil/K. Nieswandt (Hg.), *Aufsätze,* Berlin 2014, S. 82-93.

Jemand, der deutsch spricht und »ich« sagt, spricht nicht von sich selbst, wenn er nicht weiß, daß er mit diesem Ausdruck von sich spricht. Weiß er nicht, daß er »ich« sagt, oder meint er, »ich« würde verwendet, um den zu adressieren, zu dem man spricht (wie einige Kinder es tun), so spricht er mit »ich« nicht von sich. Der Ausdruck der Regel ist also elliptisch. Vollständiger lautet er:

(R') Wer deutsch spricht und den Ausdruck »ich« gebraucht, spricht von sich, wissend, daß er das tut.

Doch nun erinnern wir uns, daß – das ist die Vorstellung, die wir *ad absurdum* führen wollen – das Wissen darum, daß man den Ausdruck »ich« gebraucht, um von sich zu sprechen, darin liegt, daß man die Regel (R) auf sich anwendet, indem man R, A und K denkt. Das müssen wir in die Regel aufnehmen, wenn wir das Verständnis beschreiben, das den Gebrauch von »ich« anleiten muß, wenn jemand mit »ich« von sich selbst sprechen soll.

(R') Wer deutsch spricht und den Ausdruck »ich« gebraucht, spricht von sich, wissend, daß (R) [wer deutsch spricht und den Ausdruck »ich« gebraucht, von sich spricht], weiter wissend, daß er deutsch spricht, und daraus schließend, daß er, da er den Ausdruck »ich« gebraucht, von sich spricht.

Jemand, der deutsch spricht und versteht, daß jemand, der deutsch spricht und den Ausdruck »ich« gebraucht, von sich spricht, der versteht, daß ein solcher Sprecher das mit Verständnis tut. Wenn dieses Verständnis darin besteht, daß der Sprecher die Regel (R) auf sich anwendet, müssen wir auch dies in unseren Ausdruck der Regel aufnehmen:

(R'') Wer deutsch spricht und den Ausdruck »ich« gebraucht, spricht von sich, wissend, daß (R') [wer deutsch spricht und den Ausdruck »ich« gebraucht, von sich spricht, wissend, daß (R) [wer deutsch spricht und den Ausdruck »ich« gebraucht, von sich spricht], weiter wissend, daß er selbst deutsch spricht, und daraus schließend, daß er, da er den Ausdruck »ich« gebraucht, von sich spricht], weiter wissend, daß er selbst deutsch spricht, und daraus schließend, daß er, da er den Ausdruck »ich« gebraucht, von sich spricht.

Und so fort.

Das zeigt, daß jemand, der den Ausdruck »ich« gebraucht, um

von sich selbst zu sprechen, und darin versteht, daß er das tut, das nicht versteht, indem er eine Regel auf sich anwendet. Da die Regel eine ist, der er folgt, ist sie *seine* Regel. Die erste Person ist in jeder Regel, denn Regelfolgen ist selbstbewußt. (Eine durchsichtige Schreibweise würde die Worte, die eine Regel angeben, so anordnen, daß sie ein Zeichen der ersten Person bilden.) Da die erste Person im Inneren jeder Regel ist, kann erstpersonales Denken nicht als Anwendung einer Regel verstanden werden.

2.6. Praktisches Denken

Das Pronomen der ersten Person drückt Selbstbewußtsein aus; es zeigt an, daß dem, was gedacht wird, sein Gedachtwerden intern ist. Deshalb kann es so etwas wie eine erstpersonale Proposition nicht geben. Zwar gibt es Widerstand gegen die Idee, daß erstpersonales Denken eine propositionale Einstellung ist. Und das ist hilfreich, weil es die Unantastbarkeit, die diese Idee genießt, schwächt. Gleichwohl ist der Widerstand begrenzt; er begrenzt sich selbst, da er meint, die erste Person sei das Merkmal einer besonderen Art von Gedanken. Deshalb berührt er nicht die eigentliche Schwierigkeit, die im Selbstbewußtsein des Denkens liegt. Die erste Person ist keine Art von Denken, sondern Denken.

Da der Widerstand in dieser Weise begrenzt ist, richtet er sich nicht gegen die allgemeine Vorstellung, ein Urteil sei eine propositionale Einstellung. Er richtet sich gegen die Vorstellung, das gelte für das erstpersonale Urteil. So wird vorgeschlagen, erstpersonales Denken beziehe sich nicht auf eine besondere Art von Proposition, sondern sei eine besondere Form der Prädikation: Selbstprädikation. Insbesondere will man sagen, daß praktisches Denken – Denken, das in der Weise wirksam ist, daß es das, was es denkt, verwirklicht – keine propositionale Einstellung ist: Mein Gedanke, daß ich gerade *A* tue, wenn ich es absichtlich tue, ist einer, in dem ich den Begriff des *A*-Tuns selbstprädiziere, und zwar praktisch selbstprädiziere. Das muß nicht falsch sein. Doch insoweit die erste Person hier als Merkmal einer bestimmten Art von Gedanken aufgefaßt wird, lenkt es von der Wurzel des Problems ab. Diese Wurzel ist das Selbstbewußtsein und also die Objektivität des Denkens.

Die erste Person, das *Ich denke*, ist in jedem Gedanken, theoretisch oder praktisch. Das hat manche dazu veranlaßt, Begriffe, die praktisches Denken charakterisieren, auf das Denken als solches auszudehnen. So gibt es eine Literatur zu epistemischem Handeln, zum Meinen als Tätigkeit und dergleichen. Doch das erstickt die Frage danach, wie sich die Objektivität des Denkens zu seinem Selbstbewußtsein verhält. Tatsächlich verfestigt die Diskussion epistemischen Handelns die Unterscheidung von Kraft und Inhalt. Sie weitet praktische Begriffe von *Ich tue A* auf *Ich denke, daß p* aus und stellt *denken, daß p* als einen Fall von *A tun* dar: Auch das soll eine Art des Handelns sein. Wie Tätigkeit im Spalten eines Holzblocks ist (*A tun*), so ist Tätigkeit im Denken, daß die Sonne aufgeht (*p denken*). Das soll etwas zur Einstellung sagen: Indem ich den Inhalt bejahe, befinde ich mich nicht in einem leidenden Zustand; ich tue etwas, ich bin tätig. Es soll nicht den Inhalt betreffen. Es gibt nicht die Idee, daß das *Ich denke* in *p* enthalten ist, daß über das *Ich denke* nachdenken heißt, über *p* nachdenken. Das Selbstbewußtsein des Denkens ist in der Begeisterung für Tätigkeit nicht erfaßt.

Noch ist die Objektivität des Denkens als Motiv der Kraft-Inhalt-Unterscheidung verstanden. Die Objektivität des Denkens scheint darin zu liegen, daß das Denken an etwas gebunden und ihm verpflichtet ist, was von ihm verschieden ist. Der Grund dafür zu meinen, das erstpersonale Denken sei eine Einstellung zu einer Proposition, liegt in der Idee, diese Gliederung mache die Objektivität des Denkens aus: Objektivität verlangt, daß das, was gedacht wird, von seinem Gedachtwerden verschieden ist. Nun ist praktisches Denken objektiv. Solange wir nicht begreifen, wie Objektivität und Selbstbewußtsein eins sein können, kann daher die Idee, daß praktisches Denken keine propositionale Einstellung ist, nicht überzeugen. Der praktische Charakter des praktischen Denkens erklärt die Einheit von Selbstbewußtsein und Objektivität nicht. Im Gegenteil erklärt die Einheit von Selbstbewußtsein und Objektivität, wie es ein praktisches Bewußtsein geben kann, das *Denken* ist.

2.7. Die vermeintliche Erklärungskraft der Kraft-Inhalt-Unterscheidung

Denken ist objektiv. Das heißt, es ist selbstbewußt: Ein Gedanke ist der erstpersonale Gedanke seiner selbst. Was gedacht wird, kann deshalb von seinem Gedachtwerden nicht isoliert werden, und dieses kann nicht als Anheften einer Kraft an einen Inhalt verstanden werden. Das scheint schwer zu akzeptieren. Die Unterscheidung von Kraft und Inhalt spielt in der zeitgenössischen Philosophie eine grundlegende Rolle: in der Philosophie des Geistes, der Erkenntnistheorie, der Sprachphilosophie und darüber hinaus. Wir scheinen sie verwenden zu müssen, wenn wir uns einen Reim auf eine breite Palette von Phänomenen der Bereiche, mit denen sich diese Disziplinen befassen, machen wollen. Zum Beispiel müssen wir Kraft und Inhalt unterscheiden, um Dissens zwischen Subjekten beschreiben zu können. X und Y sind uneinig, insofern es etwas gibt, das sie teilen, und etwas, worin sie sich unterscheiden: Sie beziehen sich auf denselben Inhalt, nehmen aber verschiedene Einstellungen zu ihm ein; einer bejaht den Inhalt, der andere verneint ihn. Weiter müssen wir Kraft und Inhalt unterscheiden, wenn wir den Fortschritt darstellen wollen, den man macht, da man eine Frage gestellt hat und zu ihrer Antwort gelangt. Da man eine Frage stellt, bezieht man sich auf einen Inhalt, denselben, den man bejaht, wenn man sie beantwortet. Allgemeiner müssen wir eine Vielzahl von Weisen, sich auf ein und denselben Inhalt zu beziehen, anerkennen: leugnen, daß *p*, bezweifeln, daß *p*, überlegen, ob *p*, vermuten, daß *p*, usw. Weiter brauchen wir die Unterscheidung, wenn wir Schlüsse verstehen wollen, die hypothetische Urteile enthalten. Wenn jemand schließt *p; wenn p, dann q; also q*, muß in der ersten und der zweiten Prämisse dasselbe gedacht sein, wenn der Schluß nicht auf einer Äquivokation beruhen soll. Indem man aber *wenn p, dann q* behauptet, behauptet man nicht *p*. Daher kann die Kraft, die Bejahung einer Proposition, nicht in der Proposition enthalten sein, die sie bejaht. Die Unterscheidung von Kraft und Inhalt erlaubt uns, all diese Phänomene zu beschreiben und zu verstehen. Sie hat also enorme Erklärungskraft. Sie aufzugeben ist teuer. Solange uns nicht versichert wird, daß wir all das auch ohne diese Unterscheidung verstehen können, tun wir gut daran, sie beizubehalten.

Diese Überlegung wäre sinnvoll, wenn es die Kraft-Inhalt-Unterscheidung wäre. Das ist sie aber nicht. Was an sich selbst konfus ist, ermöglicht kein Verständnis von was auch immer. Da die Kraft-Inhalt-Unterscheidung keinen Sinn ergibt, hat sie *keine* Erklärungskraft. Sie aufzugeben kostet *nichts*. Im Gegenteil. An ihr festzuhalten kostet. Wenn wir die Unterscheidung verwenden, können wir sicher sein, daß wir nicht verstehen, was wir verstehen wollen; wir können sicher sein, es zu verzerren und sein Verständnis zu behindern. Die Verwirrung der Kraft-Inhalt-Unterscheidung wird auf alles übergreifen, was wir im Lichte ihrer zu verstehen suchen.[14] Es stimmt, daß wir eine beträchtliche Reihe von Fragen in vielen Disziplinen neu durchdenken müssen, wenn wir die Unterscheidung aufgeben. Es wäre falsch zu meinen, daß wir deshalb besser daran tun, an ihr festzuhalten, bis wir all diese Fragen neu durchdacht haben. Denn wenn wir an der Kraft-Inhalt-Unterscheidung festhalten, ketten wir uns an das Nichtverstehen. Gewiß ist es unschön, in der Luft zu hängen. Doch ist es unendlich viel besser, als der Illusion erlegen zu sein, man verstehe etwas, das man nicht versteht.

14 In »Self-Consciousness, Negation, and Disagreement«, in: *Proceedings of the Aristotelian Society* 117/3, S. 215-230, diskutiere ich, wie die Kraft-Inhalt-Unterscheidung Verneinung und Dissens unverständlich macht.

3. Leugnung des Selbstbewußtseins

3.1. Wissen vom Selbstbewußtsein

Die Vorstellung, daß sich das Urteil in Kraft und Inhalt gliedert, ist verfehlt. Verwendet man diese Unterscheidung, wenn man über was auch immer nachdenkt – Schließen, Dissens, etc. –, greift die Verwirrung auf das Nachdenken über diese Dinge über. Das ist so, weil Urteilen selbstbewußt ist: Darin, daß ich etwas urteile, verstehe ich mich als es urteilend. Das *Ich urteile* ist in dem, was ich urteile, enthalten.

Die offenkundige Unannehmbarkeit der Aussage, wir blieben, da wir etwas durch die Kraft-Inhalt-Unterscheidung denken, ans Nichtverstehen gefesselt, kann als *reductio ad absurdum* ihres angeblichen Grunds aufgefaßt werden: des Gedankens, Urteilen sei selbstbewußt. Urteilen ist offensichtlich eine propositionale Einstellung; offensichtlich gehört das Bejahen einer Proposition nicht zu dem, was es bejaht. Der Gedanke eines Akts der Bejahung ist stets und als solcher verschieden vom Gedanken dessen, was in ihm bejaht wird. Insbesondere ist mein Gedanke, daß ich urteile, daß die Dinge so sind, ein von meinem Urteil, daß sie so sind, verschiedener Akt. Jener bezieht sich auf mein Urteil, einen seelischen Akt, einen mentalen Zustand; dieses tut das gewöhnlich nicht. Es bezieht sich auf etwas, zu dem mein Urteil, mein Geist, meine Seele, nicht gehört. Es bezieht sich auf eine geistunabhängige Wirklichkeit.

Ich habe gesagt, Denken sei selbstbewußt. Ich habe gesagt, urteilen, daß die Dinge so sind, heiße, es für richtig halten, so zu urteilen. So habe ich gesagt. Aber stimmt das? Vielleicht ist Denken nicht oder nicht als solches selbstbewußt. Wie kann ich das ausschließen? Solange ich keine gewichtigen Gründe habe, überzeugt die obige *reductio* eher als meine These.

Ist es wirklich so, daß urteilen heißt, es für richtig halten, so zu urteilen? Wenn man das fragt, meint man, man äußere eine Annahme oder Hypothese, da man sagt, ein Urteil sei der Gedanke seiner eigenen Geltung. Jemand mag diese Annahme zurückweisen, oder er mag sie plausibel finden. In jedem Falle ist eine tiefere Untersuchung bezeichnet: eine, die untersucht, ob die Annahme wahr ist. Wenn aber urteilen heißt, sein Urteil für richtig halten, gibt es diese Frage nicht. Wenn, was ich sage, wahr ist – wenn urteilen, daß die Dinge so sind, heißt, sich der Geltung dieses Urteils bewußt sein –, dann ist das etwas, das ich und das jeder weiß, und zwar in jedem Urteil, insofern er überhaupt urteilt. Wenn, was ich sage, wahr ist, bringt man keine Annahme vor und stellt keine Hypothese auf, da man es sagt.

Das, mag man erwidern, stimmt nur unter der Annahme, daß, was ich sage, wahr ist. Trotzdem muß ich Argumente liefern, die zeigen, daß es wirklich wahr ist, Argumente, die ausschließen, daß es sich anders verhält. Denn es gibt Leute, die anders darüber denken, und mit ihnen muß ich mich auseinandersetzen. Wenn aber, was ich sage, wahr ist, zeigt sich im Verlangen nach Argumenten kein wacher Geist, sondern ein Mangel an Verstehen. Ein Argument zeigt, daß etwas so ist, indem es Gründe dafür angibt. Wenn man dem Argument folgt, dann weil man die Gründe bejaht. Ein Argument gründet Urteil auf Urteil. Doch wenn, was ich sage, wahr ist, ist das Wissen darum *in* jedem Urteil enthalten. Die Vorstellung, daß ich einsehe, daß es so ist, indem ich mich einem weiteren Urteil zuwende, ergibt keinen Sinn. Deshalb ist es falsch zu sagen, es gebe Leute, die anderer Ansicht sind. Wenn, was ich sage, wahr ist, gibt es solche Leute nicht. Es gibt sie nicht, weil es so etwas wie die entgegengesetzte Ansicht nicht gibt. Wenn etwas in jedem Urteil gewußt ist, gibt es nichts, was seine Verneinung wäre. Was in jedem Urteil gewußt ist, hat keinen Gegensatz.

Urteilen ist selbstbewußt: Urteilen, daß die Dinge so sind, heißt, sich als es urteilend verstehen, sage ich. Ich spreche vom Urteil, und ich beanspruche, Wissen auszudrücken, indem ich sage, was ich sage. Das Wort »Wissenschaft« bezeichnet ein gegliedertes System allgemeinen Wissens. Das ist die Bedeutung von »episteme« im Altgriechischen und »scientia« im Lateinischen. Da das, was ich über das Urteil sage, Erkenntnis sein soll, muß es zu einer Wissenschaft gehören: einer *episteme*, einer *scientia*. Wenn Urteilen selbstbewußt ist, ist die Wissenschaft vom Urteil eigentümlich: Sie ist die Wissenschaft ohne Gegensatz.

Wenn Urteilen selbstbewußt ist, ist das erste und grundlegende Verstehen eines Akts als Urteil der so verstandene Akt. Der erste Gebrauch des Begriffs des Urteils, in dem sich die Wissenschaft vom Urteil gründen muß, ist das Selbstbewußtsein des Urteils, das

Ich urteile. Die Wissenschaft vom Urteil ist nichts anderes als die Artikulation des Selbstbewußtseins des Urteils. Und was im Selbstbewußtsein des Urteils enthalten ist, weiß jeder immer schon: Da das *Ich urteile* in *p*, im Gegenstand des Urteils, enthalten ist, denkt man, insofern man überhaupt etwas urteilt, *Ich urteile*. Daraus folgt, daß die Wissenschaft vom Urteil, indem sie das *Ich urteile* artikuliert, sagt und nur sagt, was ohne Gegensatz ist. Denn es gibt kein Urteilen wider das, was in jedem Urteil gewußt ist. Die Wissenschaft vom Urteil markiert keine Position in einem Raum von Positionen, der durch Beziehungen des Ausschließens und Einschließens geordnet wäre. Sie sagt allein, was jeder immer schon weiß, weiß, da er überhaupt urteilt.

Das erste, was in der Wissenschaft vom Urteil erkannt ist, das erste, was im Selbstbewußtsein erkannt ist, ist – Selbstbewußtsein. Selbstbewußtsein ist und ist nur im Selbstbewußtsein erkannt. Das Selbstbewußtsein ist seine eigene Wissenschaft. Es gibt keine Theorie des Selbstbewußtseins, noch weniger einander widerstreitende Theorien, wenn anders eine Theorie Erkenntnis von etwas ist, das ist und ist, wie es ist, unabhängig davon, daß es in der Theorie erkannt ist. Es ist ein traditioneller Gedanke, daß die Philosophie keine Hypothesen aufstellen, keine Annahmen machen, sondern nur sagen kann, was zusammen mit seiner unbedingten Notwendigkeit gedacht wird. Wo immer diese Idee vorgebracht wird, ist Philosophie als die Wissenschaft ohne Gegensatz verstanden; sie ist verstanden als Wissenschaft vom Urteil, Wissenschaft vom Selbstbewußtsein oder schlicht Selbstbewußtsein.[1]

3.2. Hindernisse ausräumen

Urteilen, daß die Dinge soundso sind, heißt, es für gültig halten, das zu urteilen. Wenn das wahr ist, gibt es kein Bezweifeln dieser Wahrheit. Wenn es wahr ist, ist es ohne Gegensatz. Da es in jedem Urteil gewußt ist, kann es kein Urteil geben, das ihm entgegen ist. Nun *gibt* es Leute, die bereit sind zu sagen, es sei eine Sache zu

1 In §251 der *Philosophischen Untersuchungen*, in: *Tractatus logico-philosophicus*, Werkausgabe, Bd. 1, Frankfurt/M. 1984, legt Wittgenstein nahe, daß es das definierende Merkmal »grammatischer Sätze«, des Bereichs philosophischer Reflexion, ist, keinen Gegensatz zu haben.

urteilen und eine andere, es für richtig zu halten, so zu urteilen. Sie gebrauchen diese Wörter. Doch das heißt nicht, daß sie das, was ich sage, zurückweisen. Es heißt nicht, daß es so etwas wie ein Zurückweisen dessen, was ich sage, gibt. Wenn, was ich sage, wahr ist, erwecken diese Leute nur den Anschein, als sagten sie etwas, obwohl ihre Worte, wenn sie so gebraucht werden, wie sie sie zu gebrauchen meinen, keine Bedeutung haben.

Das mag unerträglich arrogant scheinen: Nicht nur erkläre ich, daß meine Opponenten falschliegen. Ich sage, daß es ihnen nicht einmal gelingt, eine Position zu formulieren. Ich gebe mich nicht damit zufrieden, meine Gegner zu besiegen, ich will sie auslöschen. Denn wer bist du, wenn du keine Position hast?[2] Dieser Vorwurf hängt von einer Annahme ab: daß es leicht ist, etwas zu sagen, jedoch schwer, etwas Wahres zu sagen. Er ist irregeleitet, wenn das Gegenteil stimmt, wenn es schwer ist, etwas zu sagen, jedoch überhaupt keine Leistung, etwas Wahres zu sagen. So wäre es in einer Wissenschaft, die, wenn es sie gäbe, das und nur das zu sagen strebte, was ohne Gegensatz ist. So wäre es in der Wissenschaft vom Selbstbewußtsein. Wenn, was ich sage, wahr ist, mag es eine solche Wissenschaft geben. In dieser Wissenschaft wäre es unangebracht, seine Gefährten als Opponenten oder Gegner zu betrachten. Es ergäbe keinen Sinn, sich als einen zu verstehen, der Positionen verteidigt oder angreift. Diese Wissenschaft wäre eine vollkommen entmilitarisierte Zone. Ebenso sinnlos wäre es, sich zu verstehen als einen, der Geld setzt, Wetten absichert oder einen Preis zahlt. Diese Wissenschaft wäre eine vollkommen außer-ökonomische Zone. Wenn, was ich sage, wahr ist, gehört es vielleicht zu einer solchen Wissenschaft.

Urteilen heißt, sich der Geltung seines Urteils bewußt sein. Wenn das stimmt, ist es das erste, was in der Wissenschaft ohne Gegensatz erkannt ist. Da es keinen Gegensatz hat, gibt es kein Argument, das es stützte, kein Argument, das die entgegengesetzte Aussage ausschlösse. Wie aber kann ich dann auf den Einwand antworten, was ich sage, sei falsch, es sei nicht der Fall, daß man,

2 Heute mag es der, die das Studium der Philosophie aufnimmt, scheinen, als wäre das erste, was man tun muß, um als Philosophin erfolgreich zu sein, sich eine Position zulegen. Darin zeigt sich ein ökonomischer Druck. Er ist einer der Gründe dafür, daß die Illusion entstehen kann, in der Philosophie gäbe es vielerlei Positionen.

indem man urteilt, daß die Dinge so sind, es für richtig hält, so zu urteilen? Wie kann ich darauf antworten, ohne daß mir entgleitet, was ich sage? Wenn urteilen heißt, es für gültig halten, so zu urteilen, ist das etwas, das jeder immer schon weiß, weiß in jedem Urteil. Dennoch kann es Hindernisse geben, die verhindern, daß man das so Gewußte ausdrücklich faßt. Ich kann mich bemühen, diese Hindernisse auszuräumen. Da ich das tue, gebe ich keine Gründe dafür, das, was ich sage, und nicht die entgegengesetzte These für wahr zu halten. Denn wenn urteilen heißt, sich der Geltung seines Urteils bewußt sein, hat dieser Gedanke keinen Gegensatz. Man beseitigt Hindernisse, die verhindern, daß man diesen Gedanken ausdrücklich faßt, indem man betrachtet, was im Gegensatz zu ihm zu stehen scheint, und zeigt, daß da nichts ist.

So räumen wir Hindernisse aus dem Weg. Wir erwägen die Vorstellung, Urteilen sei nicht selbstbewußt, nicht der Gedanke seiner eigenen Geltung. Indem wir das zu denken versuchen, bemerken wir, daß damit die Idee, daß ein Urteil ein anderes ausschließt, daß man etwas aufgrund von etwas anderem urteilt, daß einer die Behauptung eines anderen bestreitet, unsinnig wird. Es gibt also nichts, was sich beschreiben ließe als: denken, Urteilen sei nicht selbstbewußt, so, daß man darin ausschließt, daß es selbstbewußt ist; etwas als etwas verstehen, das zeigt, daß Urteilen nicht selbstbewußt ist; jemandes Behauptung, Urteilen sei selbstbewußt, bestreiten. Denn all dies sind selbstbewußte Akte des Urteilens.

3.3. Urteil zweiter Stufe

Wir versuchen zu denken: Denken, daß ein Urteil gültig ist, ist ein von diesem verschiedener geistiger Akt. Es ist ein Urteil über dieses Urteil, ein Urteil zweiter Stufe. Es ist klar, daß Urteile erster Stufe Urteilen zweiter Stufe vorausgehen. Urteile über die objektive Welt gehen der Reflexion auf diese Urteile voraus. Sehen wir zu, ob es hier einen Gedanken gibt.

Wenn im Urteil kein Gedanke seiner eigenen Geltung ist, gibt es keinen *inneren* Widerstand, der einen hindert, etwas zusammen mit seinem Gegensatz zu urteilen. Ich meine, es gibt keinen Widerstand, *dessen ich mir im Urteilen bewußt bin.* Das Bewußtsein eines Widerstands wäre die Einsicht, daß es, da die Dinge so sind, nicht richtig sein kann zu urteilen, daß sie nicht so sind. Und wir haben festgelegt, daß diese Einsicht nicht derselbe Akt ist wie jenes Urteil. Wenn wir es für falsch halten sollen zu urteilen, daß die Dinge nicht so sind, ist das ein Gedanke, der dem Urteil, daß die Dinge so sind, hinzugefügt werden muß. Er ist ein von diesem verschiedenes Urteil.

Fügen wir es hinzu. Ich urteile jetzt – das ist ein Urteil zweiter Stufe –, daß es falsch ist zu urteilen, daß die Dinge nicht so sind. Nun gibt es folgende Urteile: Ich urteile, daß die Dinge so sind, und ich urteile, auf der zweiten Stufe, daß es falsch ist zu urteilen, daß sie nicht so sind. Was für Urteile überhaupt gilt, gilt für Urteile zweiter Stufe: Sie sind kein Gedanke ihrer Geltung. In meinem Urteil zweiter Stufe bin ich mir keines Widerstands bewußt, der mich hinderte, dieses Urteil zweiter Stufe mit dem entgegengesetzten Urteil zweiter Stufe – dem Urteil, daß es richtig ist zu urteilen, daß die Dinge nicht so sind – zu verbinden. Doch wenn ich mir in meinem Urteil, daß das falsch ist, keines Widerstands bewußt bin, der mich hindert zu urteilen, es sei richtig zu urteilen, daß die Dinge nicht so sind, bin ich mir in diesem Urteil keines Widerstands bewußt, der mich hindert zu urteilen, daß die Dinge nicht so sind.

Des Gedankens ihrer eigenen Geltung beraubt, verlieren Urteile jede logische Reibung. Sie liegen nebeneinander im Geist des Subjekts ohne logische Berührung. Wir können die Reibung nicht zurückgewinnen, indem wir Urteile zweiter Stufe hinzufügen; so deponieren wir nur weitere träge Urteile im Geist. Um die Allgemeinheit dieses Punkts herauszubringen, können wir ihn weiter ausführen. Wenn ein Urteil kein Gedanke seiner eigenen Geltung ist, gibt es im Schließen keine innere Notwendigkeit zu urteilen, keine Notwendigkeit, *derer ich mir im Urteilen bewußt bin.* Stellen wir uns vor, ich urteile p und $p \supset q$. Indem ich so urteile, gibt es nichts, dessen ich mir bewußt bin, das mir die Idee verschaffte, es sei notwendig, q zu urteilen. Dieses Bewußtsein bestünde in der Einsicht, daß es, da p und $p \supset q$, nicht richtig sein kann, $\neg q$ zu urteilen. Und wir haben festgelegt, daß im Urteilen von p und $p \supset q$ keine solche Einsicht enthalten ist. Wir können versuchen, sie als Urteil zweiter Stufe hinzuzufügen, als das Urteil, daß ich, da p und $p \supset q$, q urteilen muß. Doch dieses Urteil zweiter Stufe ist kein Gedanke seiner eigenen Geltung. Mein Urteil, daß ich q urteilen muß, ist daher kein Bewußtsein von irgend etwas, das dem Urteil, daß ich $\neg q$ urteilen darf, im Weg stünde. Und das heißt, daß ich kein Bewußtsein von irgend etwas habe, das dem Urteil $\neg q$ im Weg stünde.

Wenn der Gedanke seiner Geltung nicht das Urteil selbst ist, gibt es keine Reibung zwischen Urteilen. Ebensowenig gibt es eine zwischen Urteilenden. Ich sage, daß die Dinge so sind, du sagst, sie sind es nicht. Nun haben wir festgelegt, daß der Gedanke der Geltung eines Urteils ein von diesem verschiedener Akt ist; er ist ein Urteil zweiter Stufe. Wenn du sagst, daß die Dinge nicht so sind, und so dein Urteil, daß sie es nicht sind, aussprichst, hast du darin also keine Vorstellung der Geltung deines Urteils; a fortiori hast du keine der Ungültigkeit meines Urteils. Dasselbe gilt, *mutatis mutandis*, für mich. Indem du redest, wie du es tust, bringst du kein Bewußtsein davon zum Ausdruck, daß dein Urteil meinem entgegengesetzt ist.

Fügen wir dieses Bewußtsein hinzu. Du urteilst nicht nur, daß die Dinge nicht so sind, sondern daß ich unrecht habe zu urteilen, daß sie so sind. Ich tue dasselbe, *mutatis mutandis*. Das sind Urteile zweiter Stufe. Doch das Urteil überhaupt, und also ein Urteil zweiter Stufe, ist kein Gedanke seiner eigenen Geltung. Indem ich urteile, daß du unrecht hast zu urteilen, wie du es tust, habe ich kein Bewußtsein der Geltung dieses Urteils zweiter Stufe. Und du hast kein solches Bewußtsein deines Urteils. Deshalb bin ich mir in meinem Urteil zweiter Stufe keines Gegensatzes zu deinem Urteil zweiter Stufe bewußt. Du urteilst, zweiter Stufe, daß mein Urteil falsch ist und deines richtig. Ich urteile, zweiter Stufe, daß dein Urteil falsch ist und meines richtig. Du sagst: Du hast unrecht; ich sage, ich habe recht. Weder du noch ich finden uns darin, daß wir so urteilen, im geringsten in Konflikt.

Wenn ein Urteil nicht der Gedanke seiner eigenen Geltung ist, stoßen sich einander entgegengesetzte Urteile nicht ab; die Idee der Gegensätzlichkeit löst sich auf. Kein Urteil macht ein anderes Urteil notwendig; die Idee des Schließens löst sich auf. Wenn ein Urteil kein Bewußtsein seiner eigenen Geltung ist, gibt es im Urteilen keine Opposition von Subjekten; die Idee, daß ein Subjekt einem anderen widerspricht, löst sich auf. Daraus folgt, daß es nichts gibt, was sich beschreiben ließe als: etwas behaupten, indem man sagt »Der Gedanke der Geltung eines Urteils ist ein von diesem verschiedener Akt«, und sich darin so verstehen, daß man der entgegengesetzten Aussage widerspricht; oder etwas mit diesen Worten behaupten und von sich meinen, man äußere etwas, wofür es einen Grund geben kann; oder etwas mit diesen Worten behaupten und denken, man widerspreche damit jemandem, der sagt »Ein Urteil ist der Gedanke seiner eigenen Geltung«. Wir haben gefragt, ob es nicht Leute gibt, die dem widersprechen und die entgegensetzte Ansicht vertreten. Es gibt sie nicht. Es gibt nichts, was das sein könnte: dem widersprechen, sich dem entgegensetzen.

Unsere Überlegungen zu der vermeintlichen Vorstellung, es sei eines zu urteilen und ein anderes, dieses Urteil für gültig zu halten, sind kein Argument. Sie sind ein Exerzitium. Indem wir diese Überlegungen anstellen, erlangen wir kein Wissen, das uns zuvor abging. Wir erhellen das Wissen, das wir haben, Wissen, das jeder immer schon hat. Wir erhellen seinen logischen Charakter: Es ist Wissen ohne Gegensatz.

3.4. Einen Gedanken für wahr halten

Die Vorstellung, daß die primäre Weise, sich seines eigenen Urteils bewußt zu sein, ein Urteil zweiter Stufe ist, ist populär. Doch es gibt auch viele, die dieser Idee widerstehen wollen. Man kann jedoch Zweistufigkeiterei abstoßend finden, während man sich zärtliche Gefühle für die Kraft-Inhalt-Unterscheidung bewahrt. Es lohnt, sich klarzumachen, daß der Widerstand gegen die Zweistufigkeit nicht vor der Zurückweisung der Kraft-Inhalt-Unterscheidung haltmachen kann.

Wenn das Urteil in Kraft und Inhalt gegliedert ist, ist der Gedanke, daß man bejaht, unterschieden von dem Gedanken, den man bejaht, und also ist der Akt, in dem man denkt, daß man urteilt, daß die Dinge so sind, verschieden von dem, in dem man urteilt, daß sie so sind. Das bedeutet, daß der Gedanke, daß man bejaht, ein Gedanke zweiter Stufe ist. Freges Unterscheidung von Kraft und Inhalt hat deshalb die Konsequenz, die wir in der Vorstellung, der Gedanke der Geltung eines Urteils sei ein Urteil zweiter Stufe, gefunden haben: Gliederte sich das Urteil in Kraft und Inhalt, läge das Urteil leblos in unserem Geist; es wäre jeder logischen Reibung beraubt.

Wenn wir das Urteil als propositionale Einstellung auffassen, denken wir folgendes. Indem ich urteile, daß die Dinge so sind, weise ich einem Gedanken den Wert *wahr* zu. Das ist davon verschieden, daß ich es für richtig halte, so zu urteilen; es ist verschieden davon, daß ich – nicht den Gehalt, die Proposition, den Frege'schen Gedanken, sondern – mein Urteilen als gültig erachte. Es ist davon verschieden, weil der Inhalt des Urteils von der Bejahung dieses Inhalts verschieden ist. Gleichwohl führt nur ein kleiner Schritt von der Zustimmung zu einem Gedanken zu dem Gedanken, daß es richtig ist, ihm zuzustimmen. Das einzige, was dazu nötig ist, ist der Begriff des Urteils. Denn wer über diesen Begriff verfügt, weiß, daß es genau dann richtig ist, einen Gedanken für wahr zu halten, wenn er wahr ist. Wenn sie das weiß und von einem gegebenen Gedanken urteilt, er sei wahr, kann sie schließen, daß es richtig ist, diesen Gedanken für wahr zu halten. Nehmen wir an, sie schließt so. Jetzt haben wir eine Art Rückkehr des Urteils zu sich selbst. Zwar kehrt nicht das Urteil zu sich selbst zurück, aber die geurteilte Proposition kehrt zum Akt des Urteilens dieser Proposition zurück: Wer über den Begriff des Urteils verfügt, kann den Inhalt, den er bejaht, erweitern, indem er ihm den Gedanken der Richtigkeit der Bejahung dieses Inhalts hinzufügt. Er kann *p* erweitern zu *p, und also ist es richtig, p zu bejahen*.

Nun hält er einen bestimmten Gedanken für wahr und denkt, es sei richtig, ihn für wahr zu halten. Er denkt also, daß jemand, der dem Gedanken *p* den Wert *wahr* zuordnet, darin richtig urteilt. Oder er denkt, daß jemand, der *p* den Wert *wahr* zuordnen würde – er selbst zum Beispiel –, richtig urteilen würde. Obwohl er das weiß, weiß er darin und aufgrund dessen weder, daß sein Urteil *p* gültig ist, noch denkt er, daß sein Urteil *p, und also ist es richtig, p zu bejahen* – das erweiterte Urteil – gültig ist. Nach allem, was wir gesagt haben, weiß er nicht, daß er diese Gedanken für wahr hält. Daher weiß er auch nicht, daß sein Gedanke zu einem möglichen Urteil und dessen Geltung eine Bedeutung für ihn selbst hat.

Angenommen, jemand ordnet einem gegebenen Gedanken den Wert *wahr* zu und ordnet der Verneinung dieses Gedankens den Wert *wahr* zu. Wenn wir stipulieren, daß er versteht, daß es genau dann richtig ist, einen Gedanken für wahr zu halten, wenn der Gedanke wahr ist, kann er schließen, daß jemand – zum Beispiel er selbst –, der diesen beiden Gedanken den Wert *wahr* zuordnet, mit mindestens einem seiner Urteile falsch liegt. Nichts von dem aber, was wir gesagt haben, legt nahe, daß er weiß, daß er einem Gedanken und seiner Verneinung den Wert *wahr* zuordnet. Hier sind die Gedanken, die er für wahr hält: *p*; *es ist richtig, p zu bejahen*; *nicht p*; *es ist falsch, p zu bejahen*; *jemand, der sowohl p als auch nicht p bejaht, liegt mit mindestens einem dieser Urteile falsch*. Da er und seine Urteile in keinem dieser Gedanken vorkommen, ist seine Bejahung ihrer keine Einsicht darein, daß mit ihm und seinen Urteilen etwas nicht stimmt.

Nehmen wir schließlich an, jemand bejahe den Gedanken *A* und den Gedanken *B*. Und nehmen wir weiter an, er wisse, daß, wenn *A* und *B* wahr sind, *C* wahr sein muß. Wir können uns vorstellen, daß er, nachdem er sowohl *A* als auch *B* den Wert *wahr* zugeordnet hat, urteilt, daß *C*, und also *C* den Wert *wahr* zuordnet. Allerdings haben wir soweit nichts gesagt, das Grund gäbe zu denken, daß er auf die Frage, warum er *C* für wahr hält, etwas antworten kann. Denn nichts von dem, was wir gesagt haben, stellt ihn als jemand dar, der weiß, daß er *C* den Wert *wahr* zuordnet oder daß er *A* und *B* diesen Wert zuordnet. Nichts von dem, was wir gesagt haben, legt nahe, daß er außer an *A*, *B* und *C* und deren Wahrheitswerte an sich und sein Urteilen denkt.

Wir können stipulieren, daß jemand, der einem Gedanken den Wert *wahr* zuordnet, weiß, daß er das tut. Dann kann er seine Überlegungen dazu, wie die Wahrheit von Gedanken die Geltung ihres Für-wahr-Haltens bestimmt, auf sich selbst anwenden. Wie aber verstehen wir im Rahmen unserer gegenwärtigen Annahmen, daß er weiß, daß er bestimmten Gedanken Wahrheitswerte zuordnet? Wir können nicht erklären, daß er das weiß, indem er einen gegebenen Gedanken für wahr hält, weil etwas urteilen heißt, sich als es urteilend verstehen. Denn dann wäre es dasselbe und nur ein Akt, einem Gedanken den Wert *wahr* zuzuordnen und es für richtig zu halten, das zu tun. Das Für-wahr-Halten des Inhalts wäre in diesem Inhalt enthalten, und die Unterscheidung von Kraft und Inhalt löste sich auf. Also muß das Wissen des Subjekts darum, daß es einem Gedanken den Wert *wahr* zuordnet, ein vom Zuordnen dieses Wertes verschiedener Akt sein. Das haben wir schon besprochen. Die scheinbare Rückkehr des Urteils zu sich, als Rückkehr der Proposition zum Akt ihrer Bejahung, ist gar keine Rückkehr.

Es ist schwer, das klar zu sehen, denn Freges Idee davon, was geurteilt wird – was er Inhalt im Unterschied zur Kraft nennt –, spiegelt die Objektivität und also das Selbstbewußtsein des Urteils. Sie tut das so. Ein Frege'scher Gedanke bestimmt – durch sich selbst, unabhängig von jeder Bestimmung, die dem Akt des Urteilens zukommt unterschieden von dem, was er urteilt – die Bedingung, unter der es richtig ist, ihn zu bejahen. (Das unterscheidet einen Frege'schen Gedanken von einer K-Proposition.) Die Objektivität des Urteils liegt dabei darin: Keine gegebene Bestimmung des urteilenden Subjekts, keine seiner Bestimmungen, die nicht in dem, was es urteilt, gedacht ist, findet Eingang in die Bewertung dessen, ob es richtig ist zu urteilen, was es urteilt. Nun ist die Objektivität des Urteils sein Selbstbewußtsein: Da das, was geurteilt wird, nichts anderes ist als die Bedingung, unter der es richtig ist, es zu urteilen, ist das Urteil, daß die Dinge so sind, nichts anderes als das Urteil, daß es richtig ist, so zu urteilen. Freges Irrtum besteht nicht darin, daß er das Geurteilte in dieser Weise versteht. Er besteht darin, daß er diese wahre Auffassung des Geurteilten mit der unverständlichen Idee verbindet, der Urteilsakt sei dem Geurteilten äußerlich.

Es ist aufschlußreich, diese Verirrung Freges dort zu betrachten, wo sie ihre Wirkung entfaltet. In seinem Aufsatz »Active Belief« versucht Matthew Boyle zu zeigen, daß das Urteil spontan, das heißt selbstbewußt ist, während er es zugleich als Für-wahr-Halten eines Gedankens beschreibt. In der Konsequenz verwischt er den Unterschied zwischen der Proposition und ihrem Für-wahr-Halten. Er schreibt (ich numeriere die Sätze): »(1) Wenn ich von einem Subjekt spreche, daß p in dem Sinne glaubt, daß es p als etwas vorstellt, das man glauben soll, dann meine ich nicht, daß dieses Subjekt eine weitere Überzeugung haben muß mit dem Inhalt: Man soll p glauben. (2) Vielmehr will ich die Art der Beziehung des Subjekts zur Proposition p selbst charakterisieren: Das Subjekt muß glauben, daß sie wahr ist und also dem Maßstab gerecht wird, dem jede gültige Überzeugung gerecht werden muß. (3) Sofern das Subjekt über den Begriff der Überzeugung verfügt, kann es damit das Urteil bilden, daß man p glauben soll, doch selbst wenn es keinen solchen Gedanken denkt, folgt aus seiner Einstellung gegenüber der Proposition p – seiner Akzeptanz von p als einer wahren Vorstellung dessen, was der Fall ist –, daß ein solches Urteil begründet wäre.«[3]

3 Matthew Boyle, »Active Belief«, in: *Canadian Journal of Philosophy* 39 (2009), S. 119-147, Fn. 28.

Das Pronomen »sie« in (2) bezieht sich auf »die Proposition *p*«. Dasselbe Pronomen ist das logische Subjekt des beigeordneten Satzes »also jenem Maßstab gerecht wird, dem jede gültige Überzeugung gerecht werden muß«. Das verlangt, daß »Überzeugung« in diesem Satz für eine Proposition steht, für etwas, von dem man überzeugt ist, und nicht für den Akt des Überzeugtseins. Wenn das aber seine Bedeutung ist, ergibt der Satz keinen Sinn. Denn es stimmt nicht, daß eine Proposition wahr sein soll; die Propositionen p und $\neg p$ leiden als Propositionen keinen Mangel, obwohl eine von ihnen falsch ist. Vielleicht sollten wir den Satz also so formulieren: »Das Subjekt glaubt, daß die Proposition wahr ist, und also, daß der Akt, in dem man von ihr überzeugt ist, jenem Maßstab gerecht wird, dem jeder gültige Akt der Überzeugung gerecht werden muß.« Nun aber können wir nicht länger davon ausgehen, daß »das Subjekt glaubt, *p* sei wahr« und »das Subjekt glaubt, *p* zu glauben werde dem inneren Maßstab des Überzeugtseins gerecht« ein und denselben Akt beschreiben. Denn wir nehmen an, daß der Begriff der Überzeugung in *p* nicht vorkommt. Also ist die Überzeugung *p* nicht als solche der Gedanke dieser Überzeugung und ihrer Geltung. Boyle registriert das in (3): Es liegt ein Schritt zwischen dem Für-wahr-Halten von *p* und der Vorstellung, daß es richtig ist, *p* für wahr zu halten. Denn es gibt eine Bedingung, unter der allein dieser Schritt vollzogen werden kann, eine Bedingung, die nicht durch den und im Akt des Für-wahr-Haltens von *p* erfüllt ist: »sofern es über den Begriff der Überzeugung verfügt«. Sofern das Subjekt über diesen Begriff verfügt, kann es davon, daß es *p* für wahr hält, dazu übergehen, für wahr zu halten, daß es richtig ist, *p* zu glauben. Darin zieht es eine Folgerung aus dem, was es für wahr hält. Wie wir gesehen haben, denkt das Subjekt in keinem dieser Akte des Für-wahr-Haltens an sich selbst und die Richtigkeit seines Für-wahr-Haltens.

Es ist offensichtlich, daß es nichts gibt, das sich beschreiben ließe als: *p* und *nicht p* urteilen, während man begreift, daß es nicht richtig sein kann, *p* und *nicht p* zu urteilen; *C* urteilen, während man begreift, daß es aufgrund von *A* und *B* richtig ist, *C* zu urteilen, und doch sprachlos zu sein, wenn man gefragt wird, warum man *C* urteilt. Daß das offensichtlich ist, zeigt nicht, daß das Für-wahr-Halten einer Proposition damit zusammenfällt, daß man sich seines Bejahens dieser Proposition – irgendwie, vielleicht präreflеxiv oder unthematisch – bewußt ist. Sondern es zeigt, daß urteilen nicht heißt, einer Proposition zuzustimmen. Es zeigt, daß die Vorstellung, das Urteilen sei das Für-wahr-Halten eines Gedankens, keinen Sinn ergibt. Wir können Urteilen nicht als etwas verstehen, das sich auf Wahrheit bezieht, und ihm zugleich die Rückkehr zu sich selbst versagen.[4]

3.5. Das Selbstbewußtsein als alles Bewußtsein durchdringend

Angenommen, wir erkennten, daß es nicht möglich ist, das Selbstbewußtsein des Urteils als Urteil zweiter Stufe über ein gegebenes Urteil darzustellen, und angenommen, wir sähen so ein, daß das Urteil nicht so aufgefaßt werden kann, wie Frege meint: als Anheften einer Kraft an einen kraftlosen Inhalt, als Bejahen eines Gedankens, der frei von seiner Bejahung ist. Dennoch werden wir vielleicht der Idee widerstehen wollen, Urteilen als solches sei selbstbewußt. Wir sind vielleicht versucht zu denken, daß, obgleich Urteilen selbstbewußt sein kann, nicht alle Urteile das sind, daß die grundlegende Form des Urteils nicht zu sich selbst zurückkehrt. Das aber führt nirgendwohin, denn das Selbstbewußtsein durchdringt alles Bewußtsein des urteilenden Subjekts. Es *ist* das Subjekt des Urteilens.

Wir erwägen folgenden Gedanken: Zwar gibt es Urteile, in denen man es für gültig hält, eben so zu urteilen, doch sind nicht alle Urteile von dieser Art. Ein selbstbewußtes Urteil ist eine raffiniertere Art von Urteil, neben der eine schlichtere steht. (Womöglich gibt es zwei Systeme, womöglich im Gehirn.) In der schlichteren Weise des Urteilens ist man sich lediglich des Gegenstands seines Urteils bewußt ohne einen Gedanken an sein Urteil und dessen

4 Vgl. Thomas von Aquin, *Quaestiones de veritate,* Wiesbaden 2013, quaestio 1, articulus nonus: »In intellectu enim [veritas] est sicut […] cognita per intellectum. […] Cognoscitur autem ab intellectu secundum quod intellectus reflectitur super actum suum, non solum secundum quod cognoscit actum suum sed secundum quod cognoscit proportionem eius ad rem, quae quidem cognosci non potest nisi cognita natura ipsius actus, quae cognosci non potest nisi natura principii activi cognoscatur, quod est ipse intellectus […]; unde secundum hoc cognoscit veritatem intellectus quod supra se ipsum reflectitur.«

Geltung. Gebildete Erwachsene, Akademiker vielleicht, manchmal Philosophieprofessoren, urteilen in reflektierten Momenten so, daß sie, *im* Urteilen, die Geltung ihres Urteils behaupten. Im Gegensatz dazu urteilen Kinder und weniger gebildete Erwachsene und Philosophieprofessoren die meiste Zeit, wie die Dinge sind, ohne darin an ihr Urteil und seine Geltung zu denken. Es ist daher falsch, ohne Einschränkung zu sagen, urteilen heiße, sich als urteilend verstehen. Es gibt zwei Arten des Urteilens: Urteilen, das zu sich selbst zurückkehrt, und Urteilen, das das nicht tut. Wir nennen sie *A*-Urteile und *B*-Urteile.

Nun ist es unmöglich, in einem *B*-Urteil das zu denken, was man in einem *A*-Urteil denkt, und umgekehrt. Denn was man in einem *A*-Urteil denkt, schließt ein, daß es richtig ist, es zu denken, wohingegen das, was man in einem *B*-Urteil denkt, das nicht tut. Der Gegenstand des Denkens, das zu sich zurückkehrt, ist so, daß ihn, diesen Gegenstand, zu denken heißt, es für richtig zu halten, so zu denken. Daher ist der Gegenstand eines Gedankens, der zu sich zurückkehrt, kein möglicher Gegenstand eines Gedankens, der nicht zu sich selbst zurückkehrt. Und umgekehrt.

Wir wollen einen Gegenstand des Urteils festhalten und die Weise variieren, in der er gedacht wird – einmal in dem Bewußtsein, daß er geurteilt wird, ein anderes Mal ohne dieses Bewußtsein. (Diese Idee zeugt von dem anhaltenden Einfluß, den die Kraft-Inhalt-Unterscheidung auf uns ausübt.) Doch da das Urteil selbstbewußt ist, durchdringt das *Ich urteile* das, was geurteilt wird. Was geurteilt wird, läßt sich vom Gedanken seines Geurteiltwerdens nicht isolieren. Deshalb kann es keinen Gegenstand des Denkens geben, den wir festhalten, während wir das Selbstbewußtsein vom Denken dieses Gegenstands abziehen.

Die Vorstellung, selbstbewußtes Urteilen komme im menschlichen Leben selten vor und gründe in einer primitiveren Form des Urteilens, das nicht zu sich zurückkehrt, legt sich so lange nahe, wie wir glauben, bei einem B-Urteil handle es sich um eine schlichtere Weise, das zu erfassen, was in einem A-Urteil auf reflektiertere Weise erfaßt wird. Man kann aber vom B-Urteilen eines Gegenstands nicht zum A-Urteilen *dieses selben* Gegenstands voranschreiten, indem man auf die Geltung des eigenen Urteils reflektiert. Das Subjekt eines A-Urteils oder das Subjekt, insofern es A-urteilt – wir haben uns einen Philosophieprofessor vorgestellt –, kann sich mit dem Subjekt eines B-Urteils – einem Kind oder dem Philosophen in seinen weniger akademischen Momenten – nicht über etwas austauschen, dessen sich beide in ihren jeweiligen Urteilen bewußt sind. Sie können das nicht, weil es nichts gibt, wovon beide ein Bewußtsein haben. Und das ist nicht alles. Wir haben so getan, als könne es jemanden geben, einen Philosophieprofessor, dessen Denken sowohl A- als auch B-Urteile umfaßt: Zuweilen A-urteilt er, zuweilen B-urteilt er. Doch das ist unverständlich. Es ist unmöglich, den Gegenstand eines A-Urteils und den Gegenstand eines B-Urteils in einem Akt zusammenzuhalten; es gibt keine Einheit des Bewußtseins von A-Urteilen und B-Urteilen. Insofern wir über Subjekte des Bewußtseins sprechen, sind also das Subjekt eines A-Urteils und das Subjekt eines B-Urteils nicht eines, sondern zwei. Es gibt nicht so etwas wie einen, *einen*, der A-urteilt und B-urteilt.

Wir haben den Gedanken erwogen, daß es zwar Urteile gebe, die der Gedanke ihrer eigenen Geltung sind, diese im menschlichen Leben aber selten vorkommen. Verbreiteter und grundlegender sei eine andere Weise des Urteilens, die nicht zu sich zurückkehrt. Das ist gar kein Gedanke. Wenn jemand so urteilt, daß sein Urteil zu sich zurückkehrt, bestimmt diese Form – Rückkehr zu sich, Selbstbewußtsein – jeden Aspekt seines bewußten Seins. Andernfalls wäre er nicht *ein* Subjekt des Bewußtseins, und der Ausdruck »er« wäre ohne Bedeutung.

3.6. Tiere und Kinder

Hier ist der Ort für eine Bemerkung zu Tieren und Kindern. Beide sind an sich von großem Interesse, für die Ziele des vorliegenden Buchs aber nebensächlich. Die Bemerkung wird daher kurz und vorläufig sein; sie soll nicht selbst für Verständnis sorgen, sondern in die Richtung möglicher und vorliegender Arbeiten deuten, die Überlegungen dieses Buchs weiterführen.

Tier und Kind kommen hier auf, weil ein starkes Motiv der Idee, das menschliche Denken enthalte in seiner grundlegenden Form nicht die Idee der eigenen Geltung, die Vorstellung ist, daß das urteilende Subjekt andernfalls von Kindern und Tieren und also von seiner eigenen Animalität abgeschnitten wäre. Wenn wir mehrere Stränge in dieser Vorstellung unterscheiden, können wir zunächst sagen, daß die Animalität, das sinnliche und materielle Sein des Menschen, nichts anderes ist als sein Selbstbewußtsein. Das muß weiter ausgearbeitet werden, doch für unsere gegenwärtigen Zwecke genügen die Überlegungen, die der vorangehende Abschnitt entwickelt hat. Zweitens wäre es in der Tat furchtbar, wenn der Mensch in seinem Bewußtsein von seiner Nachkommenschaft isoliert wäre. Allerdings impliziert der eben genannte erste Punkt einen zweiten, nämlich daß das Prinzip des menschlichen Kindes von dem Augenblick an, da es als ein eigenes Wesen da ist, Selbstbewußtsein ist. Dieses Prinzip bestimmt jede Beziehung des Menschen zum Kind des Menschen.[5]

Es wäre interessant, das in bezug auf die ersten Tage und Monate der Kindheit zu durchdenken. Ich will hier jedoch eine beiläufige Anmerkung machen, die sich auf die spätere Phase bezieht, in der ein Kind mit etwa 15 Monaten in die Sprache hineinwächst. Überraschenderweise gibt es die Vorstellung, daß insbesondere Kleinkinder in einer Weise urteilen, die kein Bewußtsein der Geltung dessen einschließt, daß sie so urteilen, daß sie allein den Gegenstand ihres Urteils im Blick haben, nicht jedoch ihr Urteilen. Es ist offensichtlich, daß Kinder, sobald sie überhaupt sprechen, im Bewußtsein der Geltung ihres Urteils urteilen. Ein Mädchen von nicht einmal zwei Jahren versuchte, sich durch eine schmale Öffnung zu zwängen. Seine Mutter sagte: »Du paßt dort nicht hindurch.« »Doch, tue ich«, antwortete das Mädchen trotzig und zwängte sich hindurch. Das Mädchen war sich bewußt, daß es seiner Mutter widersprach, und also war es sich der Richtigkeit seiner Äußerung und der Falschheit derjenigen seiner Mutter bewußt. Es sprach nicht von Urteilen und ihrer Geltung. Vielleicht verfügte es nicht über diese Wörter. Doch das Bewußtsein war da; es war in der Interaktion mit seiner Mutter; ja, es *war* diese Interaktion.

Der Begriff des Tiers ist der Begriff des Bewußtseins, des sinnlichen Bewußtseins. Tiere sind Subjekte des Begehrens, Wahrnehmens, Empfindens. Dieses Buch sagt nichts zu Tieren. Dennoch können wir hypothetisch über die Idee nachdenken, daß das tierische Erfahren nicht der Beschreibung entspricht, die Gareth Evans von unserer Erfahrung gibt und die wir oben zitiert haben: Wie-

5 Vgl. mein »Autonomy and Education«, in: *Journal of Philosophy of Education* 50 (2016), S. 84-97.

wohl Tiere Wahrnehmungen haben, verwenden sie *im* Wahrnehmen nicht den Begriff des Wahrnehmens; was sie erfahren, erfahren sie nicht durch die Idee einer objektiven Welt. Ihre Erfahrung ist nicht selbstbewußt; sie kehrt nicht zu sich zurück. (Wir könnten hinzufügen, daß auch ihr Begehren nicht zu sich zurückkehrt: Nach Thomas von Aquin stellen Tiere zwar Zwecke vor, ohne sie jedoch *als Zwecke* vorzustellen.[6] Auch das tierische Begehren ist nicht selbstbewußt, das heißt, nicht objektiv.[7]) Wenn das stimmt, ist der Gegenstand der tierischen Wahrnehmung nicht derselbe wie der menschlicher Erfahrung. Wenn wir den Gegenstand tierischen Wahrnehmens beschreiben, ist das, was wir sagen, nicht das, dessen das Tier sich bewußt ist. Das, dessen wir uns als Gegenstand tierischen Bewußtseins bewußt sind, ist nicht das, dessen sich das Tier in seinem Bewußtsein bewußt ist. Das bedeutet nicht, daß das tierische Bewußtsein uns wesentlich verborgen bleibt, daß wir es notwendig verfälschen, wenn wir es vorstellen. Vielmehr ist das, dessen wir uns, da wir das tierische Bewußtsein beschreiben, bewußt sind, von dem, dessen sich das Tier bewußt ist, verschieden, weil unsere Beschreibung objektiv ist. Diese Verschiedenheit bedeutet nicht, daß unser Urteil seinem Gegenstand unangemessen wäre, im gegebenen Fall dem tierischen Bewußtsein. Sie bedeutet, daß das tierische Bewußtsein sich selbst unangemessen ist. Das tierische Bewußtsein ist sich unangemessen, weil es kein angemessenes – kein objektiv gültiges – Bewußtsein seines Gegenstands ist. Dem Tier eignet so eine Fremdheit, in der – wenn uns eine paradoxe Bemerkung erlaubt ist – sein Wesen besteht. (Dem Kind eignet keine solche Fremdheit. Es ist unser, es ist wir selbst, vom ersten Augenblick an.)

6 Thomas von Aquin, *Summa Theologica,* Graz u.a. 1933ff., Prima Pars Secundae Partis, quaestio 1, articulus 2.

7 Vgl. mein »Self-Consciousness and Knowledge«,in: S. Bacin u.a. (Hg.), *Kant und die Philosophie in weltbürgerlicher Absicht*, Berlin 2013, S. 357-370.

4. Die Wissenschaft ohne Gegensatz

4.1. Aristoteles über die Wissenschaft ohne Gegensatz

Urteilen ist objektiv: Die Geltung eines Urteils hängt allein davon ab, was es urteilt, und von keiner gegebenen Bestimmung desjenigen, der es urteilt. Das scheint zu bedeuten, daß eines ist, was geurteilt wird, ein anderes sein Geurteiltwerden. Das Urteil zerfällt in Kraft und Inhalt: den Gegenstand des Urteils, die Proposition, und die Zustimmung zu ihm, die Einstellung. Einen Akt des Urteilens zu denken ist dann nicht dasselbe, wie das in ihm Geurteilte zu denken. Die Untersuchung der Natur des Urteilens und, sollten wir sie erlangen, die Erkenntnis und Wissenschaft dieser Natur sind eines; die Untersuchung der Natur der Gegenstände des Urteilens und, sollten wir sie erlangen, die Erkenntnis und Wissenschaft ihrer Natur sind ein anderes – außer in dem besonderen Fall, in dem wir über Urteile urteilen. Es gibt verschiedene Wissenschaften, die sich nach ihren Gegenständen unterscheiden: Physik, Chemie, Biologie usw. Unter diesen befindet sich die Wissenschaft vom Urteil, vielleicht als Zweig der Psychologie, der ein spezifisches Ding samt seiner Natur unter anderen Dingen, die wir in der Welt samt ihrer Natur antreffen, untersucht. Da aber die Objektivität des Urteils nichts anderes ist als sein Selbstbewußtsein, verhält es sich nicht so.

Im *Buch* Γ der *Metaphysik* unterscheidet Aristoteles eine ausgezeichnete *episteme* dadurch von allen übrigen, spezifisch von der Physik und der Mathematik, daß sie keinen Bereich dessen, was ist, für sich abgrenzt, um die Natur dessen zu untersuchen, was ihm angehört. Vielmehr untersucht die fragliche Wissenschaft, was ist, als solches, was ist, insofern es ist.[1] In *De Partibus Animalium* erklärt Aristoteles, der *nous* falle nicht in den Bereich der Physik.[2] Er fällt nicht deshalb nicht in diesen Bereich, weil er außerhalb seiner, in einem unterschiedenen Bereich neben dem der Physik, läge. Vielmehr liegt der *nous* nicht im Bereich der Physik, weil er überhaupt keinem Bereich eingeordnet werden kann. Denn wie

1 *Metaphysik* Γ, hg. v. H. Seidl, Hamburg 1982, 1003a21 ff.

2 *De Partibus Animalium*, I 1, 641a10 ff. Vgl. *De Anima* III, 429a.

die Wissenschaft der Wahrnehmung als solche den Gegenstand der Wahrnehmung behandelt, so ist die Wissenschaft vom Urteil – die Erkenntnis der Natur des Urteils – als solche die Wissenschaft vom Gegenstand des Urteils – Erkenntnis der Natur des Gegenstands des Urteils. Und der Gegenstand des Urteils ist alles. Das Urteil kann keinem Bereich eingeordnet werden, weil sein Gegenstand keinem Bereich eingeordnet werden kann. Sein Gegenstand ist unbegrenzbar. Die Wissenschaft, die Aristoteles im Buch Γ der *Metaphysik* beschreibt, ist die Wissenschaft vom Urteil: nicht eine Wissenschaft, sondern *die* Wissenschaft. Die Wissenschaft vom Urteil ist die Wissenschaft überhaupt, weil der Gegenstand des Urteils der Gegenstand überhaupt ist.

4.2. Der Gegenstand überhaupt

Da Denken selbstbewußt ist, ist das *Ich denke* im Gedachten. Und da das Selbstbewußtsein des Denkens seine Objektivität ist, ist etwas genau dann fähig, objektiv erkannt zu werden, wenn ihm sein Erkanntwerden intern ist. Denkt man über den Gegenstand objektiven Denkens nach, artikuliert man das *Ich denke*. Und umgekehrt.

Philosophen pflegen den Gegenstand des Urteils mit dem Buchstaben *p* anzuzeigen. Doch mit Bezug auf diesen schicksalhaften Buchstaben herrscht eine gewisse Leichtfertigkeit. Er steht friedlich und unaufdringlich bereit, uns zu versichern, daß wir wissen, wovon wir sprechen. In der Erkenntnistheorie etwa interessiert uns, was es heißt, daß jemand weiß – was? ach ja: *p*. Untersuchen wir Forderungen der Vernunft, denen Handeln und Beabsichtigen unterliegen, fragen wir, was es heißt, verpflichtet zu sein – wozu? ach ja: dafür zu sorgen, daß *p*, zu wollen, daß, wenn *p*, dann *q*, und so fort. Wenn wir jedoch über das Denken nachdenken, sein Selbstbewußtsein und seine Objektivität, steht der Buchstabe *p* für die tiefste Frage und das tiefste Begreifen. Verstünden wir diesen Buchstaben, *p*, das Ganze würde sich uns öffnen.

Natürliche Sprachen halten eine Vielzahl von Ausdrücken bereit, die dem Zweck dienen, zu dem Philosophen den Buchstaben *p* verwenden. Im Deutschen ist der Gegenstand des Urteils das, was ist, was der Fall ist, die Tatsachen, die Welt, die objektive Welt, die Wirklichkeit usw.[3] Ich werde zumeist »was ist« verwenden: Ich urteile, daß die Dinge so sind; ich urteile, daß es so ist; so ist es, sage ich.[4] Wenn wir über diesen Begriff nachdenken, stellen wir zunächst fest, daß der Begriff dessen, was ist, der Tatsachen, des Wirklichen, keinen Teil vorstellt, keinen Aspekt, keine begrenzte Region – wessen? ja: dessen, was ist, der Tatsachen, der Wirklichkeit. Der Begriff dessen, was ist – das soll die vielen Worte aufrufen, die die Philosophie und die gewöhnliche Sprache zur Bezeichnung dieses Begriffs bereitstellen –, ist kein Begriff von etwas Begrenztem. Er ist nicht der Begriff eines Elements eines Ganzen, unterschieden von anderen Elementen desselben Ganzen. Was er bezeichnet, ist in nichts enthalten, das größer wäre als er selbst. Der Begriff dessen, was ist, hat immer schon jede Grenze überschritten. Deshalb kann der Gegenstand des Urteils nicht neben einen anderen Gegenstand gestellt werden, etwa den des tierischen Bewußtseins. Der Gegenstand des Urteils ist der Gegenstand *sans phrase*; er ist *der* Gegenstand, der Gegenstand überhaupt.

3 Der Philosoph wird für die Fülle an Ausdrücken, die die gewöhnliche Sprache zur Bezeichnung des Gegenstands des Urteils bereithält, dankbar sein. Denn er mag Differenzierungen innerhalb (des Bewußtseins) dieses Gegenstands kennzeichnen und dazu gegebene normalsprachliche Ausdrücke verwenden wollen. (Vgl. G. W. F. Hegel, *Wissenschaft der Logik*, Die Lehre vom Begriff, S. 130.) Allerdings sollte die Vielzahl von Ausdrücken nicht nahelegen, daß man einen dieser Ausdrücke mittels eines anderen erläutern kann. Adrian Moore schreibt: »Es gibt nur eine Welt. Das ist es, was ich meine, wenn ich von der Einheit der Wirklichkeit spreche.« (*Points of View*, Oxford 1997, S. 22.) Man kann die Bedeutung von »die Wirklichkeit ist eine« nicht erhellen, indem man »Wirklichkeit« durch »Welt« ersetzt. Die Anklänge dieser Wörter mögen verschieden sein, und so mag man Einheit aus »die Welt« deutlicher heraushören als aus »Wirklichkeit« (im Englischen vielleicht, weil »the world« im Unterschied zu »reality« den bestimmten Artikel erlaubt). Selbst wenn dem so ist, verstehen wir nicht, was es bedeutet, daß die Wirklichkeit, die Welt, was ist, und so fort, eins, ja Einheit selbst ist, solange wir nicht über den Charakter des Urteilsgegenstands als Urteilsgegenstands nachdenken. Das heißt, wir verstehen es so lange nicht, als wir nicht das Selbstbewußtsein des Urteils artikulieren.

4 Man mag annehmen, daß ein Urteil wahr oder falsch sein kann und deshalb der Gegenstand des Urteils nicht das ist, was ist, sondern das, was ist oder nicht ist. (Dieser vermeintliche Gegenstand wird dann »Proposition« genannt oder »Sachverhalt«.) Doch das stimmt nicht. Indem ich urteile, halte ich mein Urteil für gültig. Wenn ich urteile, stelle ich also das, was ich urteile, als etwas vor, das ist. Ich stelle es nicht als etwas vor, das ist oder nicht ist. »So ist es« drückt ein Urteil aus, »So ist es, oder nicht« nicht.

Der Gegenstand des Urteils ist unbegrenzbar, haben wir festgestellt. Wir sind jedoch nicht darauf beschränkt, das festzustellen. Wir verstehen, warum der Gegenstand des Urteils unbegrenzbar ist: Er ist unbegrenzbar, weil das Urteil objektiv ist. Nehmen wir an, der Gegenstand des Urteils eines Subjekts, etwa Sylvias, wäre begrenzt: Ein Teil nur der Wirklichkeit fällt in den Bereich ihres Urteils. Der Grund dafür ist die Natur ihres Urteils: Die bestimmt seinen Gegenstand so, daß gewisse Regionen dessen, was ist, von dem ausgeschlossen sind, was Sylvia im Urteilen zugänglich ist. Das bedeutet, daß das Sylviasche Urteil eine gegebene Natur ist, eine gegebene Bestimmung Sylvias: Die Natur von Sylvias Urteil umschreibt einen begrenzten Gegenstand, einen Bereich der Wirklichkeit. Umgekehrt ist die Wirklichkeit als solche indifferent gegenüber der Natur von Sylvias Vermögen; sie umgrenzt nicht durch sich selbst den Gegenstand dieses Vermögens. Daraus folgt, daß es nicht so ist, daß die Geltung von Sylvias Urteil allein davon abhängt, was sie urteilt, und von keiner gegebenen Bestimmung derer, die urteilt. Denn ein gültiges Urteil ist, wie es sein soll, gegeben, was es ist. Und Sylvias Urteil ist ein Sylviasches Urteil; das ist es, was es ist. Seine Geltung besteht darin, daß es seiner Natur gemäß ist, welche Natur eine gegebene Bestimmung Sylvias ist. Die Aufgabe eines Urteils Sylvias kann einzig sein, seiner Natur als Sylviasches Urteil gemäß zu sein, und da wir festgestellt haben, daß diese Natur nicht dieselbe ist wie die Natur der Wirklichkeit als solcher, ist es unsinnig, das Sylviasche Urteil als eines zu beschreiben, das der Wirklichkeit entsprechen soll. Es ist eine verbreitete Idee, daß wir uns Vermögen ausmalen können, die eine gegebene Natur derer sind, die sie besitzen, und die dennoch Vermögen sind, die Wirklichkeit, die Dinge, wie sie sind, die Welt zu erkennen. Die Verknüpfung der Idee eines natürlichen Vermögens mit der Idee der Erkenntnis ergibt jedoch keinen Sinn.

Man hat von *unserem* Erkenntnisvermögen gesagt, es sei so beschaffen, daß es gewisse Dinge erkennen kann, andere jedoch nicht. So wurde behauptet, es sei so beschaffen, daß es außerstande ist, sich selbst zu begreifen. Diese Behauptung vernichtet sich selbst, denn sie impliziert, daß das Urteil nicht objektiv ist. Die Auffassung, daß unser Erkenntnisvermögen in der Weise begrenzt sein könnte, daß es auf einen bestimmten Bereich dessen, was ist, beschränkt und also von dem, was außerhalb dieses Bereichs liegt, abgeschnitten ist, wird typischerweise mit der Idee verbunden, daß es ein Organ dieses Vermögens gibt: das Gehirn. Das leuchtet ein, denn die Natur eines Organs kann nicht versäumen, den Gegenstand zu begrenzen, der dem Vermögen zugänglich ist, dessen Organ es ist. Daraus folgt, daß das Gehirn nicht in der Weise Organ des Denkens ist wie das Auge Organ des Sehens. Es gibt kein Organ des Denkens in dem Sinne, in dem es Sinnesorgane gibt. Es kann kein solches Organ geben, weil Denken objektiv und sein Gegenstand unbegrenzbar ist.[5]

Der Begriff des Urteilsgegenstands stellt nichts Begrenztes vor. Das ist so, weil das Urteil objektiv ist. Ebensogut können wir sagen, es ist so, weil das Urteil selbstbewußt ist. Da das Urteil selbstbewußt ist, ist der Begriff des Urteils in jedem Urteil wirksam. Daher stellt der Begriff des Urteils nichts vor, was unabhängig davon, daß es durch diesen Begriff gedacht wird, ist, wie es ist. Der Begriff des Urteils ist von keiner gegebenen Wirklichkeit abgeleitet, die unabhängig von ihm vorliegt, um dann in diesem Begriff erfaßt zu werden. Da das Urteil für sich selbst sein Begriff ist, ist vielmehr die Natur des Urteils – wenn wir sie Natur nennen wollen, wiewohl sie nichts Gegebenes ist – nichts anderes als der Begriff eben dieser Natur. Sollte daher diese Natur den Gegenstand des Urteilens begrenzen, wäre diese Grenze nichts anderes als der Begriff ihrer; da das Urteil selbstbewußt ist, kann sein Gegenstand allein im und durch den Gedanken seiner Grenze begrenzt sein. Doch der Gedanke einer Grenze unterliegt nicht der Grenze, die er denkt. Im Gegenteil. Der Gedanke einer Grenze überschreitet diese Grenze. Da eine Begrenzung des Gegenstands des Urteils der Gedanke dieser Begrenzung ist, ist der Gegenstand des Urteils unbegrenzbar.[6]

Der Gegenstand des Urteils kann nicht begrenzt werden. Und da Urteilen selbstbewußt ist, ist seine Unbegrenzbarkeit *im* Urteilen verstanden. Da ich mich im Urteilen als urteilend verstehe,

5 Diese Überlegung findet sich in der Philosophie seit der Antike.

6 Vgl. G. W. F. Hegel, *Phänomenologie des Geistes*, Einleitung, S. 63: »Das Bewußtsein aber ist für sich selbst sein Begriff, dadurch unmittelbar das Hinausgehen über das Beschränkte, und, da ihm dies Beschränkte angehört, über sich selbst.« Vgl. meine Diskussion von Platons Diktum, daß die Seele das Sein nicht durch ein Organ, sondern durch sich selbst erfaßt in »Review of *Transcendental Philosophy and Naturalism*«, in: *European Journal of Philosophy* 22 (2014), S. 483-504.

wird der Gegenstand des Urteils im Urteil durch den Begriff des Urteilsgegenstands gedacht. Das Urteil stellt seinen Gegenstand durch den formalen Begriff seines Gegenstands vor. In der Tat kann ein Gegenstand des Urteils nur durch diesen Begriff, den Begriff eines Gegenstands des Urteils, geurteilt werden. Sich einer Tatsache bewußt sein, etwas, das ist, heißt daher, sich seiner als etwas, das ist, als einer Tatsache bewußt sein. Da das ein formales Merkmal des Urteilsgegenstands ist, können wir es so fassen: Eine Tatsache, etwas, das ist, etwas Wirkliches, bezieht sich selbst auf ein unbegrenzbares Ganzes: die Tatsachen, was ist, die Wirklichkeit. Da das Urteil selbstbewußt ist, ist sein Gegenstand jederzeit und überall *der* Gegenstand, der Gegenstand überhaupt. *Das* ist der erste und ursprüngliche Gegenstand des Urteils.[7]

Wir haben bemerkt, daß das Selbstbewußtsein des Urteils das Bewußtsein des urteilenden Subjekts durchdringt. Insbesondere durchdringt es seine sinnliche Erfahrung. Ein Subjekt des Urteilens bezieht sich in seiner sinnlichen Erfahrung auf den Gegenstand des Urteilens: Es bezieht sich in seinem sinnlichen Bewußtsein auf die Welt, auf das, was ist, auf die Tatsachen. Da das Auffassen einer Tatsache das Auffassen ihrer *als Tatsache* ist, bedeutet das, daß sich das Subjekt des Urteilens in seiner Erfahrung der Tatsachen

7 Das ist die Grundlage von Adrian Moores »Grundprinzip« (»Fundamental Principle«), in dem sich unsere Anerkennung der Einheit der Wirklichkeit ausdrückt: »Gegeben ein beliebiges Paar zweier wahrer Vorstellungen, ist es möglich, eine wahre Vorstellung zu bilden, die jede der beiden schwach impliziert.« (*Points of View*, S. 21.) Moore rechtfertigt dieses Prinzip so: »Gegeben ein beliebiges Paar wahrer Vorstellungen, muß diese eine Welt – die Wirklichkeit – so sein, wie beide sie vorstellen. Doch wenn so die Wirklichkeit ist, dann muß es möglich sein, eine wahre Vorstellung zu bilden, die eben das vorstellt.« Daß wir an dieses Prinzip gebunden sind, erkennen wir so: »Angenommen, ich will meine eigenen Vorstellungen bejahen. [...] Und angenommen, ich will das auf vollkommen und rational reflexive Weise tun. Ich werde dann nicht zufrieden sein, bis ich nicht überzeugt bin, daß diese Vorstellungen dem Grundprinzip entsprechen.« (Ebd., S. 22.) Indem ich also mein Urteil bejahe, »vollkommen und rational reflexiv« oder »volkommen selbstbewußt«, das heißt, indem ich urteile, begreife ich den Gegenstand meines Urteils als: die Welt, die Wirklichkeit, das, was ist, oder, wie wir gesagt haben, den Gegenstand überhaupt. Was immer ich urteile, der Gegenstand meines Urteils ist stets *die Welt*. »So ist die Welt«, sage ich, gleich was ich sage. Da das die Grundlage meines Bewußtseins der Einheit der Welt ist, liegt die Einheit der Welt in nichts anderem als in der Einheit des Selbstbewußtseins, dem *Ich denke*.

als Tatsachen, der Welt als Welt bewußt ist. Mittels seiner Sinne erfaßt es, was ist; in seiner Erfahrung steht ihm die Welt offen. Das beschreibt das Subjekt des Urteils. Es beschreibt nicht das Tier.[8]

4.3. Die Wissenschaft überhaupt

Das Urteil ist objektiv, und das bedeutet, es ist selbstbewußt. Deshalb ist sein Gegenstand der Gegenstand überhaupt. Das definiert die Wissenschaft vom Urteil, denn die Wissenschaft vom Urteil ist die Wissenschaft vom Gegenstand des Urteils. Die Wissenschaft vom Urteil, die Wissenschaft überhaupt, ist die Wissenschaft ohne Gegensatz. Denn sie artikuliert das *Ich denke*, das Selbstbewußtsein des Urteils. Und was im Selbstbewußtsein des Urteils enthalten ist, weiß jeder, weiß es immer schon, in jedem Urteil: Es gibt nichts, was sich beschreiben ließe als: urteilen entgegen dem, was in jedem Urteil gewußt ist.

Als wir oben unsere Definition der Objektivität des Denkens – Denken ist objektiv, da seine Geltung von keiner Bestimmung des denkenden Subjekts abhängt, sondern allein von dem, was es denkt – näher besprochen haben, haben wir vorgeschlagen, eine Bestimmung des Subjekts, um die man nicht weiß, nur indem man urteilt, was es urteilt, *gegeben* zu nennen. Wir sehen, warum es passend ist, eine solche Bestimmung *gegeben* zu nennen. Eine Bestimmung des Subjekts, die so ist, daß man, um zu wissen, daß das Subjekt sie aufweist, nichts tun muß als urteilen, was es urteilt, ist eine, die von diesem Subjekt in der ersten Person gedacht wird. Sie ist eine Bestimmung, die im Selbstbewußtsein erkannt ist. Und was im Selbstbewußtsein des Urteils, im *Ich denke*, enthalten ist, ist keine gegebene Wirklichkeit in dem Sinn, daß es nichts ist, was unabhängig von meinem Wissen um es ist und ist, wie es ist. Das denkende Subjekt versteht sich in seinem erstpersonalen Denken, im Selbstbewußtsein, als gar nichts Gegebenes. Man mag meinen, das Selbstbewußtsein des Urteils sei daher leer, eine leere Form womöglich. Doch das wird man nur glauben, wenn man vorab festgelegt hat, daß ein Inhalt des Denkens nur einer gegebenen Wirklichkeit entstammen kann: einer Wirklichkeit, die unabhängig davon, daß

8 Sofern die tierische Wahrnehmung nicht selbstbewußt ist. Ich lasse das offen.

sie gedacht wird, ist, wie sie ist. Legt man das nicht fest, kann man der Möglichkeit gegenüber offen sein, daß das Selbstbewußtsein des Urteils Erkenntnis ist. Dann gibt es eine Wissenschaft dessen, was im Selbstbewußtsein erkannt ist: die Wissenschaft ohne Gegensatz. *Sie* handelt von keiner gegebenen Wirklichkeit.

Die Wissenschaft vom Urteil hat keinen Gegensatz. Das mag absurd erscheinen. Das Urteil gehört zur seelischen Ausstattung einer bestimmten Spezies, Homo sapiens. Vielleicht findet man sie auch bei anderen Spezies, möglicherweise in weniger entwickelter Gestalt. Jedenfalls ist es ein Vermögen, vielleicht höher entwickelt und komplizierter, doch grundsätzlich nicht von den zahlreichen Formen der Kognition unterschieden, über die mannigfache tierische Spezies verfügen. Es hat eine bestimmte Natur, die durch evolutionäre Kräfte, die auf unsere Vorfahren einwirkt haben, geprägt wurde. Also fällt das Studium des Urteils in die Zuständigkeit jener Wissenschaften, die die fraglichen Spezies im allgemeinen und ihre kognitiven Fähigkeiten im besonderen untersuchen: Biologie, Psychologie, Kognitionswissenschaft. Diese Wissenschaften stellen Hypothesen auf, die sich bewähren oder nicht. Sie formulieren Theorien, deren Witz darin liegt, daß sie sich als falsch erweisen können. Klarerweise ist die Wissenschaft vom Urteil nicht ohne Gegensatz.

Man kann versuchen, darauf zu antworten, indem man zwei Perspektiven auf das Urteil unterscheidet, zwei Standpunkte, von denen aus man über das Urteil nachdenken kann: die Perspektive der ersten Person derjenigen, die urteilt, und die Perspektive der dritten Person derjenigen, die einen anderen betrachtet, der urteilt.[9] Aus der Perspektive der ersten Person sagen wir, wie wir das Urteil im Urteilen verstehen. Aus der Perspektive der dritten Person untersuchen wir das Urteil als beobachtbare Fähigkeit einer bestimmten Tierart. Man kann das Urteil zum Gegenstand einer

9 Die Rede von Standpunkten und die Idee, daß die erste Person oder Selbstbewußtsein so etwas ist, ein bestimmter Standpunkt, unterschieden von einem anderen Standpunkt, dem der dritten Person, ist weit verbreitet. (Eine klare Darstellung dieser Idee findet sich in Richard Moran, *Authority and Estrangement. An Essay on Self-Knowledge*, Princeton/N.J. 2001.) Darin zeigt sich das Bewußtsein, daß etwas verlorengeht, wenn wir uns selbst und unser Tätigsein als gegebene Wirklichkeit auffassen. Solange wir jedoch nicht über den Zusammenhang von Objektivität und Selbstbewußtsein nachdenken, können wir nicht verhindern, daß die Begriffe der Objektivität und der Erkenntnis an den Standpunkt der dritten Person geknüpft werden.

empirischen Wissenschaft machen, dann nämlich, wenn man sich ihm vom Standpunkt der dritten Person nähert. Wir müssen aber auch die Möglichkeit einräumen, über das Urteil vom Standpunkt der ersten Person nachzudenken.

Das ist irregeleitet, denn die Wissenschaft ohne Gegensatz kann keinem Standpunkt zugeordnet werden. Ihr Wesen liegt darin, keinen Standpunkt zu bezeichnen. Auch ist das Selbstbewußtsein des Urteils keine Perspektive auf das Urteil. Die Idee verschiedener Perspektiven auf dasselbe verlangt, daß das, worauf diese Perspektiven Perspektiven sind, von jeder dieser Perspektiven unabhängig ist. Das Verstehen des Urteils aber, das im Urteilen am Werk ist, ist kein Verstehen von etwas, das unabhängig von diesem Verstehen ist, wie es ist. Das Urteil ist durch und nur durch das Verstehen seiner selbst. Das Selbstbewußtsein des Urteils ist keine *Perspektive auf* das Urteil. *Es ist das Urteil.*

Das Vermögen zu urteilen ist keine gegebene Wirklichkeit; es ist kein Gegenstand einer empirischen Wissenschaft. Das ist nicht nur nicht absurd. Es ist offensichtlich. Es ist offensichtlich, daß es so etwas wie eine Naturwissenschaft des Urteils nicht gibt, so wenig wie es eine Naturwissenschaft der Naturwissenschaft gibt. Das gibt es nicht, weil das Urteil, weil Wissenschaft objektiv ist. Urteilen ist objektiv, da seine Geltung allein davon abhängt, was geurteilt wird. Hätte Urteilen eine gegebene Natur, dann bestünde seine Geltung darin, dieser Natur gemäß zu sein, und Übereinstimmung mit dieser Natur könnte nicht identifiziert werden mit Übereinstimmung mit dem, was ist. Und dann gäbe es keine Wissenschaft vom Urteil, weil es keine Wissenschaft gäbe. Da der Gegenstand des Urteils *der* Gegenstand, der Gegenstand überhaupt ist, ist das Urteilsvermögen *das* Vermögen, das Vermögen überhaupt.

4.4. Der Begriff überhaupt

Dasselbe anders ausgedrückt: Der Begriff des Urteils ist *der* Begriff, der Begriff überhaupt. Da ich mir meines Urteils im Urteilen bewußt bin, ist der Begriff des Urteils im Urteilen als solchem wirksam. Das heißt, er ist *in jedem Begriff* enthalten. Er ist nicht *ein* Begriff, der neben andere Begriffe gestellt werden könnte. Er ist *der* Begriff.

Gesetzt der Begriff des Urteils wäre ein Begriff neben anderen. Dann würde dieser Begriff nicht im Denken als solchem verwendet. Nur das Denken eines begrenzten Bereichs dessen, was ist, verwendete ihn: das Denken bestimmter geistiger Zustände bestimmter Wesen. Da Urteilen nicht als solches Denken des Urteilens ist, kann ich prima urteilen, ohne über den Begriff des Urteils zu verfügen. Nur wenn ich mich dem besagten Bereich der Wirklichkeit zuwende – sofern ich das tue –, muß ich ihn verwenden.

Weil ich diesen Begriff besitze oder auch nicht, muß es so etwas wie seinen Erwerb geben. Wie erwerbe ich ihn? Der Begriff des Urteils schließt den Begriff seines Gegenstands ein: Wenn ich den Begriff des Urteils besitze, weiß ich wenigstens, daß es genau dann richtig ist zu urteilen, daß die Dinge soundso sind, wenn sie tatsächlich so sind. Der Begriff dessen, was ist, wie es ist, ist in dem enthalten, was ich weiß, da ich weiß, was Urteilen ist. Es kann aber so etwas wie den Erwerb *dieses* Begriffs nicht geben, des Begriffs dessen, was ist, wie es ist. Weil der Begriff dessen, was ist, nichts Begrenztes vorstellt, gibt es nichts, nichts Bestimmtes, von dem ich ihn erwerben könnte. Ich erwerbe vielleicht den Begriff des Eisbären, indem ich einem begegne. Doch es gibt nichts, dem ich begegnen könnte, das mir, da ich ihm begegne, die Idee seiner als wirklich oder einer Tatsache verschaffen könnte. Wenn mir diese Idee abgeht, kann sie mir durch nichts – nichts Wirkliches, keine Tatsache – gegeben werden. Der Begriff dessen, was ist, wie es ist, ist nur möglich, indem er – nicht im Denken von diesem oder jenem, sondern – im Denken überhaupt wirksam ist. Der Begriff dessen, was ist, der Wirklichkeit, der Tatsachen, ist nur möglich, indem er im *Ich denke* enthalten ist. Da das Urteil objektiv ist, kann der Begriff des Urteils keinem gegebenen Bestand von Begriffen hinzugefügt werden. Er ist nicht *ein* Begriff, sondern *der* Begriff. Da Urteilen objektiv ist, ist sein Begriff Selbstbewußtsein.

Weil etwas denken heißt, sich als es denkend denken, wird *Ich denke p* nicht zusätzlich zu *p* gedacht. Das *Ich denke* durchdringt das *p*; eine klare Notation bildete den Buchstaben *p* aus den Wörtern *Ich denke*. Deshalb fällt die Artikulation des *Ich denke* mit dem Verstehen des Gegenstands des Urteils zusammen. Sprechen wir über das Urteil und seine Natur, kehren wir uns nicht vom Gegenstand ab. Wir wenden uns nicht dem Verstand, dem Selbst, dem Subjekt zu, nicht wenn diese Ausdrücke etwas bezeichnen sollen, das vom Gegenstand, der Wirklichkeit, der Welt getrennt ist und ihm gegenübersteht. Im Gegenteil. Alles, wovon wir begreifen, daß es die Natur des Urteils ausmacht, bestimmt als solches den Gegenstand des Urteils – das heißt, *den* Gegenstand.

Der Begriff des Urteils stellt keine begrenzte Wirklichkeit vor. Das Urteil ist kein Teil dessen, was ist, kein Teil der Wirklichkeit, der Welt, neben anderen. Denn Urteilen ist objektiv. Das heißt nicht, daß es keine Wissenschaft vom Urteil gäbe. Es heißt, daß die Wissenschaft vom Urteil die Wissenschaft ohne Gegensatz ist, die Wissenschaft vom Selbstbewußtsein oder schlicht Selbstbewußtsein. Dieser Wissenschaft gehören ursprünglich alle Begriffe an, die zur Idee der Objektivität gehören: Urteil, Sein, Erscheinung; *der* Gegenstand, *das* Vermögen, *der* Begriff. All diese Begriffe sind im *Ich denke* enthalten. Also sind sie in *jedem* Begriff. All diese Begriffe sind *der Begriff*. Da wir diese Begriffe denken – da wir *den* Begriff denken –, denken wir objektiv.

5. Das objektive Urteil bei Nagel und Moore

5.1. Erkenntnistheorie und das Selbstverständnis des Urteils

Die gegenwärtige Erkenntnistheorie bestimmt ihr Thema durch den Satz »S weiß, daß *p*« anstatt durch die Frage »Was kann ich wissen?«. Der Unterschied hat eine zweifache Bedeutung. Zum einen legt die Formel »S weiß, daß *p*« nahe, der primäre Gegenstand der Erkenntnis sei eine bestimmte Aussage. Der Gegenstand des Urteils, und also der Gegenstand der Erkenntnis, ist aber *der* Gegenstand: die Welt, die Wirklichkeit, was ist. Eine Antwort auf die überlieferte Frage lautet daher nicht »Schnee ist weiß«, sondern etwa »Erscheinungen«, »die Natur«, »die Außenwelt«, »Gott«. Diese Ausdrücke stehen für eine Idee des Gegenstands des Urteils, also *des* Gegenstands, einer Idee, die dem Urteilen als solchem intern ist. Zweitens schließt die zeitgenössische Formel darin, daß sie das Pronomen der ersten Person durch einen Namen ersetzt, nicht kraft ihrer Form Antworten aus, die offenlassen, ob die, die etwas weiß, versteht, daß sie es weiß. Eine Theorie aber, die das offenläßt, ist keine Theorie der Erkenntnis. Da ein Urteil der Gedanke seiner eigenen Geltung *ist,* kann es nur so gültig sein, daß es selbst seine Geltung erkennt.

In ihren jeweiligen Werken *Points of View* und *The View From Nowhere* weichen Adrian Moore und Thomas Nagel in diesen beiden Hinsichten von der Hauptströmung der Erkenntnistheorie ab: Sie suchen zu verstehen, wie sich ein Urteil auf *die Wirklichkeit* beziehen kann, womit sie das Urteil auf seinen wahren Gegenstand beziehen, und sie wollen begreifen, wie es sich so auf die Wirklichkeit beziehen kann, daß es sich selbst als auf sie bezogen versteht, womit sie dem Selbstbewußtsein des Urteils Rechnung tragen. Gleichwohl halten beide an der Vorstellung fest, die Objektivität eines Urteils liege darin, daß es sich auf etwas anderes als sich selbst bezieht. Wir können ihre Überlegungen als *reductio ad absurdum* dieser Idee betrachten. Denn sie führt sie dazu, das Urteil auf einen Traum oder eine regulative Idee seiner selbst zu beschränken. Das löst das Urteil von innen auf.

5.2. Zwei Begriffe, die im Geltungsanspruch eines Urteils enthalten sind

Nagel und Moore wollen den Anspruch auf Geltung artikulieren, den ein Urteil als solches für sich erhebt.[1] Das erste, was dabei hervortritt, ist der Begriff des Gegenstands des Urteils. Im Urteilen verstehe ich mich als einem Maßstab unterworfen, der sich nicht dem verdankt, wie es mit mir steht, dem Subjekt, das urteilt, sondern der allein in dem liegt, was ich urteile, im Gegenstand meines Urteils. Da ich das *im* Urteilen verstehe, enthält mein Urteil die Vorstellung dieses Maßstabs und seiner Übereinstimmung mit ihm. Vielerlei Ausdrücke werden verwendet, um diesen Maßstab zu bezeichnen; Moore und Nagel verwenden »Wirklichkeit«: Im Urteilen denke ich, daß es etwas gibt, die Wirklichkeit, dem mein Urteil verantwortlich ist; der Anspruch, den ich für mein Urteil erhebe, ist der, daß die Wirklichkeit es wahr macht. So stellt das Urteil das, was es vorstellt, durch den Begriff der Wirklichkeit vor.

Man wird vielleicht sagen, »Mein Urteil, daß die Dinge so sind, wird von der Wirklichkeit wahr gemacht« ist nur eine andere Weise, das Urteil auszudrücken, daß die Dinge so sind. Diese Ausdrucksweise mag nützlich sein.[2] Sie artikuliert aber kein Verständnis der Geltung, um die es uns im Urteilen geht, a fortiori kein Verständnis ihrer als objektiv. Wir können den Einwand zuspitzen, indem wir fragen, was wir denken, wenn wir »Wirklichkeit« denken. Was ist

1 An dieser Stelle zwei terminologische Bemerkungen zu Moore: Erstens spricht er von »Vorstellungen« (*representations*). Die fraglichen Vorstellungen sind die, die wir »hervorbringen« (*produce*) und »als wahr akzeptieren« (*accept as true*). Daher spreche ich von Urteilen. Zweitens unterscheidet Moore das objektive vom absoluten Urteil wie folgt: Ein absolutes Urteil ist von jedem *point of view* unabhängig, ein objektives Urteil ist unabhängig von jedem *point of involvement*. Ein point of involvement ist ein point of view, der durch »Anliegen, Interessen oder Werte« bestimmt ist. (Moore, *Points of View*, S. 4.) Da diese Unterscheidung für unsere Diskussion ohne Belang ist, gehe ich über sie hinweg und verwende »objektiv« statt Moores »absolut«.

2 Man könnte sagen, daß »Mein Urteil, daß die Dinge soundso sind, wird durch die Wirklichkeit wahr gemacht« eine Weise ist, das fragliche Urteil auszudrükken, die besonders kraftvoll oder gar einschüchternd sein soll. Oder man sagt, der Ausdruck »Wirklichkeit« sei Teil eines Prosatzes, der durch einen entsprechenden Quantor gebunden werden kann (vgl. Dorothy Grover, Joseph L. Camp, Jr., Nuel D. Belnap, Jr., »A Prosentential Theory of Truth«, in: *Philosophical Studies. An International Journal for Philosophy in the Analytic Tradition* 27 (1975), S. 73-125).

der Inhalt dieses vermeintlichen Begriffs? Da die Wirklichkeit das ist, was unsere wahren Urteile wahr macht, bestimmen wir, was sie ist, indem wir urteilen, was wir urteilen. Der Begriff der Wirklichkeit hat nicht mehr und nicht weniger Gehalt als die Summe der Urteile, die wir für wahr halten. Wenn wir daher von dem, was wir für wahr halten, sagen, es sei Teil der Wirklichkeit, ist das eine Tautologie. Darauf mögen wir entgegnen wollen, daß die Wirklichkeit das ist, was wir in unseren Urteilen vorzustellen streben, was aber unabhängig davon, was wir denken, ist, was es ist. Die Wirklichkeit kann deshalb nicht der Vorstellung ihrer gleichgesetzt werden, die wir bilden, da wir urteilen. Nun aber ist der Begriff wieder leer. Er ist so bestimmt, daß die Wirklichkeit jenseits unseres Bewußtseins liegt und also unser bewußtes Sein in keiner Weise betreffen kann. Für uns ist sie nichts.

Moore und Nagel glauben, daß der Begriff der Wirklichkeit nicht leer ist. Er hat Substanz. Weder ist er die Summe unserer Urteile, noch liegt er einfach jenseits des Urteilens. Vielmehr bestimmt er unser Streben nach Erkenntnis. In diesem Streben leitet uns nämlich eine Idee der Erfüllung: die Idee einer Auffassung der Wirklichkeit, in der wir unser Ziel, die Wirklichkeit zu erfassen, als erreicht erkennen.[3] Indem Moore und Nagel diese Idee zu beschreiben suchen, bilden beide die Idee eines letzten Urteils: Bei Moore ist es ein Urteil, das seine eigene »vollkommen selbstbewuß-

3 »Es gibt eine Frage – eine grundlegende Frage –, wieviel an Substanz diese Truismen trägt [Truismen wie »die Wirklichkeit ist das, worauf Vorstellungen antworten«, »die Wirklichkeit bestimmt, ob Vorstellungen wahr oder falsch sind«, »keine Vorstellung ist wahr, es sei denn, die Wirklichkeit macht sie wahr«, S. R.], wieweit etwa unser Begriff der Wirklichkeit ein Begriff *von* irgend etwas ist, statt eine Weise, sich sprachlich aufzuplustern. Wir haben das Gefühl, daß tatsächlich etwas sehr Substantielles die Truismen trägt. Indem wir sagen, daß Vorstellungen auf die Wirklichkeit antworten, meinen wir eben, daß es da etwas gibt, die Wirklichkeit, worauf Vorstellungen antworten, etwas, das so ist, wie alle wahren Vorstellungen es vorstellen.« (*Points of View,* S. 38 f.) Die Passage wird fortgesetzt durch: »Doch nehmen wir nun an, daß es unmöglich ist, eine bestimmte Auffassung dieser Wirklichkeit zu bilden, bei der es sich nicht nur um eine weitere Menge perspektivischer Vorstellungen handelt. Wie sollen wir dann an der Idee festhalten, unser Begriff der Wirklichkeit sei mehr als ein sprachliches Sich-Aufplustern? Wie können wir, solange wir nicht sicher sein können, daß es ein privilegiertes Verständnis davon gibt, wie die Wirklichkeit ist, sicher sein, daß es letztlich etwas außer den Vorstellungen und den zahlreichen Techniken indirekter Integration gibt, die je auf sie angewandt werden?«

te Bejahung« ist (*fully self-conscious endorsement*); bei Nagel ist es ein Urteil, das »sich selbst umgreift« (*closes over itself*). Das ist je der zweite Begriff, der hervortritt, da Moore und Nagel den Geltungsanspruchs des Urteils zu entfalten suchen. In diesem zweiten Begriff soll der erste, der Begriff der Wirklichkeit, Substanz haben.

5.3. Blickwinkel, Transzendenz

Laut Nagel und Moore stößt das innere Streben des Urteils, wirklichkeitsgetreu zu sein, eine Entwicklung an, in der wir unsere Subjektivität hinter uns lassen und uns der Objektivität nähern. Denn meistens, wenn nicht gar immer, denken beide, urteilen wir aus einem Blickwinkel (*point of view*); um objektiv zu urteilen, müssen wir den Blickwinkel, aus dem wir urteilen, transzendieren. In meiner Darstellung dessen, was das heißen soll, folge ich zunächst Moore, um dann auf eine Überlegung einzugehen, die in Nagels Ausführungen zentral ist, von Moore jedoch nicht hervorgehoben wird.

Ein Blickwinkel trägt dazu bei, die Bedingungen der Geltung eines Urteils, das aus ihm gefällt wird, zu bestimmen; er wird jedoch in dem fraglichen Urteil nicht vorgestellt.[4] In der Terminologie des vorliegenden Essays ist ein Blickwinkel eine *gegebene* Bestimmung des Subjekts. Moore gibt folgende Beispiele. Gesetzt ich sage »Es ist Mittag«. Ob ich recht habe, das zu sagen, hängt davon ab, wann ich es sage. Doch identifiziere ich mit dem, was ich sage, diesen Zeitpunkt nicht; ich unterscheide ihn nicht von anderen Zeitpunkten. Oder ich sage »Gras ist grün«. Ob es richtig ist, das zu sagen, hängt von der Beschaffenheit meines Sehapparats ab. Was ich sage, beschreibt aber nicht meinen Sehapparat, es unterscheidet ihn nicht von anderen möglichen oder wirklichen Sehapparaten. Oder ich sage »Das ist niederträchtig«. Ob es richtig ist, das zu sagen, hängt

4 Ein Urteil aus einem Blickwinkel ist eines, dessen *Inhalt* von seinem Blickwinkel abhängt. Moore, *Points of View*, S. 3.: »Diese unscheinbare Tatsache illustriert in der Tat die Weise, in der der Inhalt eines wahren Urteils sehr buchstäblich von seinem Ort abhängen kann.« S. 4: »Ein *objektives* Urteil ist ein Urteil, dessen Inhalt nicht von etwas abhängt, das ich als ›Beteiligungspunkt‹ bezeichnet habe.« Und S. 10: »Der Inhalt einer Vorstellung ist, wie die Dinge sein müssen, wenn die Vorstellung wahr ist.«

von den Werten der Kultur ab, in der ich es sage. Was ich sage, stellt diese Kultur aber nicht vor; es unterscheidet sie nicht von anderen Kulturen.[5]

In diesen Fällen hängt die Geltung meines Urteils von etwas ab, das mich als Subjekt des Urteils charakterisiert: vom Zeitpunkt meines Urteils, dem Sehapparat, dessen Wahrnehmungen mein Urteil ausdrückt, den Werten, die mein Urteil prägen. Wenn ich sage, es ist Mittag, Gras ist grün, das ist niederträchtig, ist die eigentliche Bedeutung dessen, was ich sage, dies: *Gegeben ich* – meine Zeit, mein Sehapparat, meine Werte –, stehen die Dinge so: Es ist Mittag, Gras ist grün, das ist niederträchtig. Das Pronomen der ersten Person zeigt diese Subjektivität des Urteils an: die Abhängigkeit seiner Geltung von einer gegebenen Bestimmung des Subjekts. Ja, wir können Urteile aus einem Blickwinkel als erstpersonale Urteile betrachten. In diesem weiten Sinn ist »Gras ist grün« ein erstpersonales Urteil. Wir können die Abhängigkeit dieses Urteils von meinem Sehapparat anzeigen, indem wir einen Index einführen, »Gras ist grün$_{I}$«, oder eine besondere Schriftart verwenden, Gras ist grün.[6] Ein Urteil ist dann in dem Maß objektiv, in dem es die erste Person aus sich ausgetrieben hat, und die Sorge, Objektivität könne unerreichbar sein, ist die Sorge, daß die erste Person am Grund aller unserer Urteile liegt.

Auch wenn eine aus einem Blickwinkel urteilt, meint sie, daß die Wirklichkeit ihr Urteil wahr macht. Insofern sie *aus* einem Blickwinkel urteilt, stellt sie jedoch nicht alles vor, wovon die Geltung ihres Urteils abhängt. Sie stellt die Wirklichkeit, kraft derer ihr Urteil wahr ist, nicht vollständig vor. (Wenn ihr Urteil wahr ist. Wir lassen falsche Urteile unberücksichtigt.) Da sie ihr Urteil gleichwohl für wirklichkeitsgetreu hält, liegt in ihrem aus einem Blickwinkel gefällten Urteil die Idee einer Erklärung, die *zeigen* würde, *wie* die Wirklichkeit ihr Urteil wahr macht.[7] Ein Teil dieser Erklärung würde die Wirklichkeit, die das ursprüngliche Urteil wahr macht, vollständig vorstellen. Er muß also dessen Blickwinkel

5 Vgl. ebd., Kap. 1, § 1.

6 Vgl. ebd., S. 5.

7 Vgl. Nagel, *The View from Nowhere*, S. 76, *Der Blick von nirgendwo*, S. 133: »[D]er Druck, objektiver zu werden, kommt von dem Unvermögen der früheren Auffassung, sich selbst einzuschließen und zu erklären – also zu erklären, warum die Dinge uns so erscheinen, wie sie das tun.«

identifizieren. Der fragliche Teil der Erklärung (der, der die Wirklichkeit, die das ursprüngliche Urteil wahr macht, vollständig vorstellt) spricht also nicht länger aus dem Blickwinkel des ursprünglichen Urteils. Was eine gegebene Bestimmung des Subjekts war, eine, die das Urteil nicht vorstellt, ist keine *gegebene* Bestimmung mehr. Sie ist Teil des Geurteilten. Das neue Urteil hat den Blickwinkel des ursprünglichen Urteils transzendiert.

> Wenn die Erklärung ρ_1 [eine gegebene Vorstellung aus einem gegebenen Blickwinkel, S. R.] als Vorstellung erweisen will, die durch die Wirklichkeit wahr gemacht wird, so muß sie sich explizit auf diesen Blickwinkel [den Blickwinkel, aus dem ρ_1 vollzogen wird, S. R.] beziehen und darin zeigen, wie der Blickwinkel dazu beiträgt, daß ρ_1 den Inhalt hat, den es hat.[8]

Die erste Person charakterisiert ein Urteil, insofern es aus einem Blickwinkel gefällt wird. Wenn der Blickwinkel in das Geurteilte eintritt und somit nicht länger der Blickwinkel ist, *aus dem* geurteilt wird, wird er nicht länger erstpersonal gedacht. Das Transzendieren des Blickwinkels vertreibt die erste Person. So ist etwa eine bestimmte Zeit die Zeit meines Urteils. Wenn ich nicht länger *aus* dem Blickwinkel dieser Zeit urteile, stellt mein Urteil das, was nach wie vor seine Zeit sein kann, nicht länger *als seine Zeit* vor. Es bestimmt sie vielleicht durch eine Zahl, die ein Datum angibt. Was in dem Urteil aus einem Blickwinkel in der ersten Person gedacht war, wird in dem Urteil, das diesen Blickwinkel transzendiert, als etwas gedacht, das unabhängig von jedem Blickwinkel ist, wie es ist.[9]

8 Moore, *Points of View*, S. 70.

9 Die Parallele zu der Art von Semantik, die über Gehalte spricht, die in einem Kontext wahr sind, ist instruktiv. Die relevante Behandlung zeitlicher indexikalischer Ausdrücke stellt, was mit entsprechenden Sätzen geurteilt wird, als wahr relativ zu der Zeit vor, die der Kontext der Äußerung bereitstellt. Die Meta-Sprache, in der das Urteil bewertet wird, drückt ein transzendierendes Urteil aus: Es wird stipuliert, daß sie eine nicht-indexikalische Vorstellung sämtlicher Zeiten bereitstellt; daher wird die meta-sprachliche Bewertung ihrerseits nicht relativ zu einer Zeit bewertet. Die Erweiterung dieser Auffassung auf unseren Sehapparat mag angestrengt wirken, das aber nur, weil wir kaum auf Wesen treffen, die unsere Sprache verwenden und nicht über unseren Sehapparat verfügen. Es ist leicht, sich derartige Wesen vorzustellen und Äußerungen wie »Gras ist grün« so zu behandeln, als wären sie relativ zu einem Sehapparat wahr, den der Kontext bestimmt: dem Sehapparat der Sprecherin. Die Ausweitung auf ethische Werte erfreut sich einiger Beliebtheit; hier können wir ein System von Werten oder letzten Zwecken als Merkmal des Kontexts hinzufügen. Man kann argumentieren, daß der

Wenn wir den Blickwinkel, aus dem wir urteilen, transzendieren, nehmen wir diesen Blickwinkel in das hinein, was wir nun urteilen. Wenn jedoch das transzendierende Urteil den Blickwinkel des ursprünglichen Urteils nur aus einem Blickwinkel vorstellt, zeigt es *nicht*, wie die Wirklichkeit dieses wahr macht. Denn es stellt die Wirklichkeit, kraft derer es, das transzendierende Urteil, wahr ist, nicht vollständig vor. Und also stellt es die Wirklichkeit, die das transzendierte Urteil wahr macht, nicht vollständig vor. Man mag entgegnen, daß das transzendierende Urteil, wiewohl es nicht vollkommen objektiv ist – es ist nach wie vor aus einem Blickwinkel –, doch objektiver ist als das Urteil, das es transzendiert. Denn zumindest ist es nicht aus dem Blickwinkel des letzteren. Das ist schön und gut. Ohne die Idee eines Urteils jedoch, das die Wirklichkeit, die ein gegebenes Urteil wahr macht, vollständig vorstellt, gibt es die Idee einer abnehmenden Distanz zu einem solchen Urteil nicht. Die Idee eines Fortschreitens zur Objektivität, die Idee, daß ein Urteil objektiver ist als ein anderes, ist abhängig von der Idee eines Urteils, in dem dieses Fortschreiten zum Abschluß kommt. Das ist ein Urteil, das jeden Blickwinkel transzendiert, ein Urteil, das aus *keinem* Blickwinkel gefällt wird. Ebenso ist es ein Urteil, das die erste Person vollständig hinter sich gelassen hat. Es ist das *objektive Urteil*. Diese Idee, die Idee des objektiven Urteils, ist es, was der Idee der Wirklichkeit Substanz verleiht.

Die, die urteilt, denkt von ihrem Urteil, daß die Wirklichkeit es wahr macht. Die Substanz dieses Gedankens liegt in der Idee eines Urteils, das die Wirklichkeit, die ihr Urteil wahr macht, vollständig vorstellt: der Idee eines objektiven Urteils. Wenn das ursprüngliche Urteil aus einem Blickwinkel gefällt wird, wird es von einem Urteil transzendiert, das die Wirklichkeit, die ersteres Urteil wahr macht, vollständig vorstellt. Insofern ein objektives Urteil aus keinem Blickwinkel gefällt wird, bedarf es keiner – und es läßt keinen Raum für – Transzendenz. Wenn wir fragen, kraft welcher Wirklichkeit ein objektives Urteil wahr ist, wird die Antwort darauf durch nichts gegeben als durch dieses Urteil selbst. In dem, was es urteilt, stellt ein objektives Urteil die Wirklichkeit, die es, dieses objektive Urteil, wahr macht, vollständig vor. Moore bezeichnet

Kontext kein solches System bestimmt. Dann wird das Urteil keine Idee seiner selbst als Vorstellung der Wirklichkeit sein. Statt dessen wird es expressivistisch erklärt werden.

ein Urteil, das das, was ein gegebenes Urteil wahr macht, vollständig vorstellt, als die »vollkommen selbstbewußte Bejahung« dieses Urteils. Die vollkommen selbstbewußte Bejahung eines jeden Urteils ist ein objektives Urteil. Ein objektives Urteil ist *seine eigene* vollkommen selbstbewußte Bejahung.[10]

> Die erste Weise [zu erklären, was es für eine Vorstellung heißt, einem Blickwinkel zu unterliegen, S.R.] besteht darin, sich auf eine bestimmte Art von Bejahung zu konzentrieren, und zwar eine vollkommen selbstbewußte. [...] Selbstbewußtsein ist das, was mich meine Vorstellungen *als* meine Vorstellungen sehen läßt. Es ist das, was ich brauche, wenn ich nicht nur etwas wissen, sondern auch wissen soll, daß ich es weiß. Im Fall einer absoluten Vorstellung [einer Vorstellung aus keinem Blickwinkel, S.R.] kann die vollkommen selbstbewußte Bejahung durch schlichte Wiederholung erreicht werden. Im Fall einer perspektivischen Vorstellung jedoch [einer Vorstellung aus einem Blickwinkel, S.R.] verlangt volles Selbstbewußtsein mehr. Es verlangt, daß auf den einschlägigen Blickwinkel bezuggenommen wird.[11]

In alldem stimmt Moore mit Nagel überein. Doch es gibt einen Gedanken, der bei Moore nicht prominent ist, den Nagel jedoch betont: Das Bedürfnis, zu verstehen, wie ein Urteil, das aus einem Blickwinkel gefällt wird, durch die Wirklichkeit wahr gemacht wird, ist ein Bedürfnis, zu verstehen, warum die Dinge im transzendierten Urteil so vorgestellt werden, wie sie es werden.[12] (Im transzendierten Urteil werden sie anders vorgestellt als im transzendierenden Urteil.) Nagel nutzt die buchstäbliche Bedeutung der Metapher des Blickwinkels, wenn er davon spricht, daß Dinge aus einem Blickwinkel in bestimmter Weise erscheinen, und wenn er das, was aus einem Blickwinkel vorgestellt wird, als Erscheinung

10 Moore, *Points of View*, S. 13: »Im Falle einer absoluten Vorstellung kann die vollkommen selbstbewußte Bejahung durch schlichte Wiederholung erreicht werden.« Was wiederholt wird, sind die Wörter, die gebraucht werden, um das Urteil auszudrücken. Da dasselbe zweimal sagen nicht heißt, das Urteil wiederholen, sondern seinen Ausdruck, ist die selbstbewußte Bejahung eines Urteils das Urteil – nicht seine Wiederholung.

11 Ebd.

12 Es läßt sich darüber streiten, ob eine Erklärung, die in der von Moore vorgesehenen Weise zeigt, wie ein Urteil aus einem Blickwinkel durch die Wirklichkeit wahr gemacht wird, nicht auch eine Erklärung dessen gibt, warum die Wirklichkeit in diesem Urteil so vorgestellt wird, wie sie es wird. Doch diese Interpretationsfrage müssen wir hier nicht klären.

bezeichnet. Wenn ich etwas aus einem Blickwinkel betrachte, erscheint es mir in einer Weise, die nicht nur widerspiegelt, wie es an sich ist, sondern auch den Blickwinkel, aus dem ich es betrachte. Wenn wir die Idee des Blickwinkels metaphorisch erweitern, können wir sagen, daß der Blickwinkel, aus dem ich urteile, die Weise, in der mir Dinge in diesem Urteil erscheinen, prägt. Laut Nagel nun schließt das Transzendieren eines Blickwinkels ein, daß man versteht, warum die Dinge aus diesem Blickwinkel erscheinen, wie sie aus ihm erscheinen.

Eine Erklärung dafür, warum die Wirklichkeit in einem Urteil, das aus einem Blickwinkel gefällt wird, in bestimmter Weise erscheint, transzendiert diesen Blickwinkel. Der Abschluß dieser Transzendenz ist ein Urteil aus keinem Blickwinkel. Dieses letzte Urteil erklärt, warum Dinge aus einem beliebigen Blickwinkel erscheinen, wie sie erscheinen. Und wenn wir fragen, warum die Dinge in *diesem* Urteil erscheinen, wie sie erscheinen, kann die Antwort keinen Blickwinkel nennen, aus dem sie so erscheinen. Die Antwort kann nur sein, daß die Dinge in diesem Urteil erscheinen, wie sie es tun, *weil sie so sind.* In dem, was es urteilt, bringt ein objektives Urteil alles bei, was nötig ist, um zu verstehen, warum die Dinge so geurteilt werden, wie sie es in diesem Urteil werden. Das objektive Urteil »umgreift sich selbst« (*closes over itself*).

> Die Grenze, auf die sich eine solche Entwicklung zu bewegt [eine Entwicklung des objektiven Standpunkts, S.R.], ist [...] eine Weltauffassung, die sich vollständig selbst umfaßt, indem sie eine Welt beschreibt, die ein Wesen enthält, das über genau diese Auffassung verfügt, und die überdies erklärt, wie dieses Wesen von seinem ursprünglichen Ausgangspunkt zu dieser Auffassung gelangen konnte.[13]

5.4. Nagel: Die sich selbst verstehende Naturwissenschaft

Moore und Nagel glauben, Erkenntnis beziehe sich auf etwas, das ist, wie es ist, unabhängig davon, daß es als so seiend erkannt wird. Mit entwaffnender Ehrlichkeit bezeichnet Moore das als

13 Nagel, *The View From Nowhere*, S. 74, *Der Blick von nirgendwo*, S. 129 f.

seine »Grundannahme«.[14] Folgen wir der Tradition und bezeichnen das, was von seinem Erkanntwerden verschieden und davon unabhängig ist, als *Natur*, dann ist der Gegenstand der Erkenntnis als solcher die Natur; wo sie sich zur *episteme* erhebt, ist sie Naturwissenschaft. So legen Nagel und Moore fest, daß ein objektives Urteil, könnten wir es erreichen, eine naturwissenschaftliche Theorie wäre. Eine solche Theorie aber umgreift *nicht* sich selbst. Ein Urteil, das sich selbst umgreift, hat *keinen* Gegenstand, der ist, wie er ist, unabhängig davon, daß er in diesem Urteil als so seiend erkannt wird. Was in einem solchen Urteil geurteilt wird, enthält sein Geurteiltwerden *in eben diesem Urteil*. Denn urteilen, was man in diesem Urteil urteilt, heißt verstehen, warum man es urteilt, und heißt also wissen, daß man es urteilt. Das wird bei Nagel verdeckt.

Eine naturwissenschaftliche Theorie ist ein System von Prinzipien oder Gesetzen; sie erklärt etwas in dem Sinne, daß man es erklären kann, indem man die Theorie darauf anwendet. Eine Theorie, die sich selbst erklärt, ist also derart, daß man erklären kann, warum einer sie bejaht, indem man die Prinzipien der Theorie auf ihn anwendet. Und weil dies, daß man etwas erklärt, einschließt, daß man die Theorie bejaht, die man darin anwendet, gehört zu dem, was die Theorie erklärt, auch das Bejahen der Theorie, das im Erklären von etwas durch sie eingeschlossen ist.

Eine Naturwissenschaft hat etwas zum Gegenstand, das ist, wie es ist, unabhängig davon, daß es in dieser Wissenschaft als so seiend erkannt ist. Insbesondere gilt, daß das, was der fraglichen Theorie zufolge etwas erklärt, es unabhängig davon erklärt, daß es als es erklärend erkannt ist. Daraus folgt, daß ich *darin*, daß ich einen gegebenen Akt des Bejahens der Theorie erkläre, nicht erkenne, daß das, was ich erkläre, eben der Akt ist, der meinem Erklären angehört. Würde ich das erkennen, wäre mein Wissen darum, was den Akt erklärt, dem, was ich erkläre, intern; was mein Bejahen der Theorie erklärt, erklärte es nicht ohnehin, gleich ob ich es so erkläre oder nicht. Wenn ich die Theorie auf mich selbst anwende und mein Bejahen ihrer erkläre, stelle ich den, auf den ich die Theorie anwende, nicht als mich selbst vor, und das Bejahen der Theorie, das ich erkläre, tritt in meiner Erklärung seiner nicht als mein Bejahen auf. Meine Erklärung meines Bejahens der Theorie durch diese

14 Moore, *Points of View*, S. 74.

Theorie ist kein erstpersonaler Gedanke, nicht ursprünglich. Natürlich nicht. Naturwissenschaft ist objektive Erkenntnis, Erkenntnis, die von der ersten Person frei ist. Nagel sagt das ausdrücklich.

> Eine sich selbst transzendierende Auffassung [der Welt; S.R.] sollte [...] idealerweise viererlei erklären: (1) wie die Welt ist; (2) wie wir sind; (3) warum die Welt Wesen wie uns in bestimmten Hinsichten erscheint, wie sie ist, und in bestimmten, wie sie nicht ist; (4) wie Wesen wie wir zu einer solchen Auffassung gelangen können. [...] In bestimmtem Sinn könnten diese Bedingungen auch von einer Auffassung der Welt und unserem Ort in ihr erfüllt werden, die von anderen, von uns verschiedenen Wesen entwickelt wurde; in diesem Fall jedoch wäre das vierte Element kein selbstbezügliches Verstehen, wie es das im Verstehen unserer selbst ist.[15]

Indem ich die Theorie auf jemanden anwende, erkläre ich, warum er diese Theorie bejaht. Dabei ist es dem, was ich so verstehe, äußerlich, daß der, dessen Bejahen ich erkläre, der ist, der es erklärt. Das Verstehen, das die Theorie verschafft, ist kein *Selbst*verstehen, nicht ursprünglich. Es ist ein Verstehen meiner selbst als eines anderen.[16] Wenn ich darüber hinaus feststellen will, daß es mein eigenes Bejahen der Theorie ist, das ich erkläre – dasjenige, das darin enthalten ist, daß ich den fraglichen Akt des Bejahens erkläre –, muß ich ein weiteres Urteil fällen: Ich muß erkennen, daß der Akt, den ich erkläre, derselbe ist wie der, der zu meiner Erklärung dieses Akts gehört. Diese Erkenntnis ist von meinem Erklären des relevanten Akts der Bejahung der Theorie verschieden.

Das aber ergibt keinen Sinn. Angenommen, ich denke den, dessen Bejahen der Theorie ich erkläre, nicht in der ersten Person. Angenommen, ich denke ihn als Siggi. Nun soll ich erkennen, daß mein Bejahen der Theorie – das in meinem Erklären von Siggis Bejahen liegt – dasselbe ist wie Siggis Bejahen – das ich erkläre. Diese Erkenntnis soll ein von diesem Bejahen verschiedener Akt sein – von meinem Bejahen, von Siggis Bejahen: die sind eins. Ein

15 Nagel, *The View From Nowhere*, S. 74, *Der Blick von nirgendwo*, S. 130.

16 Moore und Nagel machen in ihren Beschreibungen des Urteils, das die Objektivität des Urteilens vollendet, großzügig vom Ausdruck »selbst« Gebrauch. Das kündigt den Gedanken an, der Thema dieses Buches ist: Erkenntnis von anderem ist Wissen nur, weil es Selbsterkenntnis ist. Weder Moore noch Nagel untersuchen den logischen Charakter von *Selbst*-Urteilen, *Selbst*-Erkennen, *Selbst*-Verstehen.

Urteil ist aber nichts anderes als der erstpersonale Gedanke seiner selbst. Ich verknüpfe ein Urteil mit mir selbst, *indem* ich urteile; mein Urteil ist der Gedanke seiner als mein Urteil. Umgekehrt *ist* mein Gedanke eines Urteils als meines eben *dieses Urteil.* Also gibt es das, was wir uns vorstellen sollen, nicht: ein Urteil, das mir gegeben ist (Siggis) und das ich in einem von ihm verschiedenen Akt als meines erkenne. Da es keine Erkenntnis eines Urteils als meines gibt, die in einem zweiten Schritt erfolgte, in einem von diesem Urteil verschiedenen Akt, ist die Idee einer Naturwissenschaft, die *mein* Urteil erklärt, sinnlos.

Nagel gibt vor, über die Idee einer naturwissenschaftlichen Theorie nachzudenken, die unser Bejahen eben dieser Theorie erklärt: Die Theorie ist so, daß man, indem man ihre Prinzipien auf gegebene Subjekte anwendet, ihr Bejahen dieser Theorie erklären kann. Es gibt aber nichts, das wie folgt beschrieben werden könnte: Ich erkläre mein Urteil, indem ich eine naturwissenschaftliche Theorie auf mich anwende; ich begreife mein Bejahen einer solchen Theorie als durch diese Theorie erklärt. Es ist nicht so, daß ich eine solche Theorie niemals erlangen könnte. Sondern es gibt nichts, von dem zu denken wäre, es sei mir versagt. Denn ein Urteil, das sich selbst erklärt, erklärt sich *als es selbst.* Es ist ein erstpersonaler Gedanke.[17]

17 In *Mind and Cosmos. Why the Materialist Neo-Darwinian Conception of Nature Is Almost Certainly False,* Oxford 2012; deutsch: *Geist und Kosmos. Warum die materialistische neodarwinistische Konzeption der Natur so gut wie sicher falsch ist,* Berlin 2013, scheint Nagel das zu sehen, wenn er Vernunfterkenntnis bestimmt als allein durch das erklärt, was sie erkennt (ebd., S. 83, *Geist und Kosmos,* S. 122 f.). Nagel bemerkt, daß das eine evolutionäre Erklärung der Vernunft unmöglich macht. Daher ist es rätselhaft, daß er im selben Buch über eine mögliche Naturwissenschaft spekuliert – eine, die sich von der Evolutionsbiologie darin unterscheidet, daß sie Prinzipien einer natürlichen Teleologie enthält –, die das Entstehen der Vernunft erklären möchte. Denn seine Überlegungen sprechen nicht nur gegen die Möglichkeit einer evolutionären, sondern gegen die Möglichkeit einer jeden naturwissenschaftlichen Erklärung der Vernunft. Es sollte niemanden erstaunen, daß es so etwas wie eine naturwissenschaftliche Erklärung des Entstehens der Wissenschaft (die das, was entsteht, als Wissenschaft vorzustellen hätte, das heißt, als Erkenntnis dessen, was ist) nicht gibt. Die Idee einer solchen Erklärung ist offensichtlich absurd. Nagels schwächere Behauptung (daß es keine evolutionäre Erklärung der Wissenschaft gibt), die so heftigen Widerstand geweckt hat, sollte Routine sein und ein Ausgangspunkt des Nachdenkens.

5.5. Exkurs: Naturwissenschaft und Selbstverstehen des Menschen

Das gibt uns Gelegenheit zu einem Exkurs über die Relevanz, die die Naturwissenschaft für unser Selbstverständnis haben kann. Es wird oft gesagt, unser Selbstverständnis werde vorangebracht, gar revolutioniert durch den jüngsten Fortschritt der empirischen Wissenschaften, die den menschlichen Geist untersuchen: relevante Zweige der Biologie, Psychologie und Neurowissenschaft.[18] Die ultimative Wissenschaft – die Wissenschaft, die erklärt, warum wir sie, eben diese Wissenschaft, bejahen – mag als Abschluß einer Wissenschaft des menschlichen Geistes betrachtet werden, die die genannten Disziplinen integriert. Stellen wir uns also vor, ich bejahe diese ultimative Theorie, eine Theorie, die vom Menschen handelt. Wenn ich durch diese Theorie mich selbst verstehen soll, muß ich sie auf mich anwenden. Das scheint leicht. Schließlich bin ich ein Mensch, nicht wahr? Und ich weiß, daß ich einer bin, oder nicht? Wird jedoch der Begriff des Menschen nicht ursprünglich in der ersten Person gedacht, ist es unmöglich, daß ich mich selbst in der ersten Person durch eine Theorie verstehe, die vom Menschen handelt. Denn ich weiß nur, daß ich ein Mensch bin, wenn das, was ich von mir weiß – was ich im erstpersonalen Denken von mir weiß –, hinreichende Gründe dafür gibt zu urteilen, daß ich ein Mensch bin. Und nichts, was hinter meinem Wissen, daß ich ein Mensch bin, zurückbleibt, verschafft mir solche Gründe.

Daraus folgt, daß es eine Wissenschaft – *episteme*, *scientia* – gibt, die jede empirische Untersuchung dessen, was es heißt, Mensch zu sein, regiert, eine Wissenschaft, in der jede solche Untersuchung gründen muß. Das ist die Wissenschaft, die ausspricht, *was ich*

18 Es gibt die Forderung, die Ergebnisse der Neurowissenschaft um die Art introspektiver Bekanntschaft mit dem Bewußtsein zu ergänzen, die durch disziplinierte Meditation erreicht wird. Da diese Idee innovativ ist und neue Wege öffnet, ist es nur recht, wenn man ihr reichliche finanzielle Förderung angedeihen läßt, um es Philosophen zu ermöglichen, an fortgeschrittenen Yogakursen und Meditationsseminaren teilzunehmen. Tatsächlich muß man der Idee zugute halten, daß sie die offenkundige Diskrepanz zwischen Versprechen und Leistung der neurowissenschaftlichen Forschung registriert. Dennoch ist es eine bizarre Vorstellung, Selbstverstehen als *episteme* (Wissenschaft) könne das Ergebnis der Verbindung einer Art von *episteme*, die die erste Person aus sich ausschließt, mit einer Form spiritueller Tätigkeit sein, die jenseits der Disziplin des Begriffs liegt.

weiß, daß ich bin. Sie ist die Selbst-Wissenschaft; ihre Erkenntnis ist Selbsterkenntnis, und sie ist nichts anderes als das, was sie erkennt. Diese Wissenschaft ist die Philosophie.

Wir können durch empirische Untersuchungen vieles über uns lernen. Es gibt sogar Dinge, die wir durch empirische Untersuchungen über das Urteilen lernen können. Was wir nicht aus empirischen Untersuchungen lernen können, ist, was es heißt zu urteilen, zu erkennen, aus Einsicht zu handeln. Das heißt, wir können aus solchen Untersuchungen nicht lernen, was es heißt, Mensch zu sein und ein menschliches Leben zu leben. Das Bemühen, diese Frage zu durchdenken – das Bemühen, durch Einsicht zu leben und zu sein –, ist die Philosophie.

Es ist gängig geworden zu proklamieren, daß sich die Philosophie – die Selbst-Wissenschaft – an den Ergebnissen des empirischen Studiums der menschlichen Seele und ihrer kognitiven Vermögen orientieren solle. Das kehrt die Ordnung des Verstehens um. Folgt man diesem Vorschlag, so stellt man sicher, daß empirische Untersuchungen niemals auch nur die geringste Relevanz für unser Selbstverständnis haben können. Man legt damit nämlich fest, daß unsere Anstrengungen zu verstehen, wer wir sind, uns selbst zu erkennen, durch eine unüberbrückbare Kluft von jeder Naturwissenschaft getrennt sind. Der erste Schritt in dem Versuch, eine Naturwissenschaft hervorzubringen, die das menschliche Bewußtsein untersucht, ist es zu erkennen, daß diese Naturwissenschaft unserem *Selbst*-Verstehen untergeordnet ist und also, soweit das Selbst-Verstehen die Form der *episteme* gewinnt, der Philosophie.

5.6. Nagels Traum

Es gibt keine Naturwissenschaft, die sich umgreift: Ich kann mein Bejahen von Prinzipien einer Naturwissenschaft nicht erklären, indem ich diese Prinzipien anwende. Gleichwohl ist *dies* das Ziel des Urteilens: ein Urteil, das in dem, was es urteilt, sich als der Wirklichkeit entsprechend erkennt. Die Idee eines solchen Urteils, schreibt Nagel, ist ein »Traum«:

Die Idee einer vollständigen Auffassung der Wirklichkeit, die unser Vermögen erklärt, zu ihr zu gelangen, ist nur ein Traum. Dennoch streben wir danach.[19]

Der Gedankengang, der in diese Schlußfolgerung mündet, ist dieser: Ich weiß, was ich weiß, so scheint es, indem ich mit dem Gegenstand meiner Erkenntnis in Wechselwirkung stehe. Das Ergebnis dieser Wechselwirkung – meine vermeintliche Erkenntnis – spiegelt ebensosehr meine Bestimmungen, also Bestimmungen des erkennenden Subjekts, wie Bestimmungen des erkannten Gegenstands. Diese meine Bestimmungen – gegebene Bestimmungen – sind der Blickwinkel, aus dem ich urteile. Ich mag diesen Blickwinkel transzendieren und ihn in das, was ich urteile, einschließen. Solange jedoch das Urteil, zu dem ich auf diese Weise gelange, das Ergebnis meiner Wechselwirkung mit dem Gegenstand bleibt, wird es wiederum aus einem Blickwinkel vollzogen sein.[20] Wenn ich objektiver werden soll, muß ich daher auf Erkenntnis zurückgreifen, die keiner Wechselwirkung entstammt. Objektive Erkenntnis ist nur in dem Maße möglich, in dem sie in reiner Vernunfterkenntnis gründet, in Erkenntnis, die »in uns selbst entspringt«.[21]

Das ist verwirrend. Empirische Erkenntnis, die einer Wechselwirkung entspringt, ist außerstande, vollkommen objektiv zu sein, weil sie nicht nur die Bestimmungen des Gegenstands, der erkannt werden soll, widerspiegelt, sondern gleichermaßen die Bestimmungen des Subjekts, das Erkenntnis erlangen will. Wie soll man diesem Mangel abhelfen, indem man sich an etwas hält, das »in uns selbst entspringt«? Erkenntnis aus Wechselwirkung – empirische Erkenntnis – verdankt sich wenigstens teilweise den Bestimmungen des zu erkennenden Gegenstands. Im Gegensatz dazu scheint sich Vernunfterkenntnis *allein* den Bestimmungen des nach Erkenntnis strebenden Subjekts zu verdanken. Es ist nur sinnvoll, sich reiner Vernunfterkenntnis zuzuwenden, wenn das Prinzip dieser Erkenntnis nichts anderes ist als die allgemeine Natur *des* Gegenstands, des Gegenstands überhaupt. Das in uns, dem Vernunfterkenntnis entspringt, darf nichts anderes und nichts weniger sein als das Prinzip aller Wirklichkeit. Dann gilt, daß wir uns, da

19 Nagel, *The View From Nowhere*, S. 85, *Der Blick von nirgendwo*, S. 149.

20 Ebd., S. 68 / S. 120.

21 Ebd., S. 83 / S. 144.

wir uns dem zuwenden, was in uns ist, dem zuwenden, was die Wirklichkeit an sich selbst ist. Hier zerfällt die Idee eines Gegensatzes von Selbsterkenntnis und Objektivität. Denn nun denken wir, daß Erkenntnis nur und genau soweit objektiv ist, als sie Selbsterkenntnis ist.

Daß es Nagel bezüglich dieser Dialektik an Klarheit mangelt, zeigt sich in seinem Versuch, in der Natur einen Gottesersatz zu finden. Was ihn dazu führt, ist die Idee, daß sich Erkenntnis auf etwas bezieht, das ist, wie es ist, unabhängig davon, daß es erkannt wird. Da das eine Bestimmung von Erkenntnis überhaupt ist, gilt sie für Vernunfterkenntnis. Dann erklärt das, was wir vermeintlich durch Vernunft erkennen, nicht durch sich selbst, wie diese unsere vermeintliche Erkenntnis dem, was ist, der Welt, gemäß ist. Wir brauchen etwas, durch das wir uns erklären können, warum uns Vorstellungen, die wir aus uns selbst schöpfen, eröffnen, was ist. Reine Vernunfterkenntnis erklärt das sowenig wie Erkenntnis aus Wechselwirkung.[22] Nagel berichtet, daß Descartes glaubte, Gott garantiere die nicht zufällige Übereinstimmung von Vernunft und Welt. Und er behauptet, daß wir etwas brauchen, das diese Rolle Gottes spielt: Wir müssen glauben, »daß es etwas – wir wissen nicht, was – gibt, das in unserer Beziehung zur Welt die Rolle spielt, die nach Descartes Gott spielte.« Er fährt fort: »Ich habe keine Vorstellung davon, welche unerhörte Eigenschaft der natürlichen Ordnung das sein könnte.«[23] Obwohl Nagel nicht weiß, was es ist, meint er zu wissen, daß es eine Eigenschaft der natürlichen Ordnung ist. Und es ist klar, warum er das meint. Etwas kann die beschriebene Rolle nur spielen, wenn wir darum wissen, und Nagel hat festgelegt, daß sich Erkenntnis auf etwas bezieht, was von ihr selbst verschieden ist. Wenn wir das die natürliche Ordnung nennen, muß, was die Rolle Gottes spielt, eine Eigenschaft der natürlichen Ordnung sein. Indem Nagel festschreibt, daß das, was die Rolle Gottes spielt, im beschriebenen Verhältnis zu unserer Erkenntnis seiner steht, schreibt er jedoch fest, daß es die Rolle Gottes nicht spielen kann. Denn jede vermeintliche Erkenntnis seiner krankt an ebendem Mangel an Selbstverstehen, den sie heben soll.

22 Ebd., S. 85/S. 148 f.: »Stroud macht diesen Punkt […]. Er gilt gleichermaßen für eine mögliche rationalistische Theorie der Vermögen des Geistes zu apriorischer theoretischer Erkenntnis.«

23 Ebd., S. 85/S. 147.

Nagel glaubt, Descartes' Verweis auf Gott wäre keine Lösung. Das mag sein, doch im Gegensatz zu Nagels Berufung auf eine unerhörte Eigenschaft der natürlichen Ordnung ist Descartes' Verweis nicht offenkundig sinnlos. Denn Gott ist nicht schlechthin verschieden von unserer Erkenntnis seiner. Durch Gott und Gott allein erkennen wir Gott. Descartes führt das so aus: Wir erkennen Gott, da er ein Zeichen seiner in uns hinterlassen hat; dieses Zeichen ist nichts anderes als unser Selbstbewußtsein.[24] Indem wir Gott durch dieses Zeichen seiner erkennen, erkennen wir ihn in jedem Akt der Vernunft.

Eine Eigenschaft der Natur, die in unserer Auffassung unserer selbst als erkennender Subjekte ein Ersatz für Gott wäre, müßte wenigstens hierin sein wie Gott: Sie ist die ursprüngliche Einheit von Denken und Sein. Eine Eigenschaft der natürlichen Ordnung, die das ist, ist in der Tat wundervoll. Nagel fragt sich, welche Eigenschaft der natürlichen Ordnung uns erlösen wird. Diese Idee von Erlösung ist weniger als ein Traum.[25]

24 Vgl. Annette Baier, »The True Idea of God in Descartes«, in: A. Rorty (Hg.), *Essays on Descartes' Meditations*, Berkeley 1986, S. 359-388.

25 In *Mind and Cosmos* entwickelt Nagel einen überzeugenderen Gedanken: Die Vernunft versteht sich *durch sich selbst* als Erkenntnisvermögen; es gibt nichts, weder Gott noch eine Eigenschaft der natürlichen Ordnung, was für die Übereinstimmung von Vernunft und Wirklichkeit sorgte. Nagel bringt das zum Ausdruck, indem er sagt, es bestehe eine *direkte* Beziehung der Vernunft zur Wahrheit (*Mind and Cosmos*, S. 83 ff., *Geist und Kosmos*, S. 121 ff.). Was er damit meint, erklärt er so: In einem Urteil, das in sich gültig ist, erklärt das, was geurteilt wird, allein und durch sich selbst, ohne Vermittlung durch ein Drittes, warum es geurteilt wird: daß *p* erklärt, warum ich urteile, daß *p*. Das impliziert, daß das fragliche Urteil keinen Gegensatz hat und nichts als das Selbstbewußtsein des Urteils ist. Denn wenn *p* allein und durch sich selbst erklärt, warum es geurteilt wird, dann weiß die, die *p* urteilt, darin und dadurch, daß sie es urteilt, warum sie es urteilt. Wenn es einen Gegensatz von *p* gäbe, wäre der Gedanke dieses Gegensatzes daher die Erkenntnis, warum man ihn nicht denkt. Nagel nennt den Satz vom ausgeschlossenen Widerspruch als Beispiel eines Gedankens, der an sich gültig ist (ebd., S. 83 / S. 121: »Ich erkenne, daß die widersprüchlichen Überzeugungen nicht alle wahr sein können, und ich erkenne es einfach, weil es der Fall ist.«). Dieses Prinzip unterscheidet sich radikal von der phantastischen Vorstellung einer letzten Wissenschaft aus *The View from Nowhere*. Denken, das in sich gültig ist, ist kein Ziel, von dem wir nicht wissen, wie wir es erreichen können. Es ist Wirklichkeit und hier und jetzt wirksam. Das ist das Thema und das *telos* des vorliegenden Buches.

5.7. Moore: Die Erklärung, die zeigt, wie die Wirklichkeit ein Urteil wahr macht

Indem wir urteilen, halten wir unser Urteil für gültig. Wie Moore es ausdrückt, denken wir von unserem Urteil, daß die Wirklichkeit es wahr macht. So bilden wir die Idee einer Erklärung, durch die wir verstehen, daß die Wirklichkeit unser Urteil wahr macht, und durch die wir uns als die Wirklichkeit erkennend begreifen. Nagel meint, das sei ein Traum. Moore kommt auf anderem Weg zum selben Ergebnis. Auch in seiner Überlegung löst sich die Idee auf, wir könnten uns selbst als erkennend begreifen.

Wenn ich glaube, daß mein Urteil durch die Wirklichkeit wahr gemacht wird, halte ich es für möglich, daß es eine Erklärung gibt, die zeigt, wie die Wirklichkeit mein Urteil wahr macht. Die Erklärung hat folgende Form: »Das Urteil *A* wird durch die Tatsache, daß *B*, wahr gemacht.« Man mag meinen, daß diese Erklärung letztlich aus keinem Blickwinkel erfolgt und Teil einer objektiven Vorstellung der Wirklichkeit ist. Moore macht jedoch klar, daß das nicht so ist. Wir müssen die Erklärung als ganze von jenem ihrer Teile unterscheiden, der die Wirklichkeit vorstellt, die das Urteil gemäß der Erklärung wahr macht. In unserer Darstellung ist das das Urteil *B*. Dieses Urteil wird letztlich objektiv sein; in einem Schritt zur Objektivität ist es objektiver als dasjenige, das Gegenstand der Erklärung ist. Indem ich *B* urteile, transzendiere ich den Blickwinkel, aus dem ich *A* urteile. Da ich den Blickwinkel, aus dem ich *A* urteile, in das einschließe, was ich urteile, da ich *B* urteile, verstehe ich in der Erklärung, wie die Wirklichkeit mein Urteil *A* wahr macht, und zwar in einer Weise, in der ich das im Urteil *A* selbst nicht verstehe.

Moore glaubt, daß eine Erklärung, die zeigt, wie die Wirklichkeit ein gegebenes Urteil wahr macht, als solche aus einem Blickwinkel spricht. Ihr ausgezeichneter Teil (der die Wirklichkeit vorstellt, die das Urteil wahr macht), als selbständiges Urteil und außerhalb der Erklärung betrachtet, mag aus keinem Blickwinkel sein. Für die vollständige Erklärung aber gilt das nicht. Moore glaubt das, weil er denkt, daß der Begriff des Urteils nur aus einem Blickwinkel verwendet werden kann. Daher ist jedes Urteil über ein Urteil und seine Wahrheit aus einem Blickwinkel.[26] Wir setzen

26 Moore glaubt, Hilary Putnam habe das gezeigt. Vgl. *Points of View*, S. 88: »Putnams Argument zeigt, daß es unmöglich ist, den *Begriff* der Vorstellung zu ver-

das beiseite. Denn wenn wir Moores Unterscheidung von Teil und Ganzem betrachten, fällt eine beunruhigendere Weise auf, in der eine Erklärung, die zeigt, wie die Wirklichkeit ein gegebenes Urteil wahr macht, aus einem Blickwinkel spricht. Während ihr ausgezeichneter Teil den Blickwinkel des Urteils, das ihr Gegenstand ist, transzendieren mag, spricht die Erklärung als ganze *aus dem Blickwinkel eben dieses Urteils*. Das ist so, weil die Tatsache, die das Urteil wahr macht, in der Erklärung auf dieses Urteil bezogen werden muß, und zwar auf es verstanden als urteilend, was es urteilt. Und was es urteilt, urteilt es aus seinem Blickwinkel.[27] Um das konkret zu machen, betrachten wir Beispiele, anhand derer Moore die Idee eines aus einem Blickwinkel gefällten Urteils einführt.

Angenommen, ich urteile, es ist warm. Ich will verstehen, wie die Wirklichkeit dieses Urteil wahr macht. Sie tut das, da es zu einer bestimmten Zeit an einem bestimmten Ort warm ist. Das Urteil, daß es zu *t* und an *l* warm ist, spricht nicht aus dem Blickwinkel, aus dem ich urteile, daß es warm ist; es transzendiert diesen Blickwinkel. Denn das, was es urteilt, enthält diesen Blickwinkel: die Zeit und den Ort meines Urteils. Um nun zu verstehen, wie diese Tatsache mein Urteil, daß es warm ist, wahr macht, muß ich das, was ich in diesem Urteil urteile, auf diese Tatsache beziehen. Das tue ich, da ich feststelle, daß ich an *l* bin und jetzt *t* ist. Die Erklärung zeigt also, wie die Wirklichkeit mein Urteil wahr macht, indem sie sagt: Gegeben, daß ich an *l* bin und jetzt *t* ist, wird mein Urteil, daß es warm ist, durch die Tatsache wahr gemacht, daß es zu *t* an *l* warm ist. *Das* ist ein Urteil aus ebendem Blickwinkel, aus dem ich urteile, daß es warm ist.

Die Erklärung soll mich besser verstehen lassen, wie mein Urteil mit der Wirklichkeit übereinstimmt. Da sie jedoch aus demselben Blickwinkel spricht wie mein Urteil, tut sie das nicht. Wenn es

wenden, es sei denn in Übereinstimmung mit einer Auffassung […]. Er hat nicht gezeigt, daß jede Auffassung perspektivisch sein muß […], sondern nur, daß das für jede Auffassung gilt, die in der Reflexion auf die Wahrheit einer Vorstellung im Spiel ist.«

27 Vgl. John McDowells Diskussion (in »Ästhetischer Wert, Objektivität und das Gefüge der Wirklichkeit« in: A. Honneth / M. Seel (Hg.), *Wert und Wirklichkeit. Aufsätze zur Moralphilosophie*, Frankfurt/M. 2002, S. 179-203, insbesondere § 4 und Fn. 13) des Textes, der Moores *Points of View* inspiriert hat, nämlich Bernard Williams' *Descartes. The Project of Pure Inquiry*, New York 1978, der die Idee einer »absoluten Wirklichkeitsbeschreibung« einführt.

einem Urteil an einem Verständnis davon, wie die Wirklichkeit es wahr macht, aus dem Grunde mangelt, daß es aus einem Blickwinkel spricht, behebt die Erklärung diesen Mangel nicht. Denn sie spricht aus demselben Blickwinkel. Ich interessiere mich vielleicht für die Behauptung, die wir als Erklärung dessen bezeichnet haben, wie die Wirklichkeit mein Urteil wahr macht; doch dieses Interesse ist keines daran einzusehen, wie die Wirklichkeit mein Urteil wahr macht. Denn dafür leistet die Erklärung nicht mehr als jene, die mein Urteil durch sich selbst gibt: Was mein Urteil, daß es warm ist, wahr macht, ist dies, daß es warm ist.

Man mag einwenden, daß die Erklärung sich von der trivialen darin unterscheidet, daß sie *einen Teil* enthält, der die Wirklichkeit, die das Urteil wahr macht, vollständiger vorstellt. Dieser Teil transzendiert den Blickwinkel des ursprünglichen Urteils. Die Überlegung eben zeigt jedoch, daß diese Beschreibung des Teils jeder Grundlage entbehrt. Wenn die Erklärung mein Verstehen meines Urteils als durch die Wirklichkeit wahr gemacht nicht voranbringt, gibt es keinen Grund zu sagen, ein Teil dieser Erklärung stelle die Wirklichkeit, die mein Urteil wahr macht, so vor, daß damit ein Mangel in der Weise, in der das ursprüngliche Urteil das tut, behoben wird. Indem ich meinen Ort und die gegenwärtige Zeit als *l* und *t* denke, transzendiere ich nicht das Hier und Jetzt meines Urteils. Sondern ich kann nun mehr über das Hier und Jetzt wissen, nämlich auf der Grundlage dessen, was ich über *t* und *l* weiß.

Es lohnt sich, ein weiteres Beispiel zu betrachten. Angenommen, ich urteile, daß Gras grün ist. Und angenommen, dieses Urteil spricht aus einem Blickwinkel, und ein Urteil, das diesen transzendiert, sagt, daß Gras Licht einer bestimmten Wellenlänge reflektiert. Eine Erklärung, durch die ich erkenne, daß diese Tatsache mein Urteil wahr macht, schließt meine Erkenntnis ein, daß grüne Dinge Licht einer bestimmten Wellenlänge reflektieren. *Dieses* Urteil spricht aus demselben Blickwinkel wie das ursprüngliche. Wieder verschafft uns die vermeintliche Erklärung kein Verständnis dessen, wie die Wirklichkeit das ursprüngliche Urteil wahr macht, keines, das über dasjenige hinausginge, das dieses Urteil selbst liefert. Und erneut zeigt das, daß es keinen Anlaß gibt zu sagen, Urteile über Wellenlängen stellten das, was Farburteile wahr macht, vollständiger vor als diese Urteile selbst. Indem ich über Wellenlängen nachdenke, transzendiere ich nicht meinen Gesichtssinn und die ihm eigenen Gegenstände, Farben. Sondern ich erweitere mein Wissen um diese Gegenstände, indem ich erkenne, daß grüne Dinge gewöhnlich Licht einer bestimmten Wellenlänge reflektieren.

Vielleicht können wir dieser Konsequenz entgehen, indem wir die Erklärung anders fassen. Wir sagen nicht: Da ich an *l* bin und *t* ist, wird mein Urteil, daß es warm ist, wahr gemacht durch die Tatsache, daß es zu *t* an *l* warm ist. Sondern wir sagen, das zu *t* an *l* gefällte Urteil »Es ist warm« wird durch die Tatsache wahr gemacht, daß es zu *t* an *l* warm ist. *Diese* Behauptung spricht nicht aus dem Blickwinkel des Urteils, dessen Wahrheit erklärt wird. Es zeigt, wie die Wirklichkeit das Urteil wahr macht, ohne seinen Blickwinkel zu übernehmen.

Die Neufassung bringt nur noch deutlicher heraus, weshalb die Vorstellung eines Transzendierens von Blickwinkeln verfehlt ist. Die Erklärung soll zeigen, wie die Wirklichkeit mein Urteil wahr macht, ohne aus seinem Blickwinkel zu sprechen. Solange sie jedoch nicht aus dem Blickwinkel meines Urteils spricht, habe ich keine Ahnung, daß sie mein Urteil betrifft. Die Erklärung kann *mir* nur dann zeigen, wie die Wirklichkeit *mein* Urteil wahr macht, wenn sie *l* und *t* auf mich und mein Urteilen bezieht und sich damit zum Blickwinkel meines Urteils herab begibt. Indem ich diese Erklärung meines Urteils gebe, verlasse ich den Blickwinkel meines Urteils, doch nur solange ich nicht erkenne, daß ich das tue. Ich verstehe, wie der Inhalt meines Urteils von dem Blickwinkel abhängt, aus dem ich urteile, und dieses Verständnis unterliegt nicht diesem Blickwinkel, doch nur solange ich nicht bemerke, daß ich eben das verstehe. In dem Moment, da ich sehe, daß der Inhalt meines Urteils so, wie es die Erklärung beschreibt, von meinem Blickwinkel abhängt, bin ich zu diesem Blickwinkel herabgezogen. Doch die Quelle jedes Interesses an Moores Erklärungen und ihren edleren Teilen kann nur darin liegen, daß sie mich verstehen lassen, wie die Wirklichkeit mein Urteil wahr macht.

5.8. Moores Ideal des Selbstbewußtseins

Die Erklärung, durch die ich verstehen soll, wie die Wirklichkeit mein Urteil wahr macht, verschafft mir kein solches Verständnis, keines, das über das Urteil selbst hinausgeht – jedenfalls nicht, wenn es sich dabei um eine Erklärung handelt, in der ich verstehe, wie die Wirklichkeit *mein* Urteil wahr macht. Das zeigt, daß die Idee eines vorgeblichen Fortschreitens zur Objektivität das Bedürfnis, sein eigenes Urteil und dessen Übereinstimmung mit der Wirklichkeit zu verstehen, gar nicht berührt. Tatsächlich impliziert die Auffassung von Objektivität als Transzendieren des Blickwinkels und Austreibung der ersten Person die Unmöglichkeit, sich im Urteilen selbst zu verstehen.

Moore erklärt, ein objektives Urteil sei seine eigene selbstbewußte Bejahung. Es mag scheinen, das heiße, daß ein objektives Urteil sich selbst als Erkenntnis versteht. Nach unserer Verwendung von »selbstbewußt« hieße es das. Wenn wir sagen, daß das Urteil selbstbewußt ist, meinen wir, daß ein Urteil und das Verstehens seiner als Urteil ein Akt sind; ein Urteil ist das Verstehen seiner selbst als Urteil. Eine selbstbewußte Bejahung wäre dann eine, die nichts anderes ist als das Verstehen ihrer selbst als Bejahung. Moore führt den Begriff der selbstbewußten Bejahung so ein: »[...] Selbstbewußtsein ist dasjenige, was mich meine Vorstellungen *als* meine Vorstellungen sehen läßt. Es ist das, was ich brauche, wenn ich etwas nicht nur wissen soll, sondern auch wissen soll, daß ich es weiß.«[28] Das erweckt den Eindruck, er hätte dasselbe im Sinn wie wir. Moore verwendet den Ausdruck »selbstbewußte Bejahung« aber anders. Ein Urteil selbstbewußt bejahen heißt für ihn, die Wirklichkeit vorstellen, die es wahr macht. Das schließt keinen Gedanken über das fragliche Urteil ein noch darüber, was es wahr macht. Es ist keine Reflexion auf das Urteil und seine Wahrheit. Das eigene Urteil selbstbewußt zu bejahen ist also davon verschieden, daß man versteht, daß man es bejaht. Wenn das Urteil objektiv ist, stellt es selbst die Wirklichkeit vor, die es wahr macht; es ist seine eigene selbstbewußte Bejahung. Doch noch einmal: Es ist damit kein Verstehen seiner als diese Bejahung. Moores selbstbewußte Bejahung ist kein Bewußtsein ihrer selbst.

Selbstbewußtsein, erklärt Moore, ist das »Ideal, nicht nur zu wissen, sondern zu wissen, daß wir wissen, ein Ideal, in dem Selbstbewußtsein und Wissen zusammenkommen«.[29] Das sei ein »regulatives«, und das heißt ein »unmögliches« Ideal.[30] Es ist unmöglich

28 Moore, *Points of View*, S. 13.

29 Ebd., S. 188.

30 Vgl. ebd., S. 190: »Es ist, als verlangte ein Maximum an Selbstbewußtsein das

in dem Sinn, daß es nichts gibt, was beschrieben werden könnte als das Erreichen seiner. Einerseits muß das Wissen darum, daß man etwas weiß, ein Bewußtsein der Wirklichkeit einschließen, die das eigene Urteil wahr macht, denn nur kraft dieser Wirklichkeit ist das Urteil Wissen. Dieses Bewußtsein ist objektiv. Andererseits muß das Wissen davon, daß man etwas weiß, ein Bewußtsein derjenigen, von der man weiß, daß sie etwas weiß, *als man selbst* und ein Bewußtsein ihrer *als wissend*, was sie weiß, sein. Moore behauptet, jedes Bewußtsein eines Urteils als Urteil unterliege einem Blickwinkel. Obendrein unterliegt das Bewußtsein eines Urteils als meines einem Blickwinkel. »Man ist selbstbewußt, insofern man *sich selbst* in einer gewissen Weise sieht. Und wenn dies wiederum beinhaltet, daß man seine eigenen *Vorstellungen* in einer gewissen Weise sieht, bringt das [...] zusätzliche Perspektivität ins Spiel.«[31] (Die beiden kursiv gesetzten Ausdrücke, kursiv gesetzt von Moore, zeigen zwei Quellen der Abhängigkeit von einem Blickwinkel an: Ich denke aus einem Blickwinkel, wenn ich über meine *Urteile* nachdenke, und ich denke aus einem Blickwinkel, wenn ich über *meine* Urteile nachdenke. Den ersten Punkt haben wir oben erwähnt, um ihn beiseite zu setzen. Hier tun wir dasselbe.)

Moore schließt, daß es, wenn Wissen selbstbewußt sein soll, so scheint, als müsse das Bewußtsein der Wirklichkeit, die das Urteil wahr macht, selbst für unser Verstehen dessen sorgen, daß unser Urteil kraft dieser Wirklichkeit wahr ist. In seinen Worten gesprochen scheint es, als müsse die selbstbewußte Bejahung für Selbstbewußtsein sorgen: »Die Bejahung aller eigenen Vorstellungen sollte, wenn sie als vollkommen selbstbewußt gelten soll, dieses (volle) Selbstbewußtsein durch sich selbst herstellen.«[32] Um Selbstbewußtsein zu Wissen zu machen oder Wissen selbstbewußt, müssen wir ein Selbstverstehen erlangen, das keinen Blickwinkel hat, objektives Selbstverstehen. Wenn aber erstpersonales Denken als solches nicht objektiv ist, ist das ein Widerspruch.

Selbstbewußtes Wissen, das »Ideal, in dem Selbstbewußtsein und Wissen zusammenkommen«, ist ein Widerspruch. Es ist nicht so, daß es schwer zu erlangen wäre; die Idee selbstbewußten Wis-

Verschwinden des Selbsts. Die Idee beginnt nach einem unmöglichen, bloß regulativen Ideal auszusehen.«

31 Ebd.

32 Ebd.

sens hält nicht zusammen. Es ist die Idee des Absoluten in mir. Und mit dem Gegensatz des Urteils aus einem Blickwinkel und dem objektiven Urteil ist festgeschrieben, daß ich und das Absolute verschieden sind. Wir müssen vermuten, daß der Fehler weder beim Absoluten noch bei mir liegt, sondern in der Weise, in der Moore beide zu denken versucht: Der Fehler liegt darin zu glauben, Selbstbewußtsein und Wissen müßten zusammenkommen. Der Fehler ist zu denken, daß sie nicht ursprünglich beieinander sind.[33]

5.9. Wohin von hier aus?

Selbstbewußtsein und Erkenntnis können nicht zusammenkommen. Die Idee, daß wir uns selbst als Erkennende verstehen, ist ein Traum. Das ist die Selbstauflösung des Urteils. Darin, daß ich urteile, halte ich mein Urteil für gültig; ich denke, daß es mit der Wirklichkeit übereinstimmt. Ich kann also nur *in* diesem Urteil wissen, daß mein Urteil mit der Wirklichkeit übereinstimmt. Mein Urteil selbst muß, durch das, was es urteilt, für das Verstehen seiner als Erkenntnis sorgen. Darin liegt die Objektivität des Urteils. Der Skeptiker kommt zu dem Schluß, daß wir von keinem unserer Urteile je wissen können, daß es mit der Wirklichkeit übereinstimmt. Nagels und Moores Ergebnis ist noch düsterer: Wir können ein Urteil, in dem wir uns selbst als Erkennende erkennen, nicht einmal denken. Dieser Gedanke zerfällt. Und da dieser Gedanke in jedem Urteil liegt, zerfällt das Urteil.

Nagel ist nah daran, das zu sagen. Er sagt, das Urteil sei sich selbst ein Rätsel; es sei in undurchdringliches Dunkel gehüllt.

33 Vgl. G.W.F. Hegel, *Phänomenologie des Geistes*, Einleitung, S. 69: »Sollte das Absolute durch das Werkzeug uns nur überhaupt näher gebracht werden, ohne etwas an ihm zu verändern, wie etwa durch die Leimrute der Vogel, so würde es wohl, wenn es nicht an und für sich schon bei uns wäre und sein wollte, dieser List spotten; denn eine List wäre in diesem Falle das Erkennen, da es durch sein vielfaches Bemühen ganz etwas anderes zu treiben sich Miene gibt, als nur die unmittelbare und somit mühelose Beziehung hervorzubringen.« Ein Wissen, das sich damit beschäftigt, seinen Blickwinkel zu transzendieren, ist ein gutes Beispiel für den Versuch, eine Leimrute zu erfinden, um das Absolute einzufangen.

> [U]nsere Fähigkeit zur Objektivität [ist] ein großes Geheimnis. [S]olange wir sie nicht verstehen, bleiben ihre Ergebnisse von einer Wolke verhüllt.[34]

Doch dieser Schluß ist nicht notwendig. Sondern die Überlegung, die uns dorthin bringt, führt die Idee, daß Wissen sich als solches auf das bezieht, was unabhängig von seinem Gewußtwerden ist, wie es ist, *ad absurdum*. Objektives Urteilen ist *nicht* frei von der ersten Person; die erste Person bezeichnet *keine* gegebene Bestimmung des urteilenden Subjekts. Vielmehr drückt die erste Person das Selbstbewußtsein des Urteils aus, sein Verstehen seiner selbst als gültig und übereinstimmend mit der Wirklichkeit. Die erste Person bezeichnet gar nichts Gegebenes.

Die Metapher des Blickwinkels vergleicht das Urteil mit einem Sehen. Das legt nahe, daß der Begriff des Blickwinkels – der Begriff eines Hindernisses der Objektivität – der Begriff der Sinnlichkeit ist. Das bestätigen die ins Feld geführten Beispiele: Ich soll meine Position in Raum und Zeit transzendieren, und ich soll meine Vorstellung der Wirklichkeit in Begriffen von Gegenständen der Wahrnehmung (etwa Farben) transzendieren. Meine räumliche Position und die Zeitlichkeit meines Tätigseins sind die allgemeine Form meines Seins als sinnlichen Wesens, während die Gegenstände der spezifischen Sinne, insbesondere der Gegenstand des Gesichtssinns, Farbe, meine Sinnlichkeit material charakterisieren. (Ein weiteres für Moore relevantes Beispiel ist die Kultur. Insofern Kultur, statt als Erkenntnis des Guten zu gelten, für einen Blickwinkel gehalten wird, aus dem ich urteile, wird sie als Sinnlichkeit nach ihrer praktischen Seite betrachtet: Begierde, Leidenschaft, Gefühl.)

Nagel und Moore verknüpfen die Idee des Blickwinkels mit der ersten Person. Und so viel stimmt: Ich denke meine Sinnlichkeit ursprünglich in der ersten Person. Das zeigt aber nicht, daß die Sinnlichkeit der Objektivität im Weg steht. Es zeigt, daß sie der Objektivität des Urteils intern ist. Die zeitliche Existenz, die Sinnlichkeit oder die Kultur des Subjekts des Urteils stellen kein Hindernis der Objektivität seines Urteils dar. Sie sind nichts, was vom Subjekt transzendiert werden müßte, damit es sich selbst darin versteht, daß es erkennt, was es erkennt. Außerhalb tempusbestimmten Denkens bezeichnen Zahlen keine Zeit, und keine Theorie

34 Nagel, *The View from Nowhere*, S. 78, *Der Blick von nirgendwo*, S. 137.

menschlichen Sehens erklärt unsere Wahrnehmung von Dingen als farbig, ohne Farbbegriffe direkt (Nagel sagt »straight«) zu verwenden. Es wäre falsch, daraus zu schließen, daß wir an den Blickwinkel unserer Sinnlichkeit gekettet sind. Die Idee, daß wir der Objektivität näherkommen, indem wir Blickwinkel transzendieren, ist nicht deshalb sinnlos, weil wir in unserem jeweiligen Blickwinkel verhaftet wären, sondern weil die Sinnlichkeit keine Beschränkung der Objektivität ist. Unsere Sinnlichkeit ist kein Blickwinkel, *aus dem* wir urteilen; sie ist keine gegebene Bestimmung des urteilenden Subjekts. Wenn wir die Objektivität des Denkens verstehen wollen, müssen wir uns nicht einer Phantasie hingeben, in der wir unsere Sinnlichkeit abstreifen und uns zu einem reinen Subjekt des Denkens läutern. Wir müssen unsere Sinnlichkeit als unserem Urteilen intern verstehen, als *seiner Objektivität* intern. Das heißt, wir müssen die Sinnlichkeit als im Selbstbewußtsein des Urteils enthalten begreifen.[35] Wir müssen die erste Person nicht transzendieren; wir müssen sie denken.[36]

35 Wir müssen sie in den Bereich der Spontaneität bringen. Vgl. John McDowell, »Hegels Idealismus als Radikalisierung Kants«, S. 121.

36 In Jonathan Lears Worten: Wir müssen eine Form reflexiven Bewußtseins verstehen, das nicht auf sich *herabblickt*. Nagels und Moores Transzendenz ist ein reflexives Bewußtsein, das dies tut. Und sobald wir festgelegt haben, daß ein reflexives Bewußtsein nur auf sich herabblicken kann, ist die Unmöglichkeit, Erkenntnis und Selbstbewußtsein zusammenzubringen, ausgemacht. So aber erklären wir für unmöglich, was wir selbst sind. Hier eine Passage aus Jonathan Lear, Barry Stroud, »The Disappearing ›We‹«, in: *Proceedings of the Aristotelian Society, Supplementary Volumes* 58 (1984), S. 219-258, hier S. 241 f.: »Wenn unsere Vorstellungen objektive Geltung haben, wird man nicht länger auf sie herabblikken können: Diese Art reflexiven Bewußtseins muß sich letztlich auflösen. [...] Es ist jedoch nicht offensichtlich, daß das ›So ist unser Geist:‹ deshalb verschwindet. [...] Zu zeigen, daß das ›So ist unser Geist:‹ nicht verschwindet, hieße, eine Form reflexiven Bewußtseins zu beschreiben, das nicht darin besteht, auf unsere Vorstellungen herabzublicken. Es scheint unmöglich, ein solches Bewußtsein zu beschreiben, und doch scheint es eben das Bewußtsein zu sein, das wir haben.« Lear fährt fort: »Vielleicht ist es unmöglich zu beschreiben, vielleicht kann es sich nur manifestieren: vielleicht sind die *Philosophischen Untersuchungen* die Manifestation eines solchen Bewußtseins.« Daß es unmöglich zu beschreiben ist, daß es sich nur manifestieren kann, bezeichnet nicht notwendig einen Mangel unseres Vermögens zur Beschreibung (und Lear legt das auch nicht nahe; er sagt »nur«, nicht »bloß«); es zeigt vielleicht an, daß das fragliche Bewußtsein jeglicher Artikulation seiner intern ist. Das heißt, es zeigt vielleicht den Charakter dieses Bewußtseins als nicht herabblickend (vgl. Kapitel 3).

Dieser Aufgabe werden wir uns nur in ihrer allgemeinsten Form widmen: Wir zeigen, wie empirisches Urteilen als empirisches objektiv ist, und das heißt, wir zeigen, wie empirisches Urteilen – Urteilen, das von Affektion abhängt und sich auf Dinge bezieht, die unabhängig von ihrer Erkenntnis sind, wie sie sind – sein kann, was es sein muß: Verstehen seiner eigenen Geltung. Das wird einschließen, daß wir zeigen, wie empirische Erkenntnis nichts anderes ist als die Selbsterkenntnis des Urteils und umgekehrt. Diesen spekulativen Höhepunkt erreichen wir im letzten Kapitel.

6. Die Erklärung des Urteils

6.1. Die nicht-zufällige Geltung des Urteils

Moore und Nagel versuchen die Objektivität des Urteils zu verstehen, während sie daran festhalten, daß ein objektives Urteil die erste Person aus sich ausschließt. Dann ist Urteilen unmöglich und ein Traum. Urteilen aber ist kein Traum. Es ist wirklich. Wenn wir die objektive Geltung unseres Urteilens *im* Urteilen verstehen sollen, müssen wir einsehen, wie ein Urteil eben darin objektiv ist, daß wir, indem wir erkennen, was ist, uns als dies erkennend begreifen.

Nagel hat recht, wenn er meint, daß ich, um mein Urteil als objektiv zu verstehen, verstehen muß, warum ich so urteile; und ich muß das so verstehen, daß ich darin begreife, daß mein Urteil mit dem, was ist, übereinstimmt. Nagel stellt sich vor, daß dieses Verstehen, sollte es möglich sein, die Form einer naturwissenschaftlichen Theorie annähme, die eine wundervolle Eigenschaft der natürlichen Ordnung enthüllte, durch das die Natur unsere Erkenntnis ihrer erklärt. Das Verstehen, um das es uns geht, ist jedoch Selbst-Verstehen und ursprünglich erstpersonal. Es ist keine Erkenntnis von etwas, das unabhängig von seinem Erkanntsein ist, wie es ist. Es ist keine Naturwissenschaft, sondern *die* Wissenschaft, Wissenschaft des Selbstbewußtseins oder schlicht Selbstbewußtsein.

Da Urteilen selbstbewußt ist, kann es nicht durch die Unterscheidung von Kraft und Inhalt verstanden werden. Also ist Objektivität keine Bestimmung des Inhalts im Gegensatz zum Akt. Urteilen, der Akt, ist objektiv. Daher hat seine Erklärung eine besondere Form. Die Idee dieser Form ist im Gedanken der Geltung des Urteils enthalten, der im Urteil selbst gedacht wird. Diese Form der Erklärung oder dieses Verstehens müssen wir beschreiben.

Ich bilde die Idee einer Erklärung meines Urteils, indem ich seine Geltung für nicht zufällig halte. Zunächst schauen wir, wie die Idee der Nicht-Zufälligkeit ins Urteil eintritt, um dann zu sehen, wie sie die Erklärung des Urteils prägt.

Indem ich urteile, daß die Dinge soundso sind, halte ich es für richtig, so zu urteilen. Ich verstehe also die Wahrheit meines Urteils als von nichts abhängig als von dem, was ich urteile. Es kann nicht erforderlich sein, daß ich mich etwas anderem zuwende – etwas, dessen ich mir nicht in dem, was ich urteile, bewußt bin –, um mich zu vergewissern, daß die Dinge sind, wie ich urteile. Wäre das nötig, würde ich im Urteilen offenlassen, ob die Dinge sind, wie ich urteile. Auf diese Frage bezöge ich mich in einem weiteren Akt, einem Urteil zweiter Stufe über mein Urteil. Erst in diesem Urteil zweiter Stufe würde ich – da ich es ex *hypothesi* im ursprünglichen Urteil nicht tue – das erfassen, wovon die Wahrheit meines Urteils abhängt. Ich lasse aber im Urteilen nicht offen, ob die Dinge sind, wie ich urteile.

Ob ich recht habe zu urteilen, wie ich urteile, hängt allein davon ab, was ich urteile. Daraus folgt, daß ich es im Urteilen nicht für zufällig halte, daß mein Urteil wahr ist. Wäre die Wahrheit meines Urteils zufällig, hinge sie von einem Begleitumstand meines Urteils ab, einem, der meinem Urteil nicht kraft dessen, was es ist, angehört, sondern in dem es sich finden mag oder nicht. Und dann wäre ich mir darin, daß ich urteile, was ich urteile, dieses Umstands nicht bewußt. Denn ein Urteil ist das Urteil, das es ist, kraft dessen, daß es urteilt, was es urteilt. Ein Umstand, der mein Urteil begleitet, ist als solcher nicht Teil dessen, was ich urteile. Er ist eine *gegebene* Bestimmung meiner, der urteilt.

Die Geltung eines Urteils besteht darin, daß es seinem inneren Maßstab der Vollkommenheit entspricht. Diesen Maßstab haben wir mit der Wahrheit identifiziert. Es mag ebenso sinnvoll scheinen, ihn als Erkenntnis zu bestimmen. Tatsächlich macht das keinen Unterschied. Jedenfalls nicht, wenn wir unter »gültig« das verstehen, was ein Urteil sein muß, um das zu sein, was es selbst denkt, daß es ist, wenn wir also die Geltung eines gültigen Urteils so verstehen, wie sie *in dem* Urteil, das so gültig ist, verstanden ist. Die, die urteilt, ist sich im Urteilen der Geltung ihres Urteils bewußt. Da sie sich der Geltung ihres Urteils in eben diesem Urteil bewußt ist, stellt sie ihr Urteil als nicht zufällig gültig vor, sondern als gültig kraft dessen, was sie urteilt. Der Begriff der Geltung, der in einem Urteil auf dieses Urteil bezogen wird, ist der Begriff *innerer Geltung*: Indem es sich selbst als gültig denkt, denkt sich das Urteil als intern gültig. Wenn wir die Geltung des Urteils betrachten, wie wir sie im Urteilen denken, unterscheiden wir nicht zwischen Erkenntnis und Wahrheit.

Unterscheidet man wahres Urteil von Erkenntnis, meint man, Wahrheit hänge davon ab, was geurteilt wird, der Status des Urteils als Erkenntnis von Umständen des Akts, in dem es geurteilt wird. Diese Unterscheidung ist verfehlt. Da das Urteil selbst der Gedanke seiner Geltung ist – da seine Geltung innere Geltung ist –, hängt sein Status als Erkenntnis allein davon ab, was es urteilt; er kann von keiner gegebenen Bestimmung des Subjekts abhängen. (Die gegenwärtige Erkenntnistheorie, die ihr Thema durch die Formel »*S* weiß, daß *p*« bestimmt, legt nahe, daß wir, um zu erläutern, was es heißt, etwas zu wissen, zusätzlich zu dem, was gewußt wird, über die, die es weiß, sprechen müssen. Die Frage der Erkenntnistheorie ist aber »Was kann ich wissen?«, was dasselbe ist wie »Was kann gewußt werden?«.)

Da der Gedanke der Geltung des Urteils, daß die Dinge soundso sind, nichts anderes ist als dieses Urteil, kann nichts anderes als das in diesem Urteil Geurteilte für die Einsicht in seine Geltung sorgen. Das ist die Quelle des Skeptizismus: Skeptische Argumente wollen zeigen, daß unser Urteilen unvermögend ist, für das Verstehen seiner selbst zu sorgen, das Verstehen seiner als übereinstimmend mit dem, was ist. Solange wir uns das Verlangen des Skeptikers nach einem Urteil, das die Gewißheit seiner eigenen Geltung ist, nicht vollständig zu eigen machen, wird unser Verständnis des Urteils an uns vorbeilaufen. Denn es ist dann kein Verständnis *unseres* Urteils, keines, das in der ersten Person gedacht ist, in dem Begriff des Urteils, der jedes Urteil als solches ist. Wenn aber das Verständnis keines *unseres* Urteils ist, ist es kein Verständnis des *Urteils*.

Indem ich urteile, halte ich es für gültig, so zu urteilen. Da mein Gedanke der Geltung meines Urteils dieses Urteil *ist*, muß das, was ich urteile, für meine Einsicht, daß es richtig ist, es zu urteilen, sorgen. Das erklärt, warum eine bekannte Antwort auf den Skeptizismus witzlos ist. Der Skeptiker erklärt, er könne sich nicht überzeugen, daß irgend etwas von dem, was er glaubt, oder vielmehr glauben würde, wenn er nicht die Überlegung anstellte, die seine Überzeugung zerstört, wahr ist. Die fragliche Antwort erklärt ihm, daß, was er denkt, durchaus wahr sein könne, ungeachtet seines Unvermögens, sich davon zu überzeugen. Darüber hinaus mag es kein Zufall sein, daß es wahr ist, wieder ungeachtet dessen, ob er darum – um die Nicht-Zufälligkeit – weiß. Das ist eine Antwort auf den Skeptiker, deren Bedeutung ist, daß er sie nicht verstehen kann. Denn der Skeptiker fragt in der ersten Person: Habe *ich* recht zu urteilen, daß die Dinge so sind? Eine Antwort, die er verstünde, ließe ihn erkennen, daß es richtig ist, so zu urteilen, *was zu erkennen hieße, so zu urteilen*. Die witzlose Antwort impliziert, daß es keine solche Erkenntnis gibt.

Wenn mir einer sagt, daß mein Urteil (was ich urteilte, könnte ich mich von seiner Wahrheit überzeugen) wahr ist, bedeutet das für mich nicht mehr, als daß er urteilt, was ich urteile (urteilte, wenn ich verstünde, daß es richtig ist, so zu urteilen). Wenn ich vom Skeptizismus getrieben bin sorgt mich aber, nicht ein Mangel, der mir oder einem besonderen Urteil anhängt und der durch jemand anderen oder ein weiteres Urteil gehoben werden könnte. Angenommen, ich erwäge das weitere Urteil, daß mein erstes Urteil nicht zufällig wahr ist. Mein hilfreicher Freund sagt mir, daß dieses Urteil ebenfalls wahr ist. Soweit ich sehen kann, ist das eine Urteil so ungegründet wie das andere. Die Behauptung, daß ich in dem weiteren Urteil erkenne (erkennte), daß mein erstes Urteil Erkenntnis ist, hat für mich keinen Sinn. Die genannte Antwort auf den Skeptiker hat dessen Frage von vornherein verdreht, da sie den Anschein erweckt, die Frage sei, ob gegebene Urteile gültig seien: Urteile, die als natürliche Wirklichkeit, unabhängig vom Gedanken ihrer Geltung, vorliegen. Ein Urteil aber, da es der erstpersonale Gedanke seiner selbst ist, ist nichts Gegebenes. Die Frage ist, wie ich mich *im* Urteilen verstehen kann. Und also ist die Frage, wie es etwas wie Urteilen geben kann: einen Akt, der der Gedanke seiner eigenen Geltung *ist* und dessen Geltung deshalb objektiv ist.

6.2. Externalismus und E-Erklärung

Im Urteilen verstehe ich mein Urteil als nicht zufällig gültig. Wir müssen sehen, wie diese Nicht-Zufälligkeit im Urteilen verstanden ist. Im allgemeinen wird etwas als nicht zufällig verstanden, indem es auf eine Ursache bezogen wird. Etwas ist Zufall, wenn es ist, wie es eben ist; es ist kein Zufall, wenn es so sein muß. Wir erkennen, daß etwas nicht ist, wie es eben ist, sondern so sein muß, da wir es auf eine Ursache beziehen.[1] Um also die Idee eines Urteils zu

1 Die Notwendigkeit erstreckt sich vielleicht nur auf einen Aspekt dessen, was wir betrachten. Dann ist es dieser Aspekt, der von der fraglichen Ursache herrührt; das weiterhin Zufällige bleibt zufällig, weil und insofern es nicht auf diese Ursache zurückgeführt werden kann.

erläutern, das nicht zufällig gültig ist, müssen wir eine passende Ursache des Urteils angeben. Oder – das sagt dasselbe – wir müssen eine passende Erklärung des Urteils aufsuchen. Denn eine Ursache ist, was erklärt.

Es mag scheinen, als wäre es eine Sache zu erklären, warum einer urteilt, wie er urteilt, eine andere festzustellen, daß er richtigliegt, so zu urteilen. Wir können uns mannigfache Ursachen vorstellen, die auf jemanden wirken: seine seelische Verfassung, seine Erziehung, seine gesellschaftliche Klasse, seine historische Situation. Wenn wir sein Urteil durch diese Ursachen erklären, erkennen wir in dieser Erklärung nicht, daß die Dinge so sind, wie er urteilt. Daß diese Dinge sein Urteil erklären, ist eines; daß sein Urteil gültig ist, ein anderes. Wohl kann sein Urteil wahr sein, während es diesen Ursachen entspringt. Der Punkt ist, daß das verschiedene geistige Akte sind: sein Urteil durch diese Ursachen erklären und sein Urteil als wahr erkennen. Sie sind verschieden, weil ich mich, da ich sein Urteil als wahr beurteile, allein auf das beziehe, was er urteilt. Dagegen beziehe ich mich auf gegebene Bestimmungen seiner, da ich sein Urteil durch diese Ursachen erkläre: seine seelische Verfassung, seine Erziehung, seine gesellschaftliche Klasse.

Wir können bezogen auf eine Ursache dieser Art die Hypothese aufstellen, daß ein Urteil, das ihr entspringt, wahrscheinlich wahr ist. Wir könnten etwa sagen, daß unsere seelischen Dispositionen aufgrund des Selektionsdrucks auf unsere Vorfahren sind, wie sie sind, und daß das erklärt, warum Urteile, die ihnen entspringen, meist wahr sind. Das ändert nichts daran, daß es nicht dasselbe ist, ein Urteil auf eine solche Disposition zurückzuführen und es als gültig zu erkennen. Ein Urteil auf die fragliche Disposition zurückführen heißt nicht, die Frage nach seiner Wahrheit beantworten. Hieße es das, gäbe es keine Hypothese, daß ein Urteil wahrscheinlich wahr ist, wenn sich in ihm die fragliche Disposition zeigt. Die Disposition wäre die Wahrheit selbst und die Vorstellung eines Urteils, das ihr entspringt und dennoch falsch ist, absurd; sie hätte die Form *p und nicht p*.

Wir möchten sagen, daß ein Urteil wahrscheinlich wahr ist kraft dessen, daß es von einer gegebenen Ursache herrührt, weil wir sagen möchten, daß es kein Zufall ist, wenn ein so verursachtes Urteil wahr ist: Das Urteil ist Erkenntnis kraft dessen, daß es die Ursache hat, die es hat. Wenn wir das sagen, halten wir daran fest, daß es nicht dasselbe ist, das Urteil auf seine Ursache zu beziehen, wie seine Wahrheit einzusehen. Ich nenne die Erklärung eines Urteils durch etwas, das seine Wahrheit nicht ausweist – nicht als solches, nicht als das, was es erklärt –, eine E-Erklärung. Wir wollen schauen, ob wir ein Urteil für Erkenntnis halten können kraft dessen, daß es eine geeignete E-Erklärung hat.

Das erste, was wir bemerken, ist, daß eine E-Erklärung nicht in der ersten Person gedacht werden kann. In der ersten Person denken, daß man urteilt, die Dinge seien so, ist denken, daß es richtig ist, so zu urteilen. Man kann daher etwas nicht erstpersonal als etwas verstehen, das bewirkt, daß jemand urteilt, daß die Dinge so sind, ohne es darin als etwas aufzufassen, kraft dessen es richtig ist, so zu urteilen. So wie ich mein Urteil im Urteilen verstehe, ergibt die Vorstellung keinen Sinn, etwas könne erklären, warum ich urteile, wie ich urteile, während es offen läßt, ob es richtig ist, so zu urteilen.

Wir geben vor, folgendes zu denken: Ich erkläre durch eine E-Ursache, warum ich *A* urteile. Da eine Ursache das, was sie verursacht, notwendig macht, urteile ich nicht einfach *A*; wegen der Ursache muß ich *A* urteilen, ich kann nicht anders, als so urteilen. Gleichwohl, nehmen wir an, ist der Gedanke, daß ich *A* urteilen muß, nicht derselbe wie der, daß es richtig ist, das zu urteilen. Die Ursache ist eine E-Ursache: Sie als Ursache meines Urteils verstehen heißt nicht einsehen, daß mein Urteil wahr ist. Indem ich mein Urteil so erkläre, verstehe ich das; ich verstehe, daß das, was mein Urteil erklärt, eine E-Ursache ist. Indem ich mein Urteil aufgrund seiner E-Ursache als notwendig vorstelle, halte ich also offen, ob *A*. Ich denke, daß ich *A* urteilen muß, und rechne darin, daß ich das denke, damit, daß es sein kann, daß nicht-*A*. Es mag scheinen, ich müßte an diesem Gedanken verzweifeln. Ich bin durch Dispositionen bestimmt, die mich an Urteile fesseln, die, soweit ich weiß, falsch sein können. Oder dieser Gedanke entfremdet mich meinem Urteilen. Ich bin nicht in meinem Urteil, sondern betrachte es von außen, als wäre es nicht meines, sondern das Urteil eines anderen, eines Fremden. Oder ich finde eine nähere Fremdheit in meinem materiellen Sein und verstehe mein Urteil, als wäre es eine Affektion meines Körpers, mir so äußerlich wie dieser, wo ich doch meinem Urteil intimer verbunden bin. Ich möchte in meinem Urteil sein, ich möchte mein Urteil sein, in tieferer Weise, als ich mein Körper bin.

Der Wunsch, mit dem eigenen Denken eins zu sein, trifft einen Nerv. Betrachten wir jedoch den Gedanken, an dem ich verzweifeln und in dem ich mir entfremdet sein soll. Ich soll folgendes denken: Ich – nota bene: *ich* – muß urteilen, daß die Dinge so sind, obwohl sie vielleicht nicht so sind. Drücken diese Worte einen Gedanken aus? Denke ich etwas, da ich mir diese Worte vorspreche? Nein. Der erstpersonale Gedanke eines Urteils ist nichts anderes als dieses Urteil. Mein Gedanke, daß ich *A* urteilen muß, ist nichts anderes als mein Urteil *A*. Zu denken also, daß ich *A* urteilen muß, und es sein kann, daß nicht *A*, ist dasselbe – wäre dasselbe –, wie zu denken: *A* und womöglich nicht *A*. Und das ist kein Gedanke. Da ich offenlasse, ob es richtig ist, *A* zu urteilen, enthalte ich mich des Urteils über *A*. Und die folgenden Worte beschreiben keinen geistigen Akt: *urteilen, daß die Dinge so sind, während man sich des Urteils darüber enthält, ob sie so sind.* Wir betrachten die Vorstellung, daß ich, da ich eine E-Erklärung meines Urteils bejahe, verzweifle oder mir entfremdet bin, was – so sagen wir in alarmiertem Ton – nicht geschehen darf. Es gibt keinen Grund, alarmiert zu sein. Denn es gibt nichts, was sich beschreiben ließe als: eine E-Erklärung des eigenen Urteilens anerkennen. *E-Erklärung des eigenen Urteils*: diese Worte gehen miteinander keine sinnvolle Verbindung ein.

Indem ich urteile, weise ich die Vorstellung zurück, mein Urteil könnte eine E-Ursache haben. Das heißt nicht, daß kein Urteil eine E-Ursache hat. Es heißt, daß eine E-Erklärung nur gültig sein kann, wenn das durch sie erklärte Urteil es nicht ist. Wenn ein Urteil gültig ist, ist es auch sein Ausschließen jeder E-Erklärung seiner. Gültige E-Erklärungen gibt es nur von ungültigen Urteilen; eine E-Erklärung eines Urteils anerkennen heißt, es als ungültig beurteilen.[2] Daraus folgt, daß ein Urteil nicht Erkenntnis sein kann

2 Frege schreibt in »Der Gedanke«, S. 30: »Das Fürwahrhalten des Falschen und das Fürwahrhalten des Wahren kommen beide nach psychologischen Gesetzen zustande.« Wir erklären, warum jemand etwas für wahr hält, indem wir uns auf diese psychologischen Gesetze berufen. (»Eine Ableitung aus diesen und eine Erklärung eines seelischen Vorgangs, der in ein Fürwahrhalten ausläuft«; ebd.) Frege behauptet also, daß wir, indem wir erklären, warum jemand urteilt, was er urteilt, davon absehen, ob es richtig oder falsch ist, so zu urteilen. Nichts ist offensichtlicher als die Falschheit dieser Behauptung. Wir alle weisen sie zurück, jeden Tag, darin, wie wir uns zueinander verhalten. Wenn ich jemanden frage *Warum denkst du A?*, und er antwortet *Weil B*, dann verstehe ich nur, warum er *A* denkt, wenn *B* etwas ist, das wir erkennen und als etwas verstehen, das zeigt, daß

kraft dessen, daß es eine geeignete E-Erklärung hat. Es gibt keinen externalistischen Begriff der Erkenntnis; es gibt keine externalistische Erkenntnistheorie.

Man könnte einwenden, daß jemand urteilen mag, daß die Dinge so sind, sein Urteil gültig ist, da die Dinge in der Tat so sind, und doch sein Urteil von etwas verursacht ist, das seine Wahrheit nicht sicherstellt. Das Urteil ist also gültig – jedenfalls wahr – und hat gleichwohl eine E-Erklärung. Dieser Einwand beruht auf der Unterscheidung der Wahrheit eines Urteils von seinem Status als Erkenntnis. In einem Fall der Art, den der Einwand beschreibt, ist das Urteil wahr, aber nur zufällig. Wir haben jedoch gesehen, daß es irrig ist, ein Urteil, dessen Wahrheit zufällig ist, als gültig anzusehen. Der Begriff der Geltung, der *im* Urteilen wirksam ist, ist der Begriff innerer Geltung, und in dem Fall, den wir uns vorstellen sollen, geht dem Urteil diese ab. Es ist, an seinem eigenen Maß gemessen, ungültig. Ein Urteil, das seinem eigenen Begriff seiner Geltung entspricht, wird unmöglich durch etwas erklärt, das nicht seine Geltung ausweist.[3]

es richtig ist, *A* zu urteilen. Indem er sein Urteil in dieser Weise erklärt und ich die Erklärung aufnehme, sind wir uns nicht nur des Unterschieds zwischen wahren und falschen Urteilen bewußt; sondern er erklärt sein Urteil als, und ich verstehe es als, *gültig*. Denn er erklärt in einer Weise, warum er *A* urteilt, die ihrer Form nach sein Urteil als gültig ausweist. Ein ungültiges Urteil kann nicht so erklärt werden. Wenn *B* falsch ist oder in keinem Zusammenhang mit *A* steht, sagt mir seine Äußerung nicht, warum er *A* denkt. Ich bin vielleicht verdutzt, wenn *B* offenkundig falsch ist oder es keinen erkennbaren Zusammenhang zwischen *B* und *A* gibt. In jedem Falle stellen sich mir weitere Fragen: *Weshalb sollte er B denken?* oder *Wie kommt er auf den Gedanken, B stünde in Beziehung zu A?* Diese Fragen mögen sich beantworten lassen; wir können Irrtum und Verwirrung erklären (in gewissem Maß). Doch Irrtum und Verwirrung werden anders verstanden als Erkenntnis und Klarheit. Erkenntnis und Klarheit sind durch sich selbst verständlich, Irrtum und Verwirrung durch gegebene Bestimmungen des irrenden und verwirrten Subjekts. (Deshalb können Irrtum und Verwirrung nur in gewissem Maß verstanden werden.) Diese Unterscheidung wird im Urteilen getroffen; sie wird in jedem Urteil getroffen. Sie ist also immer schon von jedem gewußt. Es ist das Privileg des Philosophen vorzugeben, er bestreite, was jeder immer schon weiß. Frege ist ein Philosoph.

3 Adrian Moore schreibt in *Points of View*, S. 36: »Wenn man eine Vorstellung bildet, die man für wahr hält, dann ist man bestrebt, eine zu bilden, deren beste Erklärung sie als richtig ausweist.« Wenn ich urteile, will ich so urteilen, daß die Erklärung dafür, warum ich so urteile, sicherstellt, daß es richtig ist, so zu urteilen. Wir sehen, daß es so ist, erklärt Moore, wenn wir dies bedenken (ebd.): »Wenn die

6.3. Der erstpersonale Charakter der Notwendigkeit des Urteils

Ich verstehe die Notwendigkeit meines Urteils in eben diesem Urteil; mein Gedanke seiner Notwendigkeit ist eben das Urteil, dessen Notwendigkeit ich denke. Also ist der Gedanke dieser Notwendigkeit ein erstpersonaler Gedanke.

Das zeigt die grammatische Form seines sprachlichen Ausdrucks. Angenommen, jemand untergräbt das Fundament seines Hauses, und dieses stürzt ein. Wissend, daß das Fundament untergraben wurde, sagen wir: Es mußte einstürzen; es war notwendig, daß es das tat. Das ist eine Notwendigkeit, *daß* etwas geschieht. Wenn »daß« eine Tatsache einführt, können wir von der *Notwendigkeit einer Tatsache* sprechen. Es mag scheinen, als wäre die Notwendigkeit meines Urteilens die Notwendigkeit eines Geschehnisses: Wie das Haus einstürzen muß und nicht anders kann, als das zu tun, so muß ich urteilen, daß die Dinge soundso sind; ich kann dem nicht entgehen. Spreche ich jedoch über die Notwendigkeit *meines* Urteils und der Notwendigkeit zu urteilen, *wie ich urteile*, sage ich: Es ist notwendig *zu* urteilen, daß die Dinge so sind, und unmöglich, anders *zu* urteilen. Diese Notwendigkeit – eine Notwendigkeit *zu* unterschieden von einer Notwendigkeit, *daß* – können wir als *Notwendigkeit eines Akts* bezeichnen.

Die Unterscheidung ist aus der Moralphilosophie vertraut. Es gibt zwei Verwendungen von »gut«: *Es wäre gut, wenn dies und das*

beste Erklärung einer Vorstellung diese nicht als richtig ausweist, dann weckt sie Zweifel an ihr. [...] Darum behaupte ich, daß man, wenn man eine Vorstellung bildet, die man für wahr hält, bestrebt ist, eine zu bilden, deren beste Erklärung sie als richtig ausweist.« Wenn ich mein Urteil so erkläre, daß meine Erklärung es nicht als richtig ausweist, weckt meine Erklärung Zweifel an diesem Urteil; sie gibt Grund zu zweifeln, daß es richtig ist, so zu urteilen. Darum, so sagt Moore, ist es ein Desiderat, daß die Erklärung meines Urteils es als richtig ausweist. Es ist aber nicht so, daß ich im Urteilen danach strebe, daß mein Urteil eine solche Erklärung hat. Sondern ich verstehe mein Urteil so, daß es dieses Desiderat erfüllt. Denn ich kann mein Urteil und seine Erklärung nicht in einem einheitlichen Bewußtsein zusammenhalten, wenn die Erklärung mein Urteil nicht als gültig ausweist. Und das heißt, daß ich im Urteilen ausschließe, daß mein Urteil eine Erklärung hat, die dem Desiderat nicht gerecht wird. Moore erklärt, es gebe ein »reflexives Ideal, in dem Erklärung und Rechtfertigung zusammentreffen«. Tatsächlich verstehe ich mein Urteil im Urteilen als diesem Ideal gemäß.

der Fall wäre und *Es ist gut, A zu tun.* In der ersten Verwendung ist der Ausdruck, der angibt, wovon gesagt wird, es sei gut, ein Satz, in der zweiten ein Verb. Wenn wir, was ein Satz bezeichnet, eine Tatsache, was ein Verb bezeichnet, einen Akt nennen, wird »gut« einmal von einer Tatsache gesagt, das andere Mal von einem Akt. Eine analoge Unterscheidung findet sich in der Verwendung normativer Ausdrücke wie »sollen«: Wir sagen *Dies und das sollte der Fall sein* und *Man sollte A tun.* Im einen Fall bezeichnet ein Satz das Objekt von »sollen«, im anderen ein Verb. Hier verbindet sich »sollen« mit einer Tatsache, dort mit einem Akt. Schließlich begegnet uns die Unterscheidung bei Modalausdrücken: *Es ist notwendig, daß dies und das der Fall ist* und *Es ist notwendig, A zu tun.* Das Notwendige wird durch einen Satz bezeichnet: Notwendigkeit einer Tatsache, durch ein Verb: Notwendigkeit eines Akts.

Die Unterscheidung der Notwendigkeit eines Akts von der Notwendigkeit einer Tatsache ist in der Ethik von höchster Wichtigkeit. Wir können ihre ethische Bedeutung hier nicht entwickeln. Aber wir können sagen, daß die Vorstellung der Notwendigkeit eines Akts ein erstpersonaler Gedanke ist, welcher Gedanke deshalb derselbe Akt ist wie der, dessen Notwendigkeit er denkt. Die Notwendigkeit einer Tatsache hingegen wird, auch wenn die Tatsache das Subjekt einschließt, das die Notwendigkeit denkt, nicht ursprünglich in der ersten Person gedacht. Ich sage vielleicht »Es war notwendig, daß ich das tue; es mußte so kommen« und denke, das Schicksal hat mich dazu geführt oder, wenn ich naturalistische Neigungen habe, die Natur meines Begehrungsvermögens ist so eingerichtet, daß ich es tun mußte. In diesem Fall war notwendig, daß ich tue, was ich tat, so denke ich, unabhängig von meinem Gedanken dieser Notwendigkeit. Daß mein Handeln das Werk des Schicksals oder die Natur meines Begehrens so beschaffen ist, ist eine Tatsache, die besteht, gleich ob ich sie erfasse oder nicht. Mein Gedanke ist also nicht, nicht ursprünglich, erstpersonal. Sage ich hingegen »Ich muß das tun, ich kann nicht anders«, spreche ich die Notwendigkeit aus zu tun, was *ich* tue. Da diese Notwendigkeit ursprünglich in der ersten Person gedacht wird, ist sie eine Notwendigkeit, die nichts anderes ist als meine Einsicht in sie.[4]

4 Martin Luther sagt, »Hier stehe ich, ich kann nicht anders.« Er spricht von einer Notwendigkeit zu tun, was er tut (nämlich die Forderung zurückweisen, seine Thesen zu widerrufen) – eine Notwendigkeit, die nichts anderes ist als sein Be-

Wir haben die Notwendigkeit eines Akts der Notwendigkeit einer Tatsache gegenübergestellt. Das mag zu der Vorstellung Anlaß geben, daß es sich bei ersterer um eine praktische Notwendigkeit handelt, in einem praktischen Gedanken gedacht, bei letzterer um eine theoretische Notwendigkeit, in einem theoretischen Gedanken gedacht. Denn Tatsachen scheinen der Gegenstand theoretischer Erkenntnis zu sein, Akte der Gegenstand praktischer Erkenntnis. (Das wäre ein Fall der im zweiten Kapitel erwähnten Begeisterung für das Handeln.) Doch das ist falsch. Die Notwendigkeit eines Akts ist eine, die in der ersten Person gedacht wird; sie ist selbstbewußte Notwendigkeit.

Wenn wir die Notwendigkeit eines Akts von der Notwendigkeit einer Tatsache unterscheiden, kann es scheinen, als könnten wir die Notwendigkeit eines Urteils auf zwei Weisen betrachten, als Akt oder als Tatsache. Beide stehen nicht in Konflikt, denn es sind verschiedene Arten der Modalität. Obwohl ich es im Urteilen als notwendig verstehe zu urteilen, wie ich urteile, stelle ich vielleicht gleichzeitig fest, daß es nicht notwendig ist, daß ich so urteile. Ich kann mir ausmalen, daß ich vielleicht anders geurteilt hätte, wenn bestimmte Dinge in der Vergangenheit, meiner oder der der Menschheit, anders gelaufen wären – wenn etwa die Mechanismen der Überzeugungsbildung im Zuge der menschlichen Evolution eine andere Gestalt angenommen hätten oder ich in einer anderen Gesellschaft erzogen worden wäre. (Das ist eine Gestalt der Idee, es gebe zwei Standpunkte oder Perspektiven, aus denen man ein Urteil betrachten kann: den Standpunkt der ersten und den der dritten Person.) Das Bewußtsein der Notwendigkeit, die dem Urteil intern ist, schließt jedoch eine E-Erklärung dieses Urteils aus. Und die Notwendigkeit eines Urteils, verstanden als Notwendigkeit einer Tatsache, ist die Notwendigkeit, die ihm eine E-Ursache verleiht: eine Ursache, die ein Urteil so erklärt, daß sie darin nicht seine Geltung ausweist. Täte sie das, wäre es dasselbe, ein Urteil auf diese Ursache zurückzuführen und seine Geltung einzusehen, also zu urteilen, was es urteilt. Und dann würde die Notwendigkeit entgegen unserer Annahme in der ersten Person gedacht.

wußtsein eben dieser Notwendigkeit: »Ich kann und will nichts widerrufen, weil es gefährlich und unmöglich ist, etwas gegen das Gewissen zu tun. Gott helfe mir. Amen.«

(Wir müssen nicht leugnen, daß im erstpersonalen Denken eines Urteils mit Gegensatz ein nicht zu tilgendes Bewußtsein seiner eigenen Kontingenz liegt. Wir müssen das hier nicht leugnen, weil es sich, falls es stimmt, im Zuge unserer Entfaltung des Selbstbewußtseins des Urteils zeigen wird. Und das wird es tatsächlich. Dieses Bewußtsein der Kontingenz allerdings tritt nicht neben das Bewußtsein der Notwendigkeit, das der erstpersonale Gedanke des Urteils ist. Es ist dem Gedanken seiner Notwendigkeit, der Urteilen und also Urteilen mit Gegensatz ist, intern. Was wir zurückweisen, ist die Idee, daß mein Gedanke der Notwendigkeit zu urteilen, wie ich urteile, mit einer Erklärung meines Urteils und einem Gedanken seiner Notwendigkeit verbunden werden kann, die der Wahrheit dieses Urteils gegenüber gleichgültig sind.[5])

5 In seiner Besprechung von Nagels *The Last Word* schreibt Moore (»One or Two Dogmas of Objectivism«, in: *Mind* 108 (1999), S. 381-393, hier S. 388): »Unsere Überzeugung, daß zweimal vier acht ergibt, ist in der Tat notwendig. Sie ist notwendig, weil wir darin, daß wir ›diese Überzeugung haben‹ faktisch eine Regel der Vorstellung festlegen: Nichts soll als disjunktes Paar zweier Vierergruppen gelten, was nicht zusammen als Achtergruppe gilt. Aber das steht nicht in Konflikt mit der Beobachtung, daß es alle möglichen angebbaren Kontingenzen gibt, die es uns möglich machen, diese Regel zu haben, und daher auch nicht mit der Beobachtung, daß wir diese Regel auch nicht hätten haben können. Hätten wir das nicht, würde zweimal vier nicht verfehlen, acht zu ergeben. Vielmehr stellte sich uns die Frage, was zweimal vier ist, nicht einmal. Wir dächten einfach nicht in diesen Begriffen. Zweimal vier würde nicht verfehlen, acht zu ergeben, weil es acht ergeben muß. Dieses Müssen ist so stark wie es nur sein kann oder sein muß. [...] Wir haben also eine Art, Kontingenz in der Notwendigkeit hervorzuheben, die uns hilft, ein naturalistisches Verständnis unserer Erkenntnis letzterer zu erlangen.« Wir können unmöglich alles ansprechen, was in dieser Passage vor sich geht. Doch eines ist hier wichtig. Eine Bedingung, unter der allein ich ein Urteil fällen kann, ist, daß ich über die Begriffe verfüge, die in ihm vorkommen. Daher kann man versucht sein zu sagen, daß ich mein Urteil im Urteilen zwar als notwendig denke (mein Urteil ist der Gedanke, daß die Dinge so sein müssen, wie ich in eben diesem Urteil urteile), daß ich aber nicht notwendig über die Begriffe, die das Urteil verwendet und die den Maßstab seiner Geltung bestimmen, verfüge. Das kann von Dingen abhängen, durch die ich, indem ich meine Begriffe auf sie zurückführe, »ein naturalistisches Verständnis« meines Vermögens, durch diese Begriffe zu urteilen, und also meines Vermögens, die Notwendigkeit der fraglichen Urteile einzusehen, erlange. Das scheint Teil dessen zu sein, was Moore sagen will. Doch noch einmal: Wir müssen nicht bestreiten, daß es eine nicht zu tilgende Kontingenz darin gibt, daß wir über die Begriffe verfügen, über die wir verfügen. Insbesondere müssen wir nicht bestreiten, daß es diese Kontingenz im

6.4. Die Erklärung des Urteils, ihre Allgemeinheit und Objektivität

Im Urteilen halte ich mein Urteil für nicht zufällig gültig. Damit denke ich, daß mein Urteil eine geeignete Ursache hat. Diese Ursache – wovon ich im Urteilen weiß, daß es mein Urteilen erklärt – ist keine E-Ursache. Meine Erklärung meines Urteils verortet seine Quelle in etwas, wovon ich verstehe, daß es die Geltung meines Urteils sicherstellt. Daher weist die Erklärung eines gültigen Urteils folgende Form auf: Das Urteil erklären ist dasselbe wie seine Geltung einsehen. Diese Erklärung ist dem so erklärten Urteil intern, denn erkennen, daß es richtig ist zu urteilen, daß die Dinge so sind, ist nichts anderes als urteilen, daß sie so sind. Die fragliche Erklärung ist ein erstpersonaler Gedanke.

Ein gültiges Urteil erklären ist dasselbe wie seine Geltung einsehen. Das beschreibt die Erklärung des gültigen Urteils. Ebenso beschreibt es den Gedanken seiner Geltung: Die Geltung des eigenen Urteils einsehen heißt verstehen, warum man so urteilt. Denn angenommen, es wäre nicht so. Dann würde etwas, wodurch oder worin ich einsehe, daß es richtig ist zu urteilen, daß die Dinge so sind, offenlassen, ob ich urteile, daß sie so sind; es würde nicht

Falle solcher Begriffe gibt, die in Urteilen mit Gegensatz vorkommen. Was wir ausschließen, ist, daß wir verstehen können, warum wir einen Begriff besitzen, ohne daß wir diesen Begriff darin als einen erkennen, der Erkenntnis artikuliert. Jeder Begriff schließt als solcher aus, daß er durch etwas erklärt werden kann, das offenläßt, ob er in Erkenntnis auftritt. Denn wenn ich einen Begriff in einem Urteil verwende, tue ich das in dem Bewußtsein, diesen Begriff zu verwenden. Ich bin mir dessen bewußt, daß ich ihn in einem Akt der Erkenntnis verwende, und daher bin ich mir seines Vermögens bewußt, in Erkenntnis vorzukommen. Da dieses Bewußtsein in jeder Anwendung des Begriffs dasselbe ist, kann es mit dem Begriff identifiziert werden: Über den Begriff verfügen heißt denken, daß er in Erkenntnis auftreten kann. Indem ich daher über einen Begriff verfüge, schließe ich jede Erklärung dessen, warum ich über ihn verfüge, aus, die offenläßt, ob er in Erkenntnis angewandt werden kann. Das heißt nicht, daß es keine Erklärung dafür geben kann, warum ich einen Begriff habe, über die ich bejahen kann, während ich ihn weiter verwende. Es heißt, daß erklären, warum ich über einen Begriff verfüge (sofern die Erklärung es nicht unmöglich macht, ihn weiter zu verwenden), und erkennen, daß er in Erkenntnis vorkommen kann, ein und derselbe geistige Akt sind. (Hier übertragen wir unsere Diskussion von E-Erklärungen von Urteilen auf Begriffe.) Jeder Begriff schließt daher aus, in jeder seiner Verwendungen, daß sich naturalistisch verstehen läßt, warum man ihn hat.

sicherstellen – und ich begriffe, daß es nicht sicherstellt –, daß ich so urteile. Die Erklärung dessen, warum ich so urteile, müßte einen weiteren Faktor ins Spiel bringen, den ich nicht schon darin begreife, daß ich die Geltung meines Urteils einsehe. Entgegen unserer Annahme hätte mein Urteil eine E-Erklärung und wäre ungültig. Da ich die Geltung meines Urteils einsehe, verstehe ich, daß ich darin eben das erfasse, was das Urteil erklärt, dessen Geltung ich einsehe.

Da die Erklärung eines gültigen Urteils die Einsicht in seine Geltung ist, gilt das, was wir über die Geltung des Urteils gesagt haben, für seine Erklärung: Sie beruft sich auf keine gegebene Bestimmung des urteilenden Subjekts, keine Bestimmung, um die man nicht darin weiß, daß man urteilt, was es urteilt. Täte sie das, wäre es nicht dasselbe, das Urteil zu erklären und seine Geltung einzusehen. Deshalb ist die Erklärung *allgemein*: Die Ursache, die sie angibt, erklärt das Urteil eines jeden. Denn die Erklärung führt nichts an, was ein Subjekt auszeichnete und von einem anderen unterschiede, das ebenso urteilt. Das wäre eine gegebene Bestimmung, eine, die nicht *im* Urteil gewußt ist. Wäre sie im Urteil gewußt, kämen beide in ihr überein, wie sie in dem, was sie urteilen, übereinkommen. Die fragliche Ursache erklärt also nicht das Urteil eines Subjekts unterschieden von dem eines anderen; sie erklärt *das Urteil*. Da sich die Erklärung eines gültigen Urteils auf keine gegebene Bestimmung derer beruft, die urteilt, ist das Urteil so objektiv wie seine Geltung: Ein gültiges Urteil hängt von keiner gegebenen Bestimmung derer ab, die urteilt, denn keine solche Bestimmung kommt in der wahren Erklärung dessen vor, warum sie urteilt, wie sie urteilt.

6.5. Urteile mit und ohne Gegensatz, als gültig ausgewiesen und in sich gültig

Im ersten Kapitel haben wir gesehen, daß Thomas Nagel die Objektivität des Denkens in seinem Selbstbewußtsein verortet. Hier ist die Passage, die wir gelesen haben:

Ich würde die Pointe des Cartesischen *Cogito* so erklären: Es enthüllt eine Grenze der Art von Selbstkritik, die einsetzt, wenn man sich von außen betrachtet und überlegt, wie die eigenen Überzeugungen durch Ursachen hervorgebracht worden sein könnten, die sie nicht rechtfertigen und als gültig ausweisen.[6]

Einen Gedanken denken, ihn direkt (*straight*) denken heißt, ihn als gültig denken. Nagel sieht, daß das die Weise bestimmt, in der wir Denken, Urteile, Überzeugungen verstehen. Indem wir etwas direkt denken, können wir unser Denken seiner nicht durch Ursachen erklären, die es »nicht rechtfertigen und als gültig ausweisen«. Eine Ursache rechtfertigt das Urteil nicht und weist es nicht als gültig aus, wenn seine Erklärung durch diese Ursache von der Einsicht in seine Geltung verschieden ist. Nagel legt nahe, daß wir, indem wir einen Gedanken erklären, den wir direkt denken, ihn auf eine Ursache beziehen, die ihn *als gültig ausweist*. Er sagt außerdem, daß Denken letztlich *in sich gültig* ist. Insofern ein Gedanke in sich gültig ist, fordert er nichts, was ihn als gültig *ausweist*. Ein Gedanke, der in sich gültig ist, versteht sich durch sich selbst, dadurch, daß er der Gedanke ist, der er ist, dadurch also, daß er denkt, was er denkt.

Tatsächlich können wir zwei Formen von Urteilen danach unterscheiden, wie sie erklärt werden: das in sich gültige und das als gültig ausgewiesene Urteil. Entweder erklärt das, was geurteilt wird, für sich allein und durch sich selbst, daß es geurteilt wird. Daß die Dinge sind, wie ich urteile, erklärt, warum ich urteile, daß sie so sind; indem ich erkenne, daß die Dinge so sind, verstehe ich, warum ich urteile, daß sie so sind. In diesem Fall ist das Urteil *in sich* gültig. Oder etwas anderes als das, was ich urteile, erklärt mein Urteil: Ich urteile *A*, weil *B*, wobei *B* von *A* verschieden ist. *B* erklärt, warum ich *A* urteile, indem es ausweist, daß es richtig ist, so zu urteilen. Was mein Urteil erklärt, stellt sicher, daß die Dinge sind, wie ich urteile: Gegeben *B*, muß *A* der Fall sein. Hier ist das Urteil *als gültig ausgewiesen*.

Ein Urteil, das in sich gültig ist, hat keinen Gegensatz; ein Urteil, das als gültig ausgewiesen oder gerechtfertigt wird, hat einen Gegensatz. Wenn das, was ein Urteil erklärt, nichts ist als das, was es urteilt, dann heißt, es urteilen, allein und durch sich selbst,

6 Nagel, *The Last Word*, S. 19, *Das letzte Wort*, S. 31.

einsehen, daß es richtig ist, es zu urteilen. Damit heißt es, allein und durch sich selbst, verstehen, warum man es urteilt. Und dann hat das Urteil keinen Gegensatz. Denn das entgegengesetzte Urteil urteilte etwas, das so ist, daß es urteilen allein und durch sich selbst einsehen hieße, daß es falsch ist, es zu urteilen, und darin zu verstehen, warum man es nicht urteilt. Und das beschreibt kein Urteil. Umgekehrt kann ein Urteil mit Gegensatz nicht so verstanden werden. Wenn ein Urteil einem anderen entgegengesetzt ist, heißt so urteilen nicht allein und durch sich selbst einsehen, daß es richtig ist, so zu urteilen. Daher heißt es nicht allein und durch sich selbst verstehen, warum man so urteilt. Ein Urteil mit Gegensatz ist gültig, da es als gültig ausgewiesen wird; die Vorstellung seiner Geltung ist die Vorstellung von etwas, das seine Geltung ausweist.

6.6. Rechtfertigung; ihre Objektivität

Eine Rechtfertigung oder ein Ausweis der Geltung wird in der ersten Person gedacht. Einer fragt »Warum denkst du *A?*«, und der andere antwortet »Weil *B*«. *Ich denke A, weil B.* Oder *Ich urteile A aufgrund von B* oder *Ich schließe A aus B.* (Wenn wir die Rechtfertigung so darstellen, abstrahieren wir von etwas, das später wichtig werden wird: Was etwas rechtfertigt, verknüpft etwas Allgemeines, eine Regel, mit etwas Besonderem, einer Bedingung der Regel. Ich urteile etwa, daß das Haus eingestürzt ist, weil sein Fundament untergraben wurde, und berufe mich darin auf ein Prinzip der Schwerkraft. Oder ich urteile, daß der Mann, den ich vor mir habe, tot ist, weil der Spiegel, den ich vor seinen Mund halte, nicht beschlägt, und verwende darin allgemeines Wissen vom Taupunkt der Luft. Um unsere Ausführungen zu vereinfachen, abstrahieren wir für jetzt von dieser Struktur der Rechtfertigung. Im achten Kapitel werden wir diese Abstraktion aufheben.) Als Erklärung eines gültigen Urteils beruft sich die Rechtfertigung auf keine gegebene Bestimmung des Subjekts; sie erklärt nicht das Urteil dieses Subjekts im Unterschied zum Urteil jenes Subjekts, sondern *das Urteil.* Ein Urteil, so erklärt, ist objektiv.

Ich denke A, weil B. Indem ich so erkläre, warum ich urteile, was ich urteile, wende ich mich nicht von dem, was ich urteile, ab und einer gegebenen Bestimmung meiner, des urteilenden Subjekts, zu. Wenn mich einer fragt *Warum denkst du A?* und ich antworte *Weil B*, soll er verstehen, warum ich denke, was ich denke, indem er darauf sieht, was ich denke, und nur auf das: *A*, und *B*, und das eine aufgrund des anderen. Meint er, ich spräche über eine gegebene Bestimmung des urteilenden Subjekts, versteht er meine Antwort nicht so, wie ich sie meine. Denn wenn ich sage *Ich denke A, weil B* und darin mein Urteil rechtfertige, zeigt das, was ich als seine Ursache anführe, seine Wahrheit: Es zeigt, daß die Dinge nicht anders sein können. Jemand versteht meine Erklärung so, wenn er antwortet: *Ich verstehe; ich sehe, daß es so sein muß, wie du sagst; A muß der Fall sein, gegeben B*. Und sagt er *Ich verstehe nicht*, dann meint er *Ich kann nicht folgen*; *ich sehe nicht, wie das, was du sagst, zeigt, daß die Dinge sind, wie du sagst.*[7]

Indem ich mein Urteil, daß die Dinge so sind, rechtfertige, beziehe ich mich auf keine gegebene Bestimmung des Subjekts, das so urteilt. Was mein Urteil erklärt, ist keine gegebene Bestimmung; es ist etwas, dessen ich mir *in* dem Urteil, das ich erkläre, bewußt bin. Daher erkläre ich nicht das Urteil eines Subjekts unterschieden vom selben Urteil eines anderen. *Warum denkst du A? Weil B.* Wenn ich mein Urteil so erkläre und du meine Erklärung annimmst in dem Sinn, in dem ich sie gebe, dann urteilst du, was ich urteile, und was mein Urteil erklärt, erklärt deines. Wir teilen nicht nur das Urteil, sondern auch seine Ursache. Da die Erklärung des Urteils objektiv ist, erklärt ein und dasselbe das Urteil in mir wie in dir.

Ich denke A, weil B. Wenn das erklärt, warum ich *A* denke, hängt mein Urteil von keiner gegebenen Bestimmung meiner, der so urteilt, ab. Um einsichtig zu machen, warum ich urteile, wie ich urteile, ist es nicht nötig, auf eine gegebene Bestimmung meiner, der so urteilt, bezugzunehmen. Mein Urteil, der Akt, ist objektiv. Das denke ich, indem ich mein Urteil so erkläre.

Die Objektivität der Rechtfertigung impliziert, daß sie dem gerechtfertigten Urteil intern ist. Das kann man leicht übersehen. Was rechtfertigt, ist etwas anderes als das, was in dem durch es gerechtfertigten Urteil geurteilt wird. Und das scheint eine Verschiedenheit der Akte zu implizieren: Ich urteile *A* und urteile *B*; es gibt zwei Urteile, *A* und *B*, die in bestimmter Weise zusammenhängen,

7 Er kann auch in Frage stellen, ob *B*. Dazu kommen wir im nächsten Kapitel.

wenn *B* erklärt, warum ich *A* urteile. Der Zusammenhang könnte so aussehen: Wenn ich *A* aufgrund von *B* urteile, gehe ich von dem einen zum anderen Urteil über. Vielleicht ist das so kraft eines seelischen Mechanismus, nach dem gegebene Urteile weitere hervorbringen. Vielleicht läßt sich das zu einer computationalen Theorie des Schließens ausarbeiten.[8]

Wenn jemand *B* urteilt und dann *A*, schließt er deswegen nicht *A* aus *B*. Das ändert sich nicht, wenn wir einen Mechanismus postulieren, der die Urteile verbindet. Es ändert sich auch nicht, wenn wir weitere Dinge hinzufügen und dem Subjekt die Vorstellung zuschreiben, daß *A* aus *B* folgt, oder ein Gefühl, daß es richtig ist, *A* zu urteilen, ein Gefühl, das einer geeigneten Disposition entspringt. Es spielt keine Rolle, was wir hinzufügen. Wenn ich erkläre *Ich denke A, weil B*, liegt die Wahrheit dessen, was ich sage, nicht in einer Verbindung verschiedener Urteile, *A* und *B*. Wenn dem so wäre, könnte ich mir dieser Verbindung nur in einem dritten Akt bewußt sein, der von beiden Urteilen verschieden wäre. Zu welchem Ungetüm sich diese Verbindung auch auswächst, sie bleibt eine *gegebene* Bestimmung des urteilenden Subjekts. Sie bleibt eine gegebene Bestimmung, da das Denken ihrer ein vom Urteil *A* verschiedener Akt ist. Dann aber ist die Vorstellung der Verbindung nicht identisch mit der Einsicht, daß es richtig ist, *A* zu urteilen; die Erklärung des Urteils durch diese Verbindung ist keine Rechtfertigung.

Einer urteilt *A* aufgrund von *B* nur dann, wenn er versteht, daß *B* ein hinreichender Grund ist, *A* zu urteilen, oder, was dasselbe ist, nur wenn er sieht, daß *B* ausweist, daß es richtig ist, *A* zu urteilen. Und einsehen, daß es gültig ist, etwas zu urteilen, heißt, es urteilen.

8 Man vergleiche die erhellenden Überlegungen, die Patricia Kitcher im Rahmen einer Interpretation Kants und der Einheit der Apperzeption anstellt (*Kant's Thinker*, Oxford 2011, Kap. 15, Abschnitt 4). Da das Übergehen von einem Urteil zu einem anderen kein Schluß ist, kann es keine computationale Theorie des Schließens geben. Was fehlt, ist keine Empfindung, die das Übergehen begleitet, ein Gefühl tätig zu sein etwa oder ein Gefühl der Angemessenheit. Obwohl es gewiß schwierig ist, phänomenale Qualitäten wie die Weise, wie sich ein Rausch anfühlt, zu erklären, stellt das Schließen vor ein Problem ganz anderer Art. Auch Nagel, der in *Geist und Kosmos*, Kap. 4, bemerkt, daß eine reduktive Erklärung sinnlichen Bewußtseins unmöglich scheint, erklärt, es sei eine andere Art von Problem, ungleich besorgniserregender, eine naturwissenschaftliche Erklärung der Vernunft zu geben.

Eine Rechtfertigung artikuliert das Selbstbewußtsein des Urteils, das sie rechtfertigt; sie artikuliert den Gedanken der Geltung des Urteils, der *dieses* Urteil ist. Es stimmt, ich urteile *A*, und ich urteile *B*. Da ich aber *A* aufgrund von *B* urteile, sind das nicht zwei Akte, sondern einer. Was ein gültiges Urteil erklärt, etabliert seine Geltung: *B* erklärt, warum ich *A* urteile, nur, wenn, gegeben *B*, es so sein muß, daß *A*, wenn die Dinge, gegeben *B*, nicht anders liegen können. Weiter gilt: Wenn *B* erklärt, warum ich *A* urteile, ist *B* durch sich selbst so mit *A* verbunden und nicht durch ein Drittes; der Gedanke von *B* ist der Gedanke seiner als etwas, das zeigt, daß es richtig ist, *A* zu urteilen. Denn angenommen, der Nexus von *B* und *A* wäre nicht schon im Gedanken von *B* gedacht. Dann müßte ich, wenn ich angebe, warum ich *A* urteile, nicht nur *B* anführen, sondern zusätzlich diesen Nexus. Nur so könnte ich sicherstellen, daß die Erklärung meines Urteils mit der Einsicht in seine Geltung zusammenfällt. Doch dann haben wir ein neues *B*. Deshalb kann es nicht allgemein so sein, daß etwas anderes als der Gedanke von *B* nötig ist, um für die Einsicht zu sorgen, daß es gültig ist, *A* zu urteilen.[9]

Wenn ich *A* aufgrund von *B* urteile, sorgt mein Urteil *B* durch sich selbst dafür, daß ich einsehe, daß es richtig ist, *A* zu urteilen. Indem ich *B* urteile, erkenne ich, daß es richtig ist, *A* zu urteilen. Meine Vorstellung der Geltung des Urteils *A* ist daher kein von meinem Urteil *B* verschiedener Akt. Vielmehr ist meine Vorstellung der Geltung des Urteils *A*, vollständiger artikuliert, die Vorstellung seiner Geltung *als durch B ausgewiesen*. Und da es dasselbe ist, es für richtig zu halten, *A* zu urteilen, wie *A* zu urteilen, ist das, was ich urteile, da ich *A* urteile, vollständiger artikuliert, *A aufgrund von B*. Wenn ich sage, daß ich *A* aufgrund von *B* urteile, beschreibe ich keine gegebene Bestimmung meiner, des urteilenden Subjekts. Sondern ich entfalte, was ich urteile, da ich *A* urteile. Es ist nicht so, daß ich von einem zu einem anderen Urteil übergehe. Mein Urteil vertieft sich in sich selbst: Ich urteile *A durch B*. So definiert Frege Schließen: »Urteilen, indem man sich anderer

9 Wäre der Nexus von *A* und *B* ein Drittes, das nicht schon in *B* gedacht wird, gäbe ich aus demselben Grund jemand anderem darin, daß ich ihm erkläre *Ich denke A weil B*, nicht alles, was für ihn nötig ist, um *A* zu urteilen. Ich müßte ihm außerdem sagen, daß *B* ein hinreichender Grund ist, *A* zu urteilen, wovon ich *ex hypothesi* nicht spreche.

Wahrheiten als Rechtfertigungsgründen bewußt ist, heißt schließen.« Kants Auffassung der Konklusion eines Schlusses formuliert denselben Gedanken.[10]

10 Gottlob Frege, *Logik (1879-1891),* in: H. Hermes/F. Kambartel (Hg.), *Nachgelassene Schriften,* Hamburg 1969, S. 1-8, hier S. 3. Kant sagt, die Konklusion eines Schlusses sei die Form des Schlusses, seine Prämissen seine Materie. Kant, *Logik,* in: Kants gesammelte Schriften 9, Berlin 1923, A 121: »In den Vordersätzen oder Prämissen besteht die Materie, und in der Conclusion, *sofern sie die Consequenz enthält,* die Form der Vernunftschlüsse.« (Hervorhebung S.R.)

7. Das Urteilsvermögen

7.1. Das Ungenügen der Rechtfertigung

Die Geltung eines Urteils ist objektiv: Sie hängt allein davon ab, was geurteilt wird, und von keiner gegebenen Bestimmung derer, die urteilt. Da die Objektivität des Urteils sein Selbstbewußtsein ist, ist das Urteil so objektiv wie seine Geltung: Ein gültiges Urteil hängt allein davon ab, was es urteilt, und von keiner gegebenen Bestimmung des Subjekts; was das Subjekt urteilt, erklärt, warum es das urteilt. Die Vorstellung, daß ein gültiges Urteil durch etwas erklärt werden könnte, das nicht im Urteilen selbst verstanden ist, daß das Urteil von einer gegebenen Bestimmung des Subjekts abhängen könnte, löst das Verständnis des Urteils als objektiv gültig auf.

Es ist jedoch unklar, ob wir die Objektivität des Urteils durch die Überlegungen im vorigen Kapitel verstehen. Wir haben zwei Formen der Erklärung betrachtet, die die Objektivität des erklärten Urteils aufweisen. In einer Erklärung der ersten Form erklärt das, was geurteilt wird, allein und durch sich selbst, warum es geurteilt wird: Das Urteil ist in sich gültig. In einer Erklärung der zweiten Form bezieht das, was ein Urteil erklärt, das, was in diesem Urteil geurteilt wird, auf etwas anderes und erweitert so, was es urteilt: Das Urteil wird als gültig *ausgewiesen*, seine Erklärung ist eine Rechtfertigung. Diese zweite Form der Erklärung aber steht nicht in sich selbst. Und die erste Form kann sie nicht tragen.

Wenn ich durch *B* erkläre, warum ich *A* urteile, urteile ich sowohl *A* als auch *B*. Diese Urteile sind in einem geistigen Akt verbunden: Mein Urteil *B* ist meinem Gedanken, daß es richtig ist, *A* zu urteilen, intern, welcher Gedanke mein Urteil *A ist*. Indem ich also erkläre, daß ich *A* urteile aufgrund von *B*, entfalte ich, was ich urteile, da ich *A* urteile: Ich urteile *A aufgrund von B*. Die Beziehung ist aber nicht symmetrisch. Wenn ich *A* aufgrund von *B* urteile, urteile ich nicht im selben Akt *B* aufgrund von *A*. Indem ich *A* aufgrund von *B* urteile, sehe ich, daß *B* nicht-*A* ausschließt. Ich verstehe darin aber nicht, daß *A* nicht-*B* ausschließt. Mein Gedanke, daß es richtig ist, *A* zu urteilen, gründet in meinem Urteil *B*, doch mein Gedanke, daß es richtig ist, *B* zu urteilen, gründet nicht in meinem Urteil *A*.

Wie aber erkenne ich, daß es richtig ist, *B* zu urteilen, da ich *A* aufgrund von *B* urteile? Da meine Einsicht in die Geltung meines Urteils nichts anderes ist als meine Erklärung, warum ich so urteile, heißt das: Wie kann ich verstehen, warum ich *B* urteile, so, daß sich darin die Objektivität meines Urteils zeigt, so also, daß mein Urteil von nichts abhängt als davon, was ich urteile, und von keiner gegebenen Bestimmung meiner, der es urteilt? Wenn ich das nicht verstehe, verstehe ich nicht, wie ich es für gültig halten kann, *A* zu urteilen, indem ich es aufgrund von *B* urteile. Denn der Gedanke, daß es richtig ist, *B* zu urteilen, ist meinem Urteil *A aufgrund von B* intern. Natürlich kann mein Urteil sich weiter in sich vertiefen und etwas in sich einschließen, das zeigt, daß es richtig ist, das zu urteilen, worauf ich mein Urteil gründe: Ich urteile vielleicht *A* aufgrund von *B*, indem ich *B* aufgrund von *C* urteile. Doch nun ist die Geltung meines Urteils *C* in diesem erweiterten Akt unverstanden. Es gibt einen Regreß.

Daraus wollen wir vielleicht schließen, daß wir nicht *alles* rechtfertigen können; einiges müssen wir für selbstverständlich halten, wenn wir anderes rechtfertigen wollen. Wiewohl das das Rechtfertigen beschränkt, untergräbt es nicht die Schlüssigkeit der Rechtfertigung innerhalb dieser Schranke. Das jedoch ist nichts, was ich *im* Urteilen von meinem Urteil denken kann. Wenn ich *A* aufgrund von *B* urteile, schließt mein Gedanke der Geltung meines Urteils *A* den Gedanken der Geltung meines Urteils *B* ein: Indem ich *A* aufgrund von *B* urteile, halte ich es für richtig, *A* zu urteilen, *in der Weise, daß ich es für richtig halte, B zu urteilen*. Wenn ich nicht verstehe, warum ich *B* urteile, in einer Weise, die zeigt, daß es gültig ist, so zu urteilen, habe ich, da ich sage, daß ich *A* aufgrund von *B* denke, nichts getan, um *auf diese Weise* zu erklären, warum ich *A* urteile. Was ich gebe, ist keine Rechtfertigung; bestenfalls ist es eine E-Erklärung, die angibt, daß dies, daß ich *B* urteile, mich dazu bringt, *A* zu denken, womit ich nicht einmal vorgebe auszuschließen, daß die Dinge anders sind, als ich urteile, da ich *A* urteile.

Wenn Rechtfertigen die einzige Weise wäre zu erkennen, daß es gültig ist zu urteilen, was man urteilt, dann wäre erkennen, daß es gültig ist, eines zu urteilen, erkennen, daß es gültig ist, etwas anderes zu urteilen. Und es hat keinen Sinn zu sagen, etwas urteilen sei etwas weiteres urteilen.[1] Wäre also Rechtfertigung die einzige Wei-

1 Wittgenstein bemerkt, daß das Problem eines scheinbaren Regresses allgemein nicht darin liegt, daß er an kein Ende kommt, sondern darin, daß er nicht in Gang

se, in der man verstehen kann, warum man urteilt, was man urteilt, wäre es unmöglich, das zu verstehen. Und dann wäre es unmöglich, sein Urteil für gültig zu halten. Wir urteilen aber und urteilen etwas aufgrund von etwas. Dadurch zeigen wir, daß es eine andere Weise gibt, die Geltung eines Urteils im Urteilen einzusehen.[2]

7.2. Das Urteil ohne Gegensatz; sein Unvermögen zu rechtfertigen

Es mag scheinen, als liege das Problem darin, daß die Reihe der Rechtfertigungen unabgeschlossen bleibt. Könnte ich sie abschließen, sähe ich, daß es richtig ist, ihr erstes Glied und damit sämtliche ihrer Glieder zu urteilen, und verstünde darin, warum ich so urteile. Nun hatten wir Urteile, die als gültig ausgewiesen werden, von solchen unterschieden, die in sich gültig sind. Wenn ein Urteil in sich gültig ist, ist urteilen, was man so urteilt, allein und durch sich selbst, einsehen, daß es richtig ist, es zu urteilen. Und damit ist es allein und durch sich selbst verstehen, warum man es urteilt. Deshalb braucht ein Urteil, das in sich gültig ist, keine Rechtfertigung. Es ist nicht einmal denkbar, daß es durch etwas gerechtfertigt würde. Ein Urteil ohne Gegensatz ist in sich vollkommen; es läßt im Gedanken seiner Geltung keinen Raum für etwas anderes als das von ihm Geurteilte. Daher scheint es vielleicht, als käme die Kette der Rechtfertigungen in einem solchen Urteil zum Abschluß; es scheint, als lieferte ein Urteil ohne Gegensatz einen Endpunkt der Rechtfertigung.

kommen kann. Vgl. *Zettel*, in: *Über Gewissheit*, Werkausgabe, Bd. 8, Frankfurt/M. 1984, § 693: »Das Raisonnement, das zu einem endlosen Regreß führt, ist nicht darum aufzugeben, weil ›wir so nie das Ziel erreichen können‹, sondern darum, weil es hier ein Ziel nicht gibt; so daß es gar keinen Sinn hat zu sagen ›wir können es nicht erreichen‹. Wir meinen leicht, wir müßten den Regreß ein paar Stufen weit durchlaufen und ihn dann sozusagen in Verzweiflung aufgeben. Während seine Ziellosigkeit (das Fehlen des Ziels im Kalkül) aus der Anfangsposition zu entnehmen ist.«

2 Hier gebe ich Wittgenstein wieder. Vgl. *Philosophische Untersuchungen*, § 201: »Dadurch zeigen wir nämlich, daß es eine Auffassung einer Regel gibt, die nicht eine Deutung ist.« (Siehe dazu mein »The Idea of Practice«, in: Pirmin Stekeler-Weithofer (Hg.), *Wittgenstein. Zu Philosophie und Wissenschaft*, Hamburg 2012, S. 190-202.)

Es scheint nur so. Ein Urteil ohne Gegensatz schließt nicht nur aus, daß es durch ein anderes Urteil gerechtfertigt wird; es schließt auch aus, daß ein anderes Urteil es rechtfertigt. Nicht nur ergibt es keinen Sinn, von einem Urteil ohne Gegensatz zu denken, es gründe in etwas; es ist ebenso sinnlos zu denken, etwas gründe in ihm. Denn ein Urteil, das in einem Urteil ohne Gegensatz gründete, wäre in letzterem enthalten. Und ein Urteil, dessen Geltung in einem Urteil ohne Gegensatz verstanden ist, ist ohne Gegensatz. Ein Urteil ohne Gegensatz etabliert nicht die Geltung irgendeines Urteils mit Gegensatz. Wenn ich *A* aufgrund von *B* denke, dann erklärt *B* nicht allein und durch sich selbst, warum ich *B* denke.[3]

Wir meinen vielleicht, daß, wenn es auch kein letztes Glied einer Kette des Rechtfertigens gibt, wir uns die Kette doch als vollständig denken können. Betrachten wir also die Idee einer *vollständigen* Kette des Rechtfertigens. Eine vollständige Kette ist ein einheitliches Urteil, das alle seine Glieder umfaßt. Was *es* urteilt, sorgt allein und durch sich selbst für die Einsicht in die Geltung des Urteils seiner und also für die Erklärung eben dieses Urteils. Denn da die Kette vollständig ist, bleibt ihr nichts äußerlich, das verlangte, sich einem Anderen zuzuwenden, durch das man die Geltung

3 Paul Franks stellt die grundlegende Schwierigkeit des Deutschen Idealismus so dar: Es gibt zwei Ordnungen des Begründens, physisches Begründen, das einem Regreß unterliegt, und metaphysisches Begründen, das dem Regreß entgeht. Diese beiden Ordnungen müssen voneinander getrennt gehalten werden: Es kann nichts geben, das metaphysisch begründet ist und gleichwohl etwas Physisches begründet. Die Schwierigkeit besteht darin, etwas, das metaphysisch begründet ist, als etwas zu verstehen, das die Ordnung physikalischen Begründens trägt, ohne die beiden Ordnungen des Begründens miteinander zu vermischen. Vgl. Franks' »Heterogenitätsforderung« in *All or Nothing. Systematicity, Transcendental Arguments, and Skepticism in German Idealism*, Cambridge/Mass. 2005, S. 102: »Die Wurzel des Problems kann wie folgt beschrieben werden. Vom absolut Unbedingten meint man, es sei das erste Glied einer Reihe von Bedingungen, die es begründet. Obgleich man bemüht ist, die Eigenständigkeit des absolut Unbedingten sicherzustellen, etwa, indem man seine zeitliche (oder modale) Transzendenz annimmt, wird es dann dennoch unausweichlich mit den anderen Gliedern der Reihe *homogen*. Und so unterliegt es dann den Gesetzen der Reihe – der Forderung nach einem Antezedens – und ist damit nicht länger das absolut Unbedingte, mit Hilfe dessen man die Forderung der Vernunft ein für allemal zu erfüllen hoffte. Will man diesem Problem beikommen, kann das folglich nur gelingen, indem man die Heterogenität des absolut Unbedingten gegenüber einem jeden Glied der Reihe von Bedingungen gewährleistet.«

des Urteils verstünde. Die vollständige Kette ist ein Urteil ohne Gegensatz; in der vollständigen Kette sind ihre Glieder Momente des Urteils ohne Gegensatz. Ein Urteil also, das als Glied einer Kette des *Rechtfertigens* mit Gegensatz ist, ist ohne Gegensatz, da die Kette *vollständig* ist. Das ist inkohärent.

Die Idee einer vollständigen Kette des Rechtfertigens, die ein Urteil ohne Gegensatz wäre, hat keinen Sinn. Gleichermaßen sinnlos ist die Idee eines Endpunkts des Rechtfertigens, der ebenfalls ein Urteil ohne Gegensatz wäre. Diese beiden Weisen, Rechtfertigung zu fundieren, entsprechen der These und der Antithese der Antinomien in Kants transzendentaler Dialektik: Die Antithese findet den Grund der Reihe in der Reihe als ganzer, die These in ihrem ersten Glied.[4] Daß Erfahrungsurteile außerstande sind, in einer dieser Weisen verstanden zu werden, präsentiert Kant als indirekten Beweis dafür, daß sich unsere Erkenntnis dessen, was sinnlich gegeben ist, nur auf Erscheinungen bezieht. Wir werden uns diesem Gedanken später zuwenden, wenn auch nur kurz, und fragen, ob er einer ist, den wir *im* Urteilen denken können. Vorerst nehmen wir an, daß im Selbstbewußtsein des Urteils gewußt ist – gewußt von jedem, sofern er überhaupt urteilt –, daß der formale Gegenstand des Urteils die Wirklichkeit ist, nicht Erscheinungen.

4 *Kritik der reinen Vernunft*, A417-A418/B445-446: »Dieses Unbedingte kann man sich nun gedenken, entweder als bloß in der ganzen Reihe bestehend, in der also alle Glieder ohne Ausnahme bedingt und nur das Ganze derselben schlechthin unbedingt wäre, und denn heißt der Regressus unendlich; oder das absolut Unbedingte ist nur ein Teil der Reihe, dem die übrigen Glieder derselben untergeordnet sind, der selbst aber unter keiner anderen Bedingung steht. In dem ersteren Falle ist die Reihe a parte priori ohne Grenzen (ohne Anfang), d. i. unendlich, und gleichwohl ganz gegeben, der Regressus in ihr aber ist niemals vollendet, und kann nur potentialiter unendlich genannt werden. Im zweiten Falle gibt es ein Erstes der Reihe, welches in Ansehung der verflossenen Zeit der Weltanfang, in Ansehung des Raumes die Weltgrenze, in Ansehung der Teile, eines in seinen Grenzen gegebenen Ganzen, das Einfache, in Ansehung der Ursachen die absolute Selbsttätigkeit (Freiheit), in Ansehung des Daseins veränderlicher Dinge die absolute Naturnotwendigkeit heißt.«

7.3. Erklärung durch Vermögen

Wir haben zwei Weisen der Erklärung eines gültigen Urteils unterschieden: Ein Urteil wird allein durch das erklärt, was es urteilt, oder durch etwas anderes als das, was es urteilt. Diese Dichotomie ist vertraut. Sie liegt dem Gegensatz von Fundamentalismus und Kohärentismus zugrunde. Der Kohärentismus ist die Idee, daß ein Urteil nur durch ein anderes Urteil als gültig erkannt werden kann; der Fundamentalismus ist die Idee, daß es Urteile gibt, die durch sich selbst als gültig erkannt werden können: selbstevidente Urteile. Obgleich es solche Urteile gibt, sind sie jedoch ohne Gegensatz und rechtfertigen daher kein Urteil mit Gegensatz. Sie eignen sich nicht dazu, den Kohärentismus zu bannen. Die Idee, daß es Urteile mit Gegensatz gibt, die gleichwohl in sich gültig sind, ist der *Mythos des Gegebenen*. Der Mythos ist der inkohärente Gedanke, daß das, was in einem Urteil mit Gegensatz geurteilt wird, das Absolute ist. Der Mythos des Gegebenen ist eine Art Idolatrie.

Urteile, die in sich gültig sind, und Urteile, die als gültig ausgewiesen werden: Da der Mythos ein Mythos ist, können dies nicht die einzigen Formen des Verstehens der Geltung eines Urteils sein. Wir müssen nach einer Form der Erklärung jenseits dieser Dichotomie suchen. Wir finden sie in der Idee eines *Vermögens*.

Indem ich urteile und darin mein Urteil für gültig halte, schließe ich das entgegengesetzte Urteil aus: Da ich urteile, daß die Dinge so sind, schließe ich aus, daß sie nicht so sind. So ist ein Urteil mit Gegensatz der Gedanke seiner eigenen Modalität: Ich muß so urteilen, ich kann unmöglich das Entgegengesetzte urteilen; die Dinge müssen so sein, sie können nicht anders sein. Wovon schließe ich das entgegengesetzte Urteil aus? Wir mögen antworten: Von nichts Bestimmtem; ich schließe es aus, Punkt. Das ist die richtige Antwort. Eine andere Weise, sie zu formulieren, ist: Im Urteilen schließe ich das entgegengesetzte Urteil *vom Urteilen* aus. Ich brauche nichts zu benennen, wovon ich es ausschließe, denn das ist schon dadurch gegeben, daß das, was ausgeschlossen wird, ein Urteil ist. Indem ich das entgegengesetzte Urteil ausschließe, denke ich, daß es dem, was es ist – Urteil –, nicht entspricht. Es stimmt mit sich selbst, dem Urteil, nicht überein. Umgekehrt denke ich im Urteilen, daß mein Urteil dem, was es ist – Urteil –, entspricht. Ich denke von meinem Urteil, daß es mit sich selbst, dem Urteil, übereinstimmt. Da ich das denke, unterscheide ich Urteil von Urteil: Urteil, den Akt, von Urteil, dem Begriff. In einem Urteil mit Gegensatz, im Gedanken seiner Geltung, beziehe ich Urteil, den Akt, auf Urteil, den Begriff.

Gleichermaßen können wir sagen, daß ich Urteil, den Akt, auf Urteil, das Vermögen, beziehe. Allgemein ist das Vermögen der Begriff oder die Natur von etwas, verstanden als seine Ursache. Eine Natur oder ein Begriff erklärt das, was diese Natur hat oder den Begriff verwirklicht, und erklärt eben darin, daß es seiner Natur oder seinem Begriff entspricht. So erklärt die Natur des Birnbaums, warum ein gegebener Birnbaum blüht, indem sie erklärt, daß das gegenwärtige Blühen des Baumes seiner Natur entspricht. Insoweit das Blühen dieses Baums seiner Natur als Birnbaumblüte nicht entspricht (wenn der Baum zur falschen Zeit blüht oder sich seine Knospen nicht öffnen), wird das Geschehen nicht durch die Natur des Birnbaums allein erklärt, sondern muß auf Umstände zurückgeführt werden, in denen der Baum sich zufällig findet.

Der Begriff des Urteils, wie er im Urteil verstanden ist, ist Vermögen, weil er Urteile erklärt, die ihm gemäß sind. Das ist so, weil ich es im Urteilen für gültig halte, so zu urteilen, was heißt, daß ich mein Urteil für seinem Begriff gemäß halte. Zudem denke ich, daß die Geltung meines Urteils, dies also, daß es seinem Begriff gemäß ist, kein Zufall ist: Mein Urteil ist nicht aufgrund von Umständen gültig, in denen ich zufälligerweise urteile, sondern kraft dessen, daß es das Urteil ist, das es ist, kraft dessen also, daß es urteilt, was es urteilt. Da es kein Zufall ist, daß mein Urteil seinem Begriff entspricht, erklärt der Begriff des Urteils mein Urteil, und erklärt darin, daß es seinem Begriff entspricht. Indem ich urteile, beziehe ich mein Urteil auf seinen Begriff, und das so, daß ich mein Urteil auf das Vermögen zu urteilen beziehe. Ich beziehe Urteil, den Akt, auf Urteil, das Vermögen, als auf das, was die Geltung des Akts erklärt und damit sicherstellt.[5]

5 Die Idee, daß die grundlegende Form der Rechtfertigung eines Urteils sein Bezug auf ein Vermögen oder eine Fähigkeit ist, hat in den vergangenen Jahren an Bedeutung gewonnen. Jedoch wird sie manchmal im Rahmen einer (der Illusion einer) externalistischen Erklärung von Wissen verfolgt. Der Begriff eines Erkenntnisvermögens ist dann einer, der eine gegebene Bestimmung des Subjekts bezeichnet. Ein solcher Begriff aber kann für die Rechtfertigung des Urteils keine Rolle spielen. In *Quellen des Wissens* entwickelt Andrea Kern den Begriff einer selbstbe-

Der Gedanke des Vermögens zu urteilen ist der Gedanke der Modalität des Urteils, der dem Urteil mit Gegensatz intern ist. Ein Vermögen verleiht seinem Akt Notwendigkeit. Mein Gedanke, daß ich urteilen muß, was ich urteile, daß ich das Entgegengesetzte nicht urteilen kann, ist der Gedanke meines Urteils als Akts des Urteilsvermögens. Das Vermögen zu urteilen ist die Ursache, die gültiges Urteilen notwendig macht.

Der Begriff des Urteils, wie er im Urteil gedacht ist, ist der Begriff der Erkenntnis. Daher ist das Vermögen, auf das ich mein Urteil beziehe, das Erkenntnisvermögen. Die Idee, daß jemand urteilt, daß die Dinge soundso sind, enthält die Idee, daß sein Urteil dem Erkenntnisvermögen entspringt. Diese Idee bestimmt das Bewußtsein eines jeden als eines, der überhaupt etwas sagt. Angenommen, du sagst etwas, und jemand anderes sagt das Entgegengesetzte. Solange du seine Rede nicht als Akt des Erkenntnisvermögens verstehst, kann der Gedanke nicht aufkommen, daß er eine Frage für dich aufwirft. Wenn dein Bewußtsein seiner nicht durch diese Idee bestimmt ist, verstehst du seine Rede wie die Worte eines Affen, der diese auf einer Schreibmaschine tanzend zu Papier bringt. Die Idee eines anderen als vermögend zu erkennen geht jeder Vorstellung voraus, die man von seiner Intelligenz im allgemeinen und seiner Kompetenz in bestimmten Dingen haben mag. Sie ist nichts anderes als die Idee seiner als eines urteilenden Subjekts.

7.4. Das Vermögen der Erkenntnis durch Affektion

Wenn ich das, was ich urteile, nur urteilen kann, indem meine Sinne affiziert werden, ist mein Urteil nicht ohne Gegensatz. Denn im Falle eines Urteils ohne Gegensatz erklärt das, was geurteilt wird, allein, warum es geurteilt wird. Es gibt hier keinen Raum für eine Bedingung, unter der es geurteilt wird, die zu der hinzuträte, daß die Dinge so sind, wie geurteilt wird. Sinnliche Affektion aber ist eine solche Bedingung. Ein Urteil also hat einen Gegensatz, wenn es nur durch Affektion möglich ist.

Ein gültiges Urteil kann nur so von Affektion abhängen, daß es

wußten Erkenntnisfähigkeit. Auch John McDowell tut das in zahlreichen Schriften. (Manchmal sagt er nicht explizit, daß die Fähigkeit, auf die er sich beruft, in der ersten Person gedacht wird, doch in seiner Darstellung ist das stets implizit.)

selbst diese seine Abhängigkeit versteht. Ein Urteil, das von Affektion abhängt, ohne selbst ein Bewußtsein dieser Abhängigkeit zu sein, ist ungültig.[6] Da ich mein Urteil für gültig halte, bin ich mir in meinem Urteil der Abhängigkeit meines Urteils von Affektion bewußt; die Abhängigkeit von sinnlicher Affektion ist dem, was ich durch Affektion urteile, intern. Im grundlegenden Fall hängt ein Urteil mit Gegensatz von der Affektion durch den Gegenstand eben dieses Urteils ab. Diese Abhängigkeit ist im Urteil verstanden; sie zeigt sich in seiner logischen Form, etwa darin, daß das Urteil ein Tempus hat oder demonstrativ bezugnimmt.[7] In dieser Weise bezieht sich das Urteil auf etwas *als* etwas, das die Sinne derjenigen, die so urteilt, affiziert. Wir können Urteile, die von der Affektion durch ihren Gegenstand abhängen, *Wahrnehmungsurteile* nennen. Vorerst konzentrieren wir uns auf diese. Wenn es darüber hinaus noch weitere Urteile gibt, die von Affektion abhängen, wird das im Zug unserer Überlegungen zutage treten. Denn es wird dem Selbstbewußtsein des Wahrnehmungsurteils intern sein.

Ich beziehe mein Wahrnehmungsurteil auf das Erkenntnisvermögen als ein Vermögen, das die Affektion bestimmter Sinne einschließt. Wenn jemand fragt, warum ich *A* denke, und das ein Wahrnehmungsurteil ist, kann ich antworten: Ich kann sehen (habe gesehen) oder hören (habe gehört) oder fühlen (habe gefühlt), daß *A*. Indem ich so antworte, präsentiere ich mein Urteil als Akt des Vermögens, durch einen bestimmten Sinn oder bestimmte Sinne zu erkennen. Es ist gesagt worden, Aussagen wie *Ich sehe, daß A* beantworteten nicht die Frage *Warum denkst du das?*, sondern die Frage *Woher weißt du das?*[8] Es ist unglücklich, daß auf diese Weise nahegelegt wird, es gäbe hier einen Gegensatz, denn ich kann erklären, warum ich etwas denke, indem ich zeige, woher ich es weiß. Es stimmt jedoch, daß Sehen, Fühlen usw. Arten des Erkennens sind: Die Verben »sehen«, »fühlen« usw. stehen für Weisen, in denen man etwas erkennt; sie bezeichnen Seiten des Erkenntnisvermögens. Wenn ich einem, der fragt, warum ich denke, daß die Dinge so sind, antworte, *Ich sehe, daß sie so sind*, dann

6 *Kritik der reinen Vernunft*, A294/B350: »[...] daß der Irrtum nur durch den unbemerkten Einfluß der Sinnlichkeit auf den Verstand bewirkt werde.«

7 Vgl. Gareth, Evans, *The Varieties of Reference*, sowie mein *Kategorien des Zeitlichen*.

8 Vgl. John L. Austin, »Other Minds«, in: J. O. Urmson / G. J. Warnock (Hg.), *Philosophical Papers*, S. 76-116.

artikuliere ich etwas, das ich *in* meinem Urteil verstehe. Ich gehe nicht über das hinaus, was ich im Urteilen dessen, was ich urteile, verstehe; ich artikuliere ein meinem Urteil internes Verstehen: den Gedanken meines Urteils als Akts des Vermögens, durch Affektion zu erkennen.

Indem ich erkenne, daß mein Urteil von Affektion abhängt, verstehe ich es als Erkenntnis, welches Verstehen ich zum Beispiel ausdrücke durch *Ich sehe, daß*. Das hat die Vorstellung aufgebracht, ein Urteil sei Erkenntnis, weil und insofern es von Affektion abhängt. Das paßt zu der Vorstellung, daß Denken kraft dessen objektiv ist, daß es sich auf etwas anderes als sich selbst bezieht. Denn etwas, das ich dadurch erkenne, daß ich von ihm affiziert werde, ist, wie es ist, unabhängig davon, daß ich erkenne, daß es so ist. Jedoch legt nichts von dem, was wir gesagt haben, nahe, daß der Charakter eines Wahrnehmungsurteils als Erkenntnis darauf beruht, daß es von Affektion abhängt. Daß ein Urteil von Affektion abhängt, zeigt für sich nicht, daß es gültig ist. Indem ich urteile, was ich urteile, beziehe ich mein Urteil auf seinen Begriff, das heißt das Erkenntnisvermögen. Da mein Urteil von Affektion abhängt, verstehe ich das Erkenntnisvermögen in diesem Urteil spezifisch als Vermögen der Erkenntnis durch Affektion.

7.5. Die Form der Erklärung durch das Vermögen; wie sie unsere Schwierigkeit auflöst und dem Mythos entgeht

In einem Urteil mit Gegensatz erkenne ich es als notwendig zu urteilen, wie ich urteile, und beziehe mein Urteil also auf eine Ursache, die ihm Notwendigkeit verleiht. Wenn mein Urteil einen Gegensatz hat, schien es, kann ich nur durch etwas anderes als durch das, was ich urteile, erklären, warum ich urteile, was ich urteile. Wenn das stimmte, wären Urteile mit Gegensatz unmöglich. Nun sehen wir, daß ein Urteil durch etwas erklärt werden kann, das von dem, was es urteilt, nicht verschieden ist, ohne daß das bedeutet, daß das Urteil in sich gültig ist: Urteil, der Akt, wird durch Urteil, das Vermögen, erklärt. Hier erkläre ich mein Urteil nicht durch etwas anderes: Da ich mein Urteil auf das Erkenntnisvermögen zurückführe, erweitere ich nicht seinen Gegenstand. Der Gedanke des Erkenntnisvermögens ist im *Ich denke* enthalten. In der Tat ist das *Ich denke* das Erkenntnisvermögen; das Erkenntnisvermögen ist in jedem Urteil mit Gegensatz verstanden.

Ich verstehe mein Wahrnehmungsurteil als gültig, indem ich es auf das Urteilsvermögen, das Vermögen sinnlicher Erkenntnis, beziehe und nicht auf etwas anderes als das, was ich urteile. Ein Wahrnehmungsurteil ist also wie ein Urteil, das in sich gültig ist, insofern der Gedanke seiner Geltung nichts enthält, als was in ihm geurteilt ist. Das erklärt, warum Verben, die Weisen sinnlicher Erkenntnis bezeichnen, insbesondere »sehen«, in einigen Sprachen auch das Urteil ohne Gegensatz bezeichnen: intellektuelle Anschauung. Und es erklärt die Anziehungskraft des Mythos des Gegebenen, der den Charakter des Urteils ohne Gegensatz auf das Wahrnehmungsurteil überträgt.

Da der in einem Urteil enthaltene Gedanke seiner eigenen Geltung sein Bezug auf das Erkenntnisvermögen ist, ist die Gefahr eines Regresses der Rechtfertigung gebannt. Wir müssen jedoch sicherstellen, daß wir richtig verstehen, wie sie gebannt wird. In einem Wahrnehmungsurteil halte ich es für notwendig zu urteilen, wie ich urteile, da ich mein Urteil auf das Vermögen beziehe, durch einen bestimmten Sinn zu erkennen, den Gesichtssinn etwa: *Ich sehe, daß A*. Da ich mich im Gedanken der Geltung meines Urteils nicht auf etwas anderes als das in ihm Geurteilte beziehe, scheint es vielleicht, als lieferte mein Urteil dem Rechtfertigen einen Endpunkt. Doch das ist falsch. Wir sehen das, wenn wir bemerken, daß die Erklärung eines Urteils durch das Erkenntnisvermögen nicht ausschließt, daß es durch etwas anderes als das, was es urteilt, erklärt wird. Und nicht nur schließt ein Wahrnehmungsurteil seine Erklärung durch etwas anderes nicht aus; es enthält die Idee seiner Rechtfertigung. Es tut das auf zweierlei Weise.

Erstens, wenn ich wahrnehmend erkenne, *daß* die Dinge so sind, weiß ich darin nicht, *warum* sie so sind. Ich habe keine Ursache dafür angegeben, daß sie so sind, die zeigen würde, daß sie nicht zufällig so sind, sondern so sein müssen. Ja, es ist angemessen zu sagen, daß ich, da ich weiß, daß die Dinge so sind, *noch nicht* weiß, warum sie so sind. Denn was ich in einem Wahrnehmungsurteil weiß, weist die Frage, warum es ist, wie es ist, nicht ab. Da es möglich ist zu erklären, warum die Dinge sind, wie ich sie wahrnehme, ist es möglich, mein Urteil, daß sie so sind, zu rechtfertigen. Denn wiewohl nicht jede Rechtfertigung eines Urteils, daß die Dinge so sind, erklärt, warum sie so sind, gilt doch das Umgekehrte: Eine Erklärung dafür, warum die Dinge so sind, rechtfertigt als solche das Urteil, daß sie so sind. Da *B* erklärt, warum *A*, können die Dinge, gegeben *B*, nicht anders sein als *A*. Indem ich *A* durch *B* erkläre, verstehe ich *B* also als etwas, das sicherstellt, daß es richtig ist, *A* zu urteilen. Ich erkenne durch *B* die Geltung des Urteils *A* und verstehe mich darin als *A* aufgrund von *B* urteilend. Da das, was in einem Wahrnehmungsurteil geurteilt wird, so ist, daß es durch etwas anderes verstanden wird, ist auch der Akt, in dem es geurteilt wird, so, daß er durch etwas anderes verstanden wird.

Zweitens erlaubt es ein Wahrnehmungsurteil, über seine Geltung im Licht anderer Dinge, die man weiß, nachzudenken. So verstehen wir ein Gespräch wie dieses: »Ich sehe *A*.« – »Ich denke nicht: *A* kann nicht sein, weil *B*.« Ein Wahrnehmungsurteil kann durch etwas als falsch erwiesen werden, das zeigt, daß die Dinge anders sind als in diesem Urteil geurteilt. Umgekehrt behaupte ich darin, daß ich *A* urteile, nicht nur, daß es falsch ist, nicht-*A* zu urteilen, sondern daß es falsch ist, nicht-*A* aufgrund von *B* zu urteilen, und das für jedes *B*. In meinem Wahrnehmungsurteil schließe ich alles als ungültig aus, das zeigen würde, daß die Dinge anders sind, als ich urteile.[9] Das ist die Kraft des Urteils, das im Erkenntnisvermögen gründet. Doch da ich darin, daß ich *A* urteile, jeden Grund ausschließe, das Entgegengesetzte zu urteilen, verstehe ich *A* so, daß sich ein Urteil dazu – eine Antwort auf die Frage, ob *A* – auf Gründe stützen kann.[10] Ich verstehe, was ich urteile, als fähig,

9 Das wird vom größeren Teil der gegenwärtigen erkenntnistheoretischen Literatur bestritten. Doch wir müssen das hier nicht diskutieren. (Eine befriedigende Diskussion findet sich in Andrea Kern, *Quellen des Wissens*. Vgl. auch mein *Selbstbewußtsein*, Berlin 2011, Kapitel 5.) Es bestreiten heißt, sich dem Skeptizismus oder dem Externalismus (der sich vom Skeptizismus nicht unterscheidet) ausliefern. Daß sie den genannten Gedanken bestreitet, zeigt nur das Unvermögen der Literatur, das Bewußtsein der Geltung zu verstehen, das für das Urteil konstitutiv ist. In diesem Unvermögen wiederum zeigt sich ein Mangel an Vertrautheit mit dem Begriff des Vermögens, insbesondere des Erkenntnisvermögens. Darüber sind wir hinaus, da wir das Bewußtsein der Geltung besprechen, das in dem Bewußtsein liegt, das ein Urteil von sich selbst als im Erkenntnisvermögen gründend hat.

10 Im nächsten Kapitel werden uns diese beiden Weisen, in denen Wahrnehmungsurteile die Idee ihrer Rechtfertigung enthalten, erneut begegnen: insofern ich denke, daß das, was ich urteile, erklärt werden kann, und insofern ich ausschließe, daß es hinreichende Gründe gibt, seinen Gegensatz zu urteilen.

so vertieft zu werden, daß es etwas einschließt, das rechtfertigt, es zu urteilen.

Wahrnehmungsurteile schließen keinen Regreß des Rechtfertigens ab. Täten sie das, ergäbe die Idee der Rechtfertigung eines Wahrnehmungsurteils keinen Sinn, ein Gespräch wie das obige wäre unverständlich, die Idee einer Erklärung dafür, warum die Dinge sind, wie man wahrnimmt, daß sie sind, leer. Denn wenn die Geltung eines Urteils mit Gegensatz in einer Kette von Rechtfertigungen gründete, die in einer ausgezeichneten Art von Urteil an ein Ende kommt, enthielte jeder Gedanke der Geltung eines jeden Urteils immer schon den Gedanken der Geltung dieser Endpunkte. Kein Urteil könnte, als Gedanke seiner eigenen Geltung, jemals angeführt werden, um einen solchen Endpunkt zu rechtfertigen oder in Frage zu stellen. Ein Endpunkt wäre in sich gültig. Der Mythos des Gegebenen ist die Idee, daß es Urteile mit Gegensatz gibt, die in sich gültig sind. Er ist die Idee, daß es Urteile gibt, die einen Regreß der Rechtfertigung abschließen. Da wir sehen, daß auch Wahrnehmungsurteile Gegenstand der Rechtfertigung sind, entgehen wir dem Mythos.[11]

11 Die Vorstellung eines Urteils, das einen Endpunkt rechtfertigt oder in Frage stellt, ist wie die Vorstellung von etwas, das den ersten Beweger anstößt oder an seinem Platz hält. – Es mag scheinen, als führe McDowell in *Mind and World* (Cambridge/Mass. 1994; deutsch: *Geist und Welt*, Frankfurt/M. 2001) die Erfahrung ein, um einen Regreß zu beenden, der sonst das Urteilen heimsuchte. Es mag also scheinen, als verträte er eine Art Fundamentalismus, der die Empfindung des Empiristen durch eine passive Ausübung begrifflicher Fähigkeiten ersetzt. Doch das ist falsch, denn ein Anfangspunkt des Urteilens – wenn Urteilen eines solchen Anfangspunkts bedürfte – könnte durch kein Urteil in Frage gestellt werden. In der Tat sagt McDowell explizit, daß sein Vorschlag eine bloße Reformulierung des Fundamentalismus wäre – einer der Terme der Oszillation, die er hinter sich lassen will –, wenn Wahrnehmungsurteile nicht der Kritik offenstünden (*Mind and World*, Vorlesung 1, Abschnitt 5). Die Bedeutung des Punkts, den McDowell hier macht, kann leicht mißverstanden werden. Man mag meinen, ein Endpunkt des Rechtfertigens sei stets nur vorläufig; was jeweils als Endpunkt dient, könne dennoch, falls Gründe für Zweifel aufkommen, in Frage gestellt werden. Doch das ist verwirrt. Entweder ist ein Urteil in dem, was es urteilt, ein Bewußtsein seiner Geltung, und das heißt seiner Notwendigkeit. Dann entsteht kein Regreß, und es braucht keinen Endpunkt. Oder ein Urteil sorgt nicht für das Bewußtsein seiner Notwendigkeit, sondern verlangt nach etwas über das in ihm Geurteilte hinaus, um seine Notwendigkeit zu verstehen. Dann gibt es einen Regreß, dessen Endpunkt – falls es einen gibt – unfähig ist, durch etwas anderes gerechtfertigt zu

Wahrnehmungsurteile, die sich auf das Erkenntnisvermögen zurückführen, schließen sich darin nicht davon aus, gerechtfertigt zu werden. Sie enthalten die Idee von etwas, das ihre Geltung ausweist. So sorgt das Bewußtsein der Geltung von Wahrnehmungsurteilen für die Möglichkeit von Urteilen, die von sinnlicher Erfahrung abhängen, jedoch indirekt: Urteile, die die Geltung von Wahrnehmungsurteilen ausweisen. Denn ein Urteil, das ein Wahrnehmungsurteil rechtfertigt, ist dem letzteren intern und daher ebenso von Affektion abhängig wie dieses. Somit gibt es Urteile, die nicht direkt, als Wahrnehmungsurteile, von Affektion abhängen, sondern indirekt, darin, daß sie Wahrnehmungsurteile rechtfertigen. Wir nennen Urteile, die direkt oder indirekt von Affektion abhängen, *Erfahrungsurteile*.

Da Wahrnehmungsurteile direkt von Affektion abhängen, enthält ihr Bezug auf das Erkenntnisvermögen die Idee eines bestimmten Sinns, zum Beispiel *Ich sehe*, daß *A*. Urteile, die indirekt von Affektion abhängen, enthalten keinen Bezug auf einen bestimmten Sinn, sondern auf die Sinnlichkeit allgemein. Das *Ich denke* von Erfahrungsurteilen ist das *Ich erfahre*; es ist das Vermögen der sinnlichen Erfahrung. Das Erkenntnisvermögen ist in jedem Erfahrungsurteil so tätig, daß sein Tätigsein gewußt ist; es ist insbesondere in jedem Urteil tätig, das andere Urteile rechtfertigt. Das Erkenntnisvermögen, weit entfernt, einen Endpunkt für Ketten des Rechtfertigens zu liefern, ist eine vorgängige Einheit aller Erfahrungsurteile, die so sind, daß sie sich als rechtfertigend und gerechtfertigt verknüpfen.

werden. Verbinden wir beides, indem wir zuerst sagen, Urteilen unterliege einem Regreß, und dann, dessen Endpunkt sei fähig, in Frage gestellt zu werden, womit wir dem Endpunkt dieselbe Form zuordnen, die den Regreß entstehen läßt, sagen wir gar nichts.

8. Die Selbstbestimmung des Vermögens

8.1. Erkenntnisvermögen und Rechtfertigung

Ein Regreß drohte, da es schien, ich könnte die Notwendigkeit zu urteilen, wie ich urteile, im Fall eines Urteils mit Gegensatz nur verstehen, indem ich ein Urteil auf ein anderes gründe. Doch das ist falsch. Erfahrungsurteile gründen im Erkenntnisvermögen; daher entsteht kein Regreß, und es braucht keine Endpunkte. Doch nun erhebt sich eine andere Frage – in gewissem Sinn die entgegengesetzte. Ein Urteil mit Gegensatz, im Gedanken seiner als im Erkenntnisvermögen gründend, sorgt durch sich selbst für die Erkenntnis seiner Notwendigkeit. Es scheint nichts weiter zu bedürfen, um seine Notwendigkeit einzusehen; insbesondere scheint es keiner Rechtfertigung zu bedürfen. Während wir so nicht länger von der Frage getrieben sind, wie unser Rechtfertigen an ein Ende kommt, sehen wir nun nicht mehr, wie es beginnen kann. Wie kann ein Erfahrungsurteil über das, was es urteilt, hinausweisen auf etwas anderes als seinen Grund? Es scheint, als müsse sich ein Urteil, das dem Erkenntnisvermögen entspringt, selbst genügen.

Wir möchten vielleicht sagen, daß, obzwar ein Erfahrungsurteil nicht gerechtfertigt werden muß, es doch gerechtfertigt werden kann. Ich kann ein Wahrnehmungsurteil rechtfertigen, muß es aber nicht, um mir seiner Geltung gewiß zu sein. Ich verknüpfe Urteile, die ich schon als gültig erkenne, in Ketten des Rechtfertigens.

Nun trifft es zu, daß Urteile, die im Rechtfertigen verbunden werden, schon als gültig verstanden sind. Es kann aber nicht stimmen, daß die Rechtfertigung eines Urteils dem Gedanken seiner Geltung äußerlich ist. Was ein Urteil rechtfertigt, zeigt, daß es notwendig ist, so zu urteilen – es zeigt, daß man unmöglich das Gegenteil urteilen kann –, wobei der Gedanke dieser Notwendigkeit und Unmöglichkeit kein anderer ist als der Gedanke, daß das Urteil gültig ist. Wenn daher das Verständnis der Notwendigkeit zu urteilen, wie man urteilt, in einem Erfahrungsurteil in sich vollständig wäre – wie es das in einem Urteil ohne Gegensatz ist –, wäre undenkbar, daß etwas es rechtfertigt.[1]

1 Das, denke ich, ist Hegels Gedanke in »Verhältniß des Skepticismus zur Philosophie, Darstellung seiner verschiedenen Modificationen, und Vergleichung des

Da das Erkenntnisvermögen für den Gedanken der Notwendigkeit des Urteils sorgt, scheint es keinen Raum für Rechtfertigung zu lassen. Wir wissen, daß das falsch ist. Wenn es stimmte, hätten Erfahrungsurteile keinen Gegensatz. Das Erkenntnisvermögen muß, eben durch die Weise, in der es für die Erkenntnis der Notwendigkeit des Urteils sorgt, begründen, daß es der Rechtfertigung bedarf. Nur wenn wir verstehen, wie es das tut, verstehen wir, wie der Verweis auf das Erkenntnisvermögen dem Mythos des Gegebenen entgeht. Nur dann verstehen wir, wie dieser Verweis unsere ursprüngliche Frage beantwortet: die Frage, wie ein Urteil mit Gegensatz sich in einer Weise verstehen kann, die seiner Objektivität adäquat ist. Wie verlangt das Bewußtsein der Geltung eines Urteils, das das Erkenntnisvermögen liefert, die Entfaltung eben dieses Bewußtseins in einer Rechtfertigung? Wie öffnet die Scheidung von Vermögen und Akt den Raum des Rechtfertigens?

8.2. Das Erkenntnisvermögen als *das* Vermögen

Wir haben das Erkenntnisvermögen als Fall eines allgemeinen Begriffs des Vermögens eingeführt: Ein Vermögen ist ein Begriff, insofern er die Ursache seines Gegenstands ist. Da das Urteil jedoch selbstbewußt ist, ist der Begriff des Urteils nicht ein Begriff, sondern *der* Begriff; da das Urteil objektiv ist, ist das Vermögen zu urteilen nicht ein Vermögen, sondern *das* Vermögen. Wir müssen über die Bedeutung nachdenken, die dieser Charakter des Urteils für die Weise hat, in der das Erkenntnisvermögen für die Geltung oder Notwendigkeit des Urteils einsteht.

Damit ein Vermögen etwas ist und nicht nichts, darf der entsprechende Begriff nicht leer sein. Es muß möglich sein, ihn zu artikulieren. Die Artikulation des Begriffs ist eine Beschreibung des Vermögens. Wir beschreiben das Vermögen von *N*s, *A* zu tun, indem wir sagen, wie *N*s im allgemeinen *A* tun. Indem wir das Vermögen von *N*s beschreiben, sagen wir, was es heißt – was es für *N*s heißt –, *A* zu tun; wir legen den Inhalt des Begriffs des *A*-Tuns dar, sofern er auf *N*s angewendet wird. Wenn wir etwa das Vermögen von Birnbäumen zu blühen beschreiben, sagen wir, wie die Din-

neuesten mit dem alten«, in: *Jenaer Kritische Schriften*, Gesammelte Werke 4, Hamburg 1968, S. 197-238.

ge im allgemeinen ablaufen, wenn Birnbäume blühen. So sagen wir, was es für Birnbäume heißt zu blühen. Die Beschreibung eines Vermögens, die Exposition des entsprechenden Begriffs, ist so allgemein wie das beschriebene Vermögen; sie ist ein System allgemeiner Aussagen. Durch sie verstehen wir bestimmte Veränderungen oder Akte, die sie exemplifizieren. Solche Aussagen machen eine Wissenschaft aus oder einen Teil einer solchen, wobei eine Wissenschaft ein gegliedertes System allgemeiner Erkenntnis ist. So ist etwa die Beschreibung der Birnbaumblüte Teil der Wissenschaft vom Birnbaum.

Da ein Vermögen seine Akte so erklärt, daß es deren Übereinstimmung mit ihrem Begriff erklärt, spezifizieren die Aussagen, die das Vermögen beschreiben und den Begriff explizieren, einen inneren Maßstab der Vollkommenheit der Akte des Vermögens: ein Maß, dem sie unterstehen kraft dessen, was sie sind. Das Vermögen des Birnbaums zu blühen zum Beispiel erklärt, warum sich ein gegebener Birnbaum hier und jetzt so verändert, wie er es tut: Es erklärt, warum dies und jenes, in dieser Reihenfolge und zu jenem Zeitpunkt, geschieht. Insofern das Blühvermögen des Birnbaums die gegebenen Veränderungen dieses gegebenen Baums erklärt, entspricht das, was hier und jetzt geschieht, seinem inneren Maßstab der Vollkommenheit und nicht *per accidens*. Kraft dessen, daß es dem Vermögen entspringt, ist das Geschehen so, wie es als das, was es ist, sein soll, nämlich als Blüte eines Birnbaums.

Diese Idee des Vermögens haben wir zum Urteilen gebracht. Da ich mein Urteil für gültig halte, beziehe ich es auf das Erkenntnisvermögen. Darin denke ich, daß es seinem inneren Maßstab der Vollkommenheit genügt, daß es ist, wie es als das, was es ist – Urteil –, sein soll. Da das Vermögen mein Urteil erklärt, ist es kein Zufall, daß es ist, wie es sein soll; es ist kein Zufall, daß die Dinge sind, wie ich urteile. Mein Urteil ist Erkenntnis.

Hier scheinen wir den Begriff des Urteils zu verwenden, um ein bestimmtes Vermögen herauszugreifen, indem wir angeben, wozu es ein Vermögen ist: Es ist ein Vermögen – nicht zu blühen, sondern – zu urteilen. Der Begriff des Urteils tritt an die Stelle, die vorhin der Begriff der Blüte eingenommen hat. Indem wir darlegen, was es für einen Birnbaum heißt zu blühen, erläutern wir das Maß der Vollkommenheit, dem Veränderungen dieses Baums kraft dessen, was sie sind – Blüte eines Birnbaums –, unterliegen. Im Fall solcher Veränderungen, die durch das Vermögen des Birnbaums zu blühen erklärt werden, ist ihre Übereinstimmung mit diesem Maßstab kein Zufall. Nun sprechen wir nicht über das Blühvermögen oder das Blühvermögen des Birnbaums, sondern über das Erkenntnisvermögen oder das Erkenntnisvermögen des Menschen. Der Begriff der Erkenntnis bestimmt das innere Maß der Vollkommenheit, mit dem Akte, die dem Vermögen entspringen, übereinstimmen. Indem wir darlegen, was es heißt zu erkennen, erläutern wir den Maßstab, an den das Urteilen als Urteilen gebunden ist. Anhand dieses Maßstabs unterscheiden wir gültige von ungültigen Urteilen, wie wir anhand unseres Wissens darum, was es für Birnbäume heißt zu blühen, gesundes von krankhaftem Blühen unterscheiden.

Wie bestimmt der Begriff der Erkenntnis diesen Maßstab? Wie sollen wir das Vermögen der Erkenntnis beschreiben und den Begriff der Erkenntnis explizieren? Folgendes liegt nahe: Das Urteil, daß die Dinge so sind, stimmt nur dann mit seinem inneren Maß der Vollkommenheit überein, wenn die Dinge wirklich so sind und nicht zufällig. Das heißt, ein Urteil ist nur Erkenntnis, wenn es einem Grund aufruht oder einer Ursache entspringt, kraft derer es kein Zufall ist, daß es mit dem, was ist, übereinstimmt.

Es stimmt, daß das eine Erläuterung des Begriffs der Erkenntnis ist. Doch es spezifiziert kein Maß, dem das Urteil genügt, da es dem Erkenntnisvermögen entspringt. Denn der Begriff dessen, was ist, wie es ist, durch den wir erklären, was es heißt zu erkennen, ist nichts anderes als der Begriff des Urteils: Es ist der Begriff des formalen Gegenstands des Urteils, und der Begriff eines Vermögens und der Begriff seines formalen Gegenstands sind ein Begriff. Unsere Erläuterung des Begriffs der Erkenntnis sagt nichts anderes, als daß ein Urteil seinem inneren Maß der Vollkommenheit genau dann entspricht, wenn es seinem Begriff entspricht. Wir können das an einem Beispiel verdeutlichen. Grizzly-Nahrung ist der formale Gegenstand des dem Grizzlybären eigenen Nährvermögens. Deshalb ist es eine Tautologie, daß sich ein Grizzlybär in Übereinstimmung mit seinem Nährvermögen ernährt, wenn er Grizzly-Nahrung frißt. Das ist dasselbe wie zu sagen, daß seine Akte der Nahrungsaufnahme in Ordnung sind, wenn sie seinem Vermögen entsprechen, womit man keine Aussage über Grizzlybären trifft, sondern über Vermögen und ihre Akte. Dasselbe gilt, wenn wir sagen, daß jemand in Übereinstimmung mit dem Erkenntnisvermögen urteilt, wenn er urteilt, daß die Dinge sind, wie sie sind. Da dies, daß die Dinge soundso sind, der formale Gegenstand des Urteils ist, ist das dasselbe wie zu sagen, daß ein Urteil gültig ist, wenn es dem Urteilsvermögen entspricht.

Wäre alles, was wir über die Birnbaumblüte sagen können, dies, daß sie die Blüte von Birnbäumen ist, wäre alles, was wir darüber sagen können, worin sich ein Birnbaum, der gesund blüht, von einem, der krankhaft blüht, unterscheidet, dies, daß der eine blüht, wie es Birnbäume tun, während das für den anderen nicht gilt, dann wäre es eine Illusion zu meinen, wir erklärten etwas, da wir über das Blühvermögen des Birnbaums sprechen. Und es wäre eine Illusion zu meinen, wir verstünden die Vollkommenheit von irgend etwas, indem wir es auf das Blühvermögen des Birnbaums zurückführen. Denn dann wäre der Begriff der Birnbaumblüte und so die Erklärung eines Geschehens durch diesen Begriff leer. Solange wir jedoch darüber, was es heißt zu erkennen, nur sagen, was wir oben gesagt haben, ist eben das unsere Lage. Die Begriffe, die wir verwendet haben, sind Begriffe, durch die wir Vermögen und Akt allgemein denken; sie identifizieren kein bestimmtes Vermögen, keinen Fall des allgemeinen Begriffs des Vermögens unterschieden von anderen solcher Fälle.

Es ist eine Tautologie, daß sich ein Grizzlybär in Übereinstimmung mit seinem Nährvermögen ernährt, wenn er Grizzly-Nahrung frißt. Wir gelangen über die Tautologie hinaus, wenn wir sagen, was der Grizzlybär frißt: Beeren etwa. Unsere Beschreibung des Urteilsvermögens aber enthält keine weitergehende Bestimmung seines formalen Gegenstands und also keine weitergehende Bestimmung des Vermögens. Sie ist leer. Das sollte uns nicht überraschen. Die Leere des Begriffs des Urteils spiegelt die Objektivität des Urteils. Da das Vermögen zu urteilen objektiv ist, hat es keine gegebene Natur. Hätte es eine, begrenzte sie, was in Akten des Vermögens erfaßt werden kann, und die Geltung seiner Akte hinge von einer gegebenen Bestimmung des Subjekts ab.[2] Das Urteilsvermögen ist keine gegebene Natur, die man als begrenztes Element dessen, was ist, untersuchen könnte. Der Begriff des Urteils kann durch keine solche Untersuchung bestimmt werden. Wir erlangen

2 Vgl. Kapitel 3.

einen spezifischeren Begriff des Nährvermögens des Grizzlybären, wenn wir Grizzlybären und ihre Nahrung erforschen. Es gibt keine entsprechende Untersuchung, die sich auf das Urteilsvermögen bezöge.

Der Begriff der Erkenntnis ist nicht *ein* Begriff neben anderen. Er ist im *Ich denke* enthalten und also in jedem Begriff. Er ist *der* Begriff. Daher bestimmt er nicht, was einen das Erkenntnisvermögen *zu tun* instand setzt. Er verhält sich anders zum Begriff des Vermögens. Eine Erkenntnis ist ein Urteil, das so durch den Begriff, das heißt das Vermögen der Erkenntnis erklärt wird, daß es der Gedanke seiner selbst als diesem Vermögen entspringend ist; der Begriff ist die Ursache des Akts, indem er in diesem Akt gedacht wird. Das beschreibt den Akt, seinen Begriff und ihr Verhältnis zueinander; es entwickelt die Begriffe des Vermögens und des Akts, wie sie das Urteil betreffen. Der Begriff der Erkenntnis bezeichnet also nicht, wozu uns ein Vermögen befähigt, sondern *die Weise, in der es Vermögen ist*: selbstbewußt. Der Begriff der Erkenntnis ist von derselben Allgemeinheit wie der Begriff des Vermögens. Als Selbstbewußtsein oder als *Ich denke* ist das Urteilsvermögen *das* Vermögen: Vermögen, das nichts anderes ist als der Begriff des Vermögens.[3]

8.3. Die Selbstbestimmung des Erkenntnisvermögens

Der Begriff der Erkenntnis bestimmt keinen allgemeinen Begriff des Vermögens, indem er angibt, was zu tun einen das Vermögen befähigt. Denn er ist kein Begriff neben anderen. Es kann scheinen, daß das die Erklärung eines Urteils durch das Erkenntnisvermögen ihrer Bedeutung beraubt. Im Urteilen beziehe ich mein Urteil auf das Erkenntnisvermögen als seine Quelle. Es ist keine gegebene Tatsache, daß mein Urteil diesem Vermögen entspringt. Mein Urteil entspringt ihm so, daß es selbst der Gedanke dieses Vermögens als seiner Quelle ist. Wir können das ausdrücken, indem wir sagen, daß ich nicht nur in Übereinstimmung mit dem Vermögen urteile, sondern *aus* meiner Idee dieses Vermögens; ich leite mein Urteil aus dem Vermögen ab. Es gibt jedoch nichts in meinem Begriff der

3 Vgl. Aristoteles, *De Anima*, 429a18-22.

Erkenntnis, aus dem ich ein bestimmtes Urteil ableiten könnte, ein Urteil etwa, das sich auf einen gegebenen Birnbaum bezieht. Denn der Begriff der Erkenntnis ist nichts anderes als *der* Begriff, und meine Verwendung eines bestimmten Begriffs wird nicht angeleitet dadurch, daß ich ihn als Begriff denke. Der Gedanke der Modalität des Urteils, der dem Urteil intern ist, gründet in der Unterscheidung von Urteil, dem Vermögen, und Urteil, dem Akt: In meinem Urteil, daß die Dinge so sind, halte ich es für notwendig so zu urteilen, indem ich denke, daß mein Urteil im Erkenntnisvermögen gründet. Nun scheint diese Unterscheidung zusammenzubrechen. Es gibt nichts außer meinem Urteil, auf das ich mein Urteil beziehe, da ich es auf das Erkenntnisvermögen beziehe.

Es stimmt, daß wir das Erkenntnisvermögen nicht in einer Weise beschreiben, die ein Maß der Vollkommenheit bestimmt, wenn wir sagen, eine Erkenntnis sei ein intern gültiges Urteil. Es wäre vorschnell zu schließen, daß es keine Beschreibung des Erkenntnisvermögens gibt. Das Erkenntnisvermögen ist nichts Gegebenes, doch das heißt nicht, daß es nichts ist. Das Erkenntnisvermögen hat keine gegebene Bestimmung, doch das heißt nicht, daß es unbestimmt ist. Es heißt, daß es durch sich selbst bestimmt ist: Die Beschreibung des Erkenntnisvermögens ist ein Akt eben dieses Vermögens.

Da wir entscheiden, ob ein Urteil Erkenntnis ist, vergleichen wir es mit dem Erkenntnisvermögen. Womit vergleichen wir es? Ein Vermögen ist etwas Allgemeines, seine Beschreibung ein System allgemeiner Aussagen. Das also, woran wir ein Urteil messen, da wir es an seinem Vermögen messen, ist durch allgemeine Urteile angegeben. Ein System allgemeiner Urteile ist eine Wissenschaft. Ein Urteil mit Erkenntnis vergleichen heißt, es mit einer Wissenschaft vergleichen. Wissenschaft ist, was erkannt ist; sie ist *die Erkenntnis*, können wir sagen. Eine bestimmte Wissenschaft ist eine partielle Beschreibung des Erkenntnisvermögens und eine partielle Erläuterung des Begriffs der Erkenntnis. Wir irrten, als wir in dem Gedanken, Erkenntnis sei das nicht zufällig gültige Urteil, eine Erklärung dessen finden wollten, was es heißt zu erkennen. Die Wissenschaft, *was erkannt ist*, gibt an, *was es heißt zu erkennen*.

Ein Urteil auf das Erkenntnisvermögen beziehen heißt, es auf ein System allgemeiner Erkenntnis beziehen. Wenn sich das Urteil auf einen blühenden Birnbaum bezieht, ist die relevante partielle Beschreibung des Erkenntnisvermögens die Wissenschaft vom Birnbaum. Die Wissenschaft vom Birnbaum ist auch eine Beschreibung des dem Birnbaum eigenen Vermögens zu blühen. Ein und dasselbe System allgemeiner Aussagen ist eine partielle Beschreibung des Erkenntnisvermögens und eine Beschreibung eines erkannten Vermögens. Darin zeigt sich das Selbstbewußtsein des Urteils. Der Gedanke der Geltung eines Urteils ist kein Urteil zweiter Stufe mit seinem eigenen besonderen Gegenstand. Daher ist die Wissenschaft, die das Erkenntnisvermögen beschreibt, keine besondere Wissenschaft: eine Wissenschaft der Kognition, Kognitionswissenschaft. Der Begriff der Erkenntnis ist *im* Urteil gedacht, das so als Erkenntnis gedacht ist. Deshalb verstehen wir das Urteilsvermögen, indem wir verstehen, was wir urteilen. So ist das Erkenntnisvermögen kein Vermögen neben anderen: Es gibt nicht neben der Wissenschaft vom Birnbaum die Wissenschaft von der Erkenntnis. Das Erkenntnisvermögen ist alle Vermögen oder *das* Vermögen; die Wissenschaft der Erkenntnis ist alle Wissenschaft oder *die* Wissenschaft.

Die Beschreibung des Erkenntnisvermögens ist ein Akt dieses Vermögens: Sie ist Erkenntnis. Eine besondere Wissenschaft ist, als partielle Beschreibung des Erkenntnisvermögens, Erkenntnis und also ein Akt des Vermögens, das sie beschreibt. So ist der Begriff der Erkenntnis nicht leer. Er ist bestimmt. Wir bestimmen ihn; wir bestimmen *die Erkenntnis* in unserem Erkennen dessen, was wir erkennen. In unserem Erkennen dessen, was wir erkennen, erkennen wir, was Erkenntnis ist. Wir bestimmen das Erkenntnisvermögen nicht durch eine empirische Untersuchung einer bestimmten Wirklichkeit: »mentaler Zustände« und Dispositionen. Dann wäre das Urteil nicht objektiv; seine Geltung hinge nicht allein von seinem Gegenstand ab. Die Bestimmung des Erkenntnisbegriffs ist die Artikulation des Selbstbewußtseins des Urteils. Es ist ein Irrtum zu glauben, der Begriff des Urteils sei deshalb ohne Inhalt. Es ist ein Irrtum zu glauben, das Selbstbewußtsein des Urteils sei die bloße Form des Urteils. Wir sind uns der Prinzipien, nach denen wir urteilen, im Urteilen bewußt. Da sie die Prinzipien sind, denen unsere Urteile entspringen, bestimmen sie, was es heißt zu urteilen. Wenn man etwas anderes glaubt, meint man entweder, die wahre Erklärung unserer Urteile liege in etwas anderem als dem, wovon wir *in* unserem Urteilen wissen, daß es sie erklärt. Oder man meint, daß, insofern unsere Urteile einen Gegensatz haben, nichts erklärt, warum wir urteilen, wie wir urteilen. Es ist jedoch unmöglich, das zu denken, was diese Worte, in der gewöhnlichen Weise verwendet, auszudrücken vorgeben.

8.4. Aristoteles

Ein Urteil mit Gegensatz unterscheidet Urteil von Urteil: Urteil, das Vermögen, von Urteil, dem Akt. Wir stellen fest, daß diese Unterscheidung eine weitere enthält, eine von Vermögen und Vermögen: Es gibt das bloße Vermögen, wie wir sagen können, und das Vermögen als durch sich selbst bestimmt, das Vermögen als sein eigener Akt: Wissenschaft. Das Urteil mit Gegensatz birgt eine dreifache Unterscheidung: Vermögen – Vermögen/Akt – Akt.

So versteht Aristoteles das Erkenntnisvermögen: Eine besondere *episteme* ist ein *erster Akt* des Erkenntnisvermögens. Im Verhältnis zu bestimmten Urteilen ist dieser erste Akt Vermögen, weshalb Aristoteles ihn auch *zweites Vermögen* nennt. Entsprechend ist ein bestimmtes Urteil zweiter Akt.[4] Wir wollen Aristoteles' Idee eines ersten und zweiten Vermögens vor dem Hintergrund unserer Überlegungen durchgehen.

In *De Anima* 417a21 ff. unterscheidet Aristoteles sinnliche Wahrnehmung von Erkenntnis wie folgt: Erkenntnis weist einen dreifachen Unterschied von erstem Vermögen, zweitem Vermögen und Akt auf, sinnliche Wahrnehmung hingegen einen zweifachen von Vermögen und Akt. Hier ist, was er sagt: Es gibt drei Weisen, auf die einer ein Erkennender genannt wird. Zunächst ist ein bestimmter Mensch einer, der erkennt, insofern Menschen zu denen zählen, die erkennen und Wissenschaft haben; zweitens erkennt einer, insofern er über die Wissenschaft der Grammatik verfügt; drittens gibt es den, der gerade denkt und versteht (*theorein*), der vollendet und im leitenden Sinn (*kyrios*) dieses bestimmte *A* erkennt. Die ersten beiden Weisen zu erkennen beschreiben Weisen, der Erkenntnis fähig zu sein (*dynaton*). Sie unterscheiden sich darin, daß ein Mensch aufgrund seines *genos* oder seiner Materie im ersten Sinn

4 In 412a21-23 stellt er die Wissenschaft als einen ersten Akt dar, in 417a21-28 als zweites Vermögen.

der Erkenntnis fähig ist, im zweiten Sinn aber, insofern er über etwas nachdenken und etwas verstehen (*theorein*) kann, wenn er will.

Aristoteles definiert das erste Vermögen durch ein Merkmal, das zweite Vermögen durch ein anderes. Das impliziert, daß das zweite Vermögen nicht das definierende Merkmal des ersten aufweist und das erste nicht das definierende Merkmal des zweiten. Da ein Mensch das erste Vermögen aufgrund seines *genos* hat, hat er *nicht* aufgrund seines *genos* ein zweites Vermögen. Und da er kraft dessen, daß er ein zweites Vermögen hat, etwas Bestimmtes erkennen kann (dieses *A*), befähigt ihn das erste Vermögen *nicht*, irgend etwas zu erkennen.

Wir wollen ein Vermögen wie den Gesichtssinn, das nicht in erstes und zweites Vermögen zerfällt, ein *einfaches Vermögen* nennen. Die Pointe der doppelten Kennzeichnung des Unterschieds von erstem und zweitem Vermögen tritt zutage, wenn wir fragen, ob ein einfaches Vermögen dem ersten oder einem zweiten Vermögen entspricht. Der Gesichtssinn ist wie ein zweites Vermögen, insofern er das Tier, das über ihn verfügt, befähigt, etwas zu sehen, nämlich das, was für diese Art Gesichtssinn sichtbar ist. Zugleich ist es wie das erste Vermögen darin, daß das Tier seinen Gesichtssinn kraft seiner Spezies hat. Wir können das so ausdrücken, daß wir wie Aristoteles sagen, das Tier verfüge von Geburt über seinen Gesichtssinn. Denn da ein Tier von Geburt seiner Spezies angehört, hat es von Geburt alles, was in seiner Spezies enthalten ist. Wir können auch sagen, einem Tier komme sein Gesichtssinn von Natur (*phusei*) zu, denn seine Spezies ist seine Natur (*phusis*). Die beiden Hinsichten also, nach denen Aristoteles erstes und zweites Vermögen unterscheidet, zeigen an, daß in einem geteilten Vermögen zwei Dinge auseinandertreten, die in einem einfachen Vermögen eins sind: der Charakter eines Vermögens, nach dem es die, die es hat, zu tun befähigt, wozu es das Vermögen ist, und den Charakter eines Vermögens, nach dem die, die es hat, es von Natur oder Geburt hat. Das Erkenntnisvermögen, das ein Mensch von Geburt, von Natur, kraft seines Menschseins hat, ist kein Vermögen, irgend etwas zu erkennen; umgekehrt ist ein Vermögen, etwas zu erkennen, eines, das die, die es hat, nicht von Geburt hat.

Man meint vielleicht, ein Vermögen, das den, der es besitzt, nicht befähigt zu tun, wozu es das Vermögen ist, sei ein seltsames Vermögen. Ja, man mag meinen, daß es gar kein Vermögen ist. Aristoteles sagt selbst in der *Metaphysik*, daß etwas im primären Sinn (*protos*) Vermögen ist, wenn es sein Subjekt befähigt zu tun, wozu es das Vermögen ist (vgl. 1049b13-17). Das läßt offen, daß es ein Vermögen geben kann, das nicht im primären Sinn Vermögen ist. In der erwähnten Passage der *Metaphysik* aber gibt Aristoteles kein Beispiel eines solchen Vermögens; insbesondere nennt er nicht das erste Erkenntnisvermögen als Beispiel. Wir könnten daher versucht sein, das erste Erkenntnisvermögen doch als Vermögen im primären Sinne zu verstehen. Da Aristoteles ihm abspricht, sein Subjekt dazu zu befähigen, irgend etwas zu erkennen, müssen wir ihm etwas anderes zu tun geben. Und wir müssen nicht lange suchen: Das erste Erkenntnisvermögen ist ein Vermögen, Wissenschaften, zweite Vermögen, zu erwerben.

Es stimmt, daß das erste Erkenntnisvermögen ein Vermögen ist, Wissenschaften zu erwerben. Darin aber ist es kein primäres Vermögen, eines, das sein Subjekt befähigt zu tun, wozu es das Vermögen ist. Das erste Erkenntnisvermögen ist ein Vermögen, Wissenschaften zu erwerben, nämlich *erstes* Vermögen, Wissenschaften zu erwerben. Und wie das erste Erkenntnisvermögen die, die es hat, nicht befähigt, irgend etwas zu erkennen, befähigt das erste Vermögen, Wissenschaften zu erwerben, die, die es hat, nicht, irgend eine Wissenschaft zu erwerben. Wir sehen das, wenn wir uns an den allgemeinen Begriff des Vermögens erinnern: Ein Vermögen ist ein Begriff betrachtet als die Ursache dessen, was durch ihn gedacht wird, als Ursache also, die das, was sie erklärt, so erklärt, daß dadurch sichergestellt ist, daß es seinem Begriff und also seinem Vermögen entspricht. Das paßt zu dem, was Aristoteles über Vermögen im primären Sinne sagt: Er sagt, im Fall eines solchen Vermögens sei der Begriff des Vermögens der Begriff seines Akts, und das Vermögen verstehen heiße, den Akt verstehen. Der Begriff des Vermögens also ist der Begriff, durch den wir seinen Akt als das, was er ist, verstehen. Spezifisch ist der Begriff der innere Maßstab eines Akts des Vermögens, der Maßstab, mit dem der Akt übereinstimmen muß, um mit dem übereinzustimmen, was er ist. Ebensowenig nun wie der Begriff der Erkenntnis ein Maß gibt, anhand dessen wir die Geltung eines Urteils beurteilen können, gibt der Begriff des Erwerbs einer Wissenschaft ein Maß einer Tätigkeit, die das Erwerben einer Wissenschaft zu sein vorgibt. Noch befähigt einen dieser Begriff, jemandes Tun als Erwerb einer Wissenschaft zu erkennen (im Unterschied etwa zum Erwerb von Gewohnheiten sinnloser Rede und konfusen Argumentierens). Ich erkenne das, was einer tut, als Erwerb einer Wissenschaft, wenn ich weiß, welche Wissenschaft er erwirbt. Und es ist die erworbene Wissenschaft, die das Maß von Akten ihres Erwerbs ist. Das Vermögen zum Erwerb einer Wissenschaft ist, wenn es Vermögen im primären Sinn sein soll, nicht das erste Erkenntnisvermögen; vielmehr ist es eben die Wissenschaft, zu deren Erwerb es ein Vermögen ist. Das erste Erkenntnisvermögen setzt einen nicht instand, irgendeine Wissenschaft zu erwerben. Ein Vermögen, das das tut, ist eine Wissenschaft; es ist diese Wissenschaft.

Die Art, wie Aristoteles erstes und zweites Vermögen unterscheidet, impliziert, daß ein Vermögen, das, wie es seinem Subjekt von Geburt zukommt, Vermögen im primären Sinn ist, ein einfaches Vermögen ist. Wenn wir daher das erste Erkenntnisvermögen als primäres Vermögen zu verstehen versuchen, machen wir es fälschlich zu einem einfachen Vermögen. Angenommen, das erste Erkenntnisvermögen befähigte sein Subjekt zum Erwerb einer Wissenschaft. Angenommen also, die Tätigkeit des Erwerbs einer Wissenschaft entspränge dem ersten Vermögen so, daß sein Begriff, der Begriff des Erwerbs einer Wissenschaft, das Maß dieser Tätigkeit wäre und es ermöglichte, sie als eben dies zu erkennen: als Erwerb einer Wissenschaft. Dann wäre es falsch, ein erstes Erkenntnisvermögen von der so erworbenen Wissenschaft zu unterscheiden. Das Vermögen unterläge einem Prozess der Reifung, der sich über lange Zeit erstrecken und geeignete äußere Bedingungen erfordern kann. Das rechtfertigte nicht zu bestreiten, daß ein Individuum dieses Vermögen kraft seiner Spezies und von Geburt hat. Es gäbe keinen Grund, das Vermögen in erstes und zweites zu teilen.

Wo es eine Teilung in erstes und zweites Vermögen gibt, ist das erste Vermögen kein Vermögen im primären Sinn. Es befähigt sein Subjekt nicht zu tun, wozu es das Vermögen ist. Das bedeutet, daß die dreifache Teilung in Vermögen, Vermögen/Akt, Akt keine Folge zweier zweifacher Teilungen ist. Das erste Erkenntnisvermögen verhält sich zu seinen zweiten Vermögen nicht so, wie sich ein einfaches Vermögen zu seinen Akten verhält. Während die Akte eines einfachen Vermögens diesem Vermögen entspringen, entspringt ein zweites Erkenntnisvermögen nicht dem ersten. Das erste Vermögen ist kein Vermögen zum Erwerb eines zweiten Erkenntnisvermögens; das Vermögen zum Erwerb eines zweiten Vermögens ist dieses zweite Vermögen.

Wenn das Vermögen, ein zweites Vermögen zu erwerben, dieses Vermögen ist, entspringt ein zweites Vermögen sich selbst. Und das ist es, was Aristoteles sagt. In *Nikomachische Ethik* 1103a unterscheidet er Tugenden und handwerkliche Fertigkeiten (*technai*) wie folgt von Vermögen wie dem Gesichtssinn: Erstere entspringen ihren Akten; letztere gehen ihren Akten voraus. Ein Vermögen, das seinen Akten vorausgeht, ist ein Vermögen, das sein Subjekt von Natur (*physei*) hat, während es die Vermögen, die ihren Akten entspringen, nicht von Natur hat. (Dieselbe Unterscheidung findet sich in *Metaphysik* 1047b31-35, mit »von Geburt« (*syggenes*) anstelle von »von Natur«.) Das ist eine Unterscheidung innerhalb primärer Vermögen, Vermögen also, die die, die über sie verfügt, befähigen, etwas zu tun. Ein primäres Vermögen, das ein Subjekt von Geburt hat, ist ein einfaches Vermögen, und wenn das Vermögen, das ein Subjekt von Geburt oder *physei* hat, kein primäres Vermögen ist, ist das primäre Vermögen ein zweites Vermögen.[5] Weder die *Metaphysik* noch die *Ethik* identifizieren ein erstes Vermögen, das Tugenden und handwerklichen Fertigkeiten als zweiten Vermögen zugrunde liegt. Wir können ihm aber einen Namen geben: Es ist das Vermögen, gut zu handeln oder zu leben; es ist das Vermögen, das Gute zu erkennen.[6]

Wir haben gesagt, ein zweites Vermögen entspringt sich selbst. Aristoteles sagt, ein zweites Vermögen entspringt seinen Akten. Das ist dasselbe. Denn ein zweites Vermögen entspringt *seinen* Akten,

5 In beiden Passagen ist das Beispiel eines Vermögens, das seinen Akten vorausgeht, ein Vermögen sinnlicher Wahrnehmung. Und sinnliche Wahrnehmung wird auch anschließend an die oben erwähnte De-Anima-Passage thematisiert. Hier erklärt Aristoteles, daß das Wahrnehmungsvermögen, wie es einem Individuum von Geburt oder kraft seiner Spezies zukommt, ein Vermögen in dem Sinne ist, in dem eine Wissenschaft eines ist; beide sind derart, daß die, die das Vermögen hat, dadurch fähig ist, das zu tun, wozu das Vermögen Vermögen ist; beide sind also Vermögen im primären Sinn (vgl. 417b16-19).

6 Ein höchst erhellendes Buch dazu, wie sich dieses erste Vermögen zu seinen zweiten Vermögen verhält, ist Jonathan Lears *Radical Hope. Ethics in the Face of Cultural Devastation*, Cambridge/Mass. 2006. Da ich mich nicht auf das Feld praktischer Erkenntnis begeben will, kann ich das hier nicht diskutieren.

Akten seiner, dieses zweiten Vermögens, und so sich selbst.[7] Man wird vielleicht sagen, das sei unmöglich: Ein Vermögen kann nicht sich selbst entspringen, indem es Akten entspringt, die ihm entspringen. Dann müßte man es schon haben, um es zu erwerben, was zeigte, daß man es nie erwerben kann. Aristoteles nennt dieses Argument sophistisch und entgegnet, daß es keinen ersten Moment gibt, in dem man eine Wissenschaft erwirbt, wie es allgemein keinen ersten Moment gibt, in dem sich etwas bewegt. Wenn man dabei ist, eine Wissenschaft zu erwerben, hat man sie schon erworben (partiell), so wie sich etwas, das sich bewegt, schon bewegt hat (ein Stück) (1050a).[8] Und das ist sicher richtig: Es gibt kein erstes Mal, zu dem ein Kind das, was es erkennt, durch allgemeine Prinzipen begreift. Jedes Urteil darüber, was hier und jetzt der Fall ist und geschieht – zweiter Akt –, beinhaltet immer schon ein Verstehen dessen – wie unausgereift und vage es sein mag –, wie die Dinge im allgemeinen sind und was im allgemeinen geschieht – erster Akt.[9]

Aristoteles identifiziert kein erstes Vermögen, das den Tugenden zugrunde liegt. Er legt jedoch nahe, daß wir von Natur aus auf die Tugenden bezogen sind: Wir sind so beschaffen, daß wir sie annehmen und bewahren (*dechesthai, lambanein*). Diese unsere Konstitution ist das erste Vermögen guten Handelns oder der Erkenntnis des Guten. Kraft dieses ersten Vermögens sind wir Subjekte von Vermögen, die wir ausbilden und bewahren und die nicht

7 Daß ein zweites Vermögen keine gegebene Natur ist, sondern sich in seinen Akten selbst bestimmt, hat verschiedene Implikationen. Eine ist, daß ein zweites Vermögen dem Individuum in einem Sinn zu eigen ist, in dem das auf kein einfaches Vermögen zutrifft. Deshalb ist auch das Subjekt solcher Vermögen in einem Sinn Individuum, in dem ein Subjekt ungeteilter Vermögen das nicht ist. Eine andere Implikation ist, daß Lehren und Lernen ein Verhältnis von Individuum zu Individuum (Lehrer zu Schüler, Eltern zu Kind) ins Spiel bringen, das das Subjekt des ersten Vermögens auszeichnet.

8 In Buch Θ der *Metaphysik*, wo Aristoteles Vermögen, die *syggenes* sind, von solchen, die ihren eigenen Akten entspringen, unterscheidet, erwähnt er Wissenschaften nicht. Da er jedoch einen Einwand gegen die Möglichkeit eines Vermögens diskutiert, das seinen eigenen Akten entspringt, stellt er einen Bezug zu Wissenschaften her. Das spricht einmal mehr für die Identifikation des in der *Metaphysik* und der *Nikomachischen Ethik* anzutreffenden Begriffs eines Vermögens, das aus seinen Akten hervorgeht, mit dem Begriff eines zweiten Vermögens aus *De Anima*.

9 Vgl. mein *Kategorien des Zeitlichen*, Kap. 6. Dasselbe gilt im Bereich praktischer Erkenntnis, was ich jedoch beiseite lassen muß.

physei sind, sondern sich selbst entspringen. Wir haben gesehen, wie wir das *nicht* verstehen dürfen: Das erste Vermögen ist kein primäres Vermögen zur Ausbildung zweiter Vermögen. Wie ist es dann zu verstehen? Es gibt einen Aspekt der *De-Anima*-Passage, mit der wir begonnen haben, den wir bisher außer Betracht gelassen haben. Wir haben es so dargestellt, daß Aristoteles sagt, daß das erste Erkenntnisvermögen einem Menschen aufgrund seiner Spezies zukommt. Diese Formulierung haben wir gewählt, um den Sinn hervorzuheben, in dem das erste Vermögen wie ein einfaches Vermögen ist, das dem Subjekt, dem es zukommt, von Geburt oder Natur zukommt. Aristoteles aber sagt nicht, daß ein Mensch aufgrund seiner Spezies im ersten Sinn erkennt, sondern aufgrund seines *genos* oder seiner Materie. Wir können vermuten, daß er sich so ausdrückt, um einen Unterschied zwischen dem ersten Erkenntnisvermögen und einfachen Vermögen anzuzeigen: Ein einfaches Vermögen ist ein Vermögen, etwas zu tun; das erste Vermögen ist das nicht. Eine Spezies bestimmt die primären Vermögen, die den ihr angehörenden Individuen von Natur zukommen. Ein *genos* tut das nicht. Ein *genos* ist hinsichtlich der (primären) Vermögen der ihm angehörenden Individuen unbestimmt. Die Unbestimmtheit des *genos* wird unterstrichen, da es als *Materie* aufgefaßt wird. Materie ist das, dem es an Bestimmtheit mangelt. Das erste Vermögen verhält sich zu seinen zweiten Vermögen, wie sich ein *genos* zu seinen Spezies verhält. Wie das *genos* die Vermögen nicht erklärt, die eine bestimmte Spezies dieses *genos* charakterisieren, erklärt das erste Erkenntnisvermögen keine bestimmte Wissenschaft.

Das erste Vermögen mag passiv erscheinen wie Materie, ein Vermögen, zweite Vermögen anzunehmen. Ein zweites Vermögen aber ist durch sich selbst, und daher besteht der Erwerb eines zweiten Vermögens nicht darin, etwas von etwas zu erleiden.[10] Das erste Vermögen ist unbestimmt, doch es empfängt Bestimmtheit nicht von etwas anderem. Das erste Vermögen bestimmt sich selbst: Ein zweites Vermögen ist das erste Vermögen, insofern dieses sich selbst bestimmt hat. So ist das *genos*, die Materie, die unsere *physis* ist.

Aristoteles legt nahe, daß ein Vermögen dann und nur dann seinen eigenen Akten entspringt, wenn es mit Begriff ist, *meta logou*.

10 Oder mindestens besteht es in einem sehr besonderen Erleiden. Wenn man das versteht, versteht man, was es heißt, jemanden etwas zu lehren und von jemandem zu lernen. Doch das sprengt den Rahmen dieses Buchs.

»Meta logou« bedeutet »selbstbewußt«: Was *meta logou* ist, enthält den Begriff seiner selbst. Als wir sagten, ein Urteil verstehe sich selbst durch seinen eigenen Begriff, hätten wir mit Aristoteles' Worten sagen können, ein Urteil ist *meta logou*. Tugend ist *meta logou*, denn sie ist eine *hexis* des Handelns, nicht nur *kata ton orthon logon*, sondern *meta tou orthou logou* (1144b). Tugendhaft handeln heißt nicht nur, der Tugend entsprechen, sondern aus einem Verständnis der Tugend handeln. Deshalb handelt man nicht schon tugendhaft, indem man tut, was der Tugendhafte tut, sondern nur, wenn man es so tut wie der Tugendhafte (1105b), nämlich aufgrund der Überlegung, aufgrund derer dieser handelt, und mit dem Verständnis, mit dem er handelt. Eine Tugend ist *meta logou*, sie enthält ihren eigenen *logos*; eine Tugend ist für sich selbst ihr Begriff. Sie wird ursprünglich in der ersten Person gedacht und ist der erstpersonale Gedanke ihrer selbst. In Aristoteles' Worten: Es ist der Tugendhafte *als* der Tugendhafte, der weiß, was Tugend ist.[11]

Das erklärt, warum sich das Erkenntnisvermögen und das Vermögen, gut zu handeln, in erstes und zweites Vermögen teilen: Es gibt eine Unterscheidung von erstem und zweitem Vermögen in der Tätigkeit *meta logou*. Ein einfaches Vermögen geht seinen Akten voraus und ist also etwas Gegebenes. Ein selbstbewußtes Vermögen, ein Vermögen *meta logou*, ist nichts Gegebenes. Der Begriff eines selbstbewußten Akts begreift nichts Gegebenes, nichts, das unabhängig davon, daß es so begriffen wird, ist, wie es ist. Daher kann ein Vermögen zu selbstbewußten Akten nur bestimmt sein – es kann ein bestimmtes Vermögen zu solchen Akten, ein Vermögen im primären Sinn, nur geben –, wenn es seinen Akten und also sich selbst entspringt. Das erste Erkenntnisvermögen und das erste Vermögen guten Handelns sind bestimmt in Akten zweiter Vermögen, welche Akte diese zweiten Vermögen entwickeln und bewahren. Während ein gegebenes Vermögen ein Maß seiner Akte

11 Es gibt einen Aspekt von Aristotles' Diskussion der dreifachen Struktur von erstem Vermögen, zweitem Vermögen, Akt, den ich hier außen vor lasse: den zweifachen Charakter des zweiten Vermögens als Einsicht und Übung. Aristoteles diskutiert diesen Aspekt als formalen Charakter der Tugenden (1103a); er scheint zweite Vermögen überhaupt zu bestimmen. Ich lasse das nicht deshalb aus, weil es unwichtig wäre. Im Gegenteil. Ich lasse es aus, weil ich die Identität in der Differenz von Einsicht und Übung auf ihrem Höhepunkt verstehen möchte: als die Identität in der Differenz von absoluter und empirischer Erkenntnis.

ist, ist das erste Vermögen, da es nur in einem zweiten Vermögen bestimmt ist, kein Maß seiner zweiten Vermögen. Im Gegenteil gibt es zweite Vermögen gerade deshalb, weil das erste Vermögen kein solches Maß abgibt. Das Erkenntnisvermögen gibt keinen Maßstab, an dem bestimmte Wissenschaften gemessen werden könnten; das Vermögen, gut zu handeln, liefert keinen Maßstab der Tugenden. Das Erkenntnisvermögen und das Vermögen, gut zu handeln, haben zweite Vermögen, weil Erkenntnis und Tugend keinem gegebenen Maß unterstehen, sondern *ihr eigener Maßstab sind*. Die dreifache Unterscheidung von Vermögen und Akt definiert Vermögen, das nicht gegeben ist; sie ist das Selbstbewußtsein, sofern es Vermögen und Akt ist. Die dreifache Unterscheidung ist die Struktur der Tätigkeit *meta logou*.[12] Sie ist die Struktur objektiver Tätigkeit.

8.5. Die dreifache Modalität des Urteils

Wir haben gesagt, der Begriff der Erkenntnis spezifiziert den allgemeinen Begriff des Vermögens, nicht indem er angibt, was zu tun er das Vermögen wäre, sondern indem er eine Weise bestimmt, Vermögen zu sein: Er ist selbstbewußtes Vermögen, Vermögen, dessen Akte sich selbst auf das Vermögen beziehen, dem sie entspringen. Nun sehen wir, daß das bedeutet, daß der Begriff der Erkenntnis der Begriff nicht von Vermögen und Akt ist, sondern von erstem Vermögen, zweitem Vermögen/erstem Akt und zweitem Akt.

Indem ich mittels der Sinne urteile, verstehe ich, daß mein Urteil dem ersten Vermögen, dem Vermögen sinnlicher Erkenntnis, entspringt. Denn die Abhängigkeit meines Urteils von sinnlicher Affektion bestimmt seine logische Form; diese Abhängigkeit ist im *Ich denke* enthalten, das daher das *Ich erfahre* ist. Und ich beziehe

12 Vgl. die erhellenden Überlegungen zum Begriff der Gewohnheit, die Matthias Haase anstellt (»Geist und Gewohnheit. Hegels Begriff der anthropologischen Differenz«, in: A. Kern/Ch. Kietzman (Hg.), *Selbstbewusstes Leben. Texte zu einer transformativen Theorie der menschlichen Subjektivität*, Berlin 2017, S. 389-426) und die den hier präsentierten Gedanken in seiner Bedeutung für das praktische Denken und die Materialität des Subjekts der Vernunft entwickeln, was eine Tradition beleuchtet, die von Aristoteles über Thomas von Aquin bis zu Hegel reicht.

mein Urteil auf das zweite Vermögen oder die Wissenschaft oder *die Erkenntnis* in seiner Rechtfertigung. Denn eine Rechtfertigung gründet ein Urteil auf Prämissen, deren eine allgemeiner ist als das Urteil, das die Konklusion ist. Ich beziehe also mein Erfahrungsurteil *als den zweiten Akt* des Erkenntnisvermögens *auf das erste Vermögen*; und ich beziehe es auf *den ersten Akt dieses Vermögens*. Da das im Selbstbewußtsein des Erfahrungsurteils verstanden ist, verstehe ich es *in* jedem Erfahrungsurteil. In jedem Erfahrungsurteil denke ich den Begriff des Vermögens, den der Begriff der Erkenntnis bezeichnet: den Begriff der dreifachen Unterscheidung von erstem Vermögen, zweitem Vermögen/erstem Akt und zweitem Akt.

Das Erkenntnisvermögen ist nicht *phusei*, sondern bestimmt nur, da es sich selbst bestimmt. Daraus folgt, daß ich mein Urteil bereits *darin* auf den ersten Akt beziehe, daß ich es auf das erste Vermögen beziehe. Wir wollen explizit machen, wie ich das tue. Der Bezug eines Urteils auf das Erkenntnisvermögen ist der Gedanke seiner Notwendigkeit: Der Begriff des Vermögens trägt den dem Urteil internen Gedanken seiner eigenen Modalität. Diese Modalität können wir als epistemisch bezeichnen, da das Vermögen, das ihr zugrunde liegt, das Erkenntnisvermögen ist. Üblicherweise werden zwei epistemische Modalitäten unterschieden, Möglichkeit und Notwendigkeit. In der formalen Behandlung der relevanten Ausdrücke »Es muß so sein: …«, »Es kann so sein: …« wird ihre Bedeutung so dargestellt, daß sie einen eigenen Parameter einführen in bezug auf die Sätze, die sie enthalten, wahr oder falsch sind.[13] Dieser Parameter wird als »Informationsstand« (*body of information*) bezeichnet; er könnte auch »Erkenntnisstand« (*body of knowledge*) genannt werden. Ein Satz der Form *Es muß so sein: A* ist danach wahr genau dann, wenn *A* durch den Informationsstand impliziert wird, während ein Satz der Form *Es kann so sein: A* genau dann wahr ist, wenn *A* vom Informationsstand nicht ausgeschlossen wird. In unseren Worten: Der Gedanke epistemischer Notwendigkeit ist der Gedanke eines Urteils als in *der Erkenntnis*

13 Seth Yalcin behauptet in »Epistemic Modals«, in: *Mind* 116 (2007), S. 983-1026, der Wert dieses Parameters werde nicht durch den Kontext initialisiert. Das bedeutet, daß der Informationsstand keine gegebene Tatsache ist. Anders gesagt ist Wissenschaft nicht gegeben. Dies macht Yalcins Ansatz, wie er sagt, expressivistisch. Es gibt jedoch keinen Grund zu meinen, daß etwas, das nicht gegeben ist, als solches nur ausgedrückt und nicht geurteilt wird.

eingeschlossen; der Gedanke epistemischer Möglichkeit ist der Gedanke eines Urteils als durch *die Erkenntnis* nicht ausgeschlossen. Wir nennen ein Urteil, das ich als epistemisch notwendig denke, *apodiktisch*, ein Urteil, das ich als epistemisch möglich denke, *problematisch*.

Die Konklusion eines Schlusses oder Arguments können wir – wiewohl wir es nicht müssen – so ausdrücken: *Es muß also so sein, daß A*. Denn etwas aufgrund von etwas urteilen heißt, es in dem Bewußtsein urteilen, daß letzteres ein hinreichender Grund für ersteres ist.[14] Die Prämissen sind der relevante Aspekt *der Erkenntnis*, von der in der Konklusion erkannt wird, daß sie die Konklusion einschließt. Wenn wir die Konklusion eines Schlusses ausdrücken, indem wir sagen *Also muß es so sein*, machen wir die Modalität explizit, die ihr als Konklusion eines Schlusses eignet. Diese Modalität des Urteils ist selbstbewußt: Sie ist im Urteil selbst verstanden.

Ein Erfahrungsurteil ist nicht immer schon die Konklusion eines Schlusses. Ein Urteil, das nicht die Konklusion eines Schlusses ist, können wir *assertorisch* nennen. Einem assertorischen Urteil fehlt nicht der Gedanke seiner Notwendigkeit: Ich halte es für notwendig zu urteilen, wie ich urteile, indem ich mein Urteil auf das Vermögen sinnlicher Erkenntnis als seine Quelle beziehe. Darin beziehe ich es in zweierlei Weise auf *die Erkenntnis*: Erstens halte ich mein Urteil für epistemisch möglich: Ich denke, daß mein Ur-

14 Vgl. Gottlob Frege, *Logik (1879-1891)*, S. 3: »Urteilen, indem man sich anderer Wahrheiten als Rechtfertigungsgründen bewußt ist, heißt schließen.« In »What is Inference?«, in: *Philosophical Studies* 169 (2014), S. 1-18, verwendet Paul Boghossian eine Übersetzung dieser Passage, die lautet: »To make a judgment because we are cognisant of other truths as providing a justification for it is known as inferring.« Das bringt er dann in die Form seines eigenen Prinzips: »S's inferring from p to q is for S to judge q because S takes the (presumed) truth of p to provide support for q.« (»Daß S von p auf q schließt, heißt, daß S q urteilt, weil S glaubt, die (vermeinte) Wahrheit von p stütze q.«) Es ist nicht ausgeschlossen, daß Boghossians Überlegungen eine andere Richtung genommen hätten, wenn er mit einer originalgetreuen Übersetzung hätte arbeiten können, etwa mit dieser: »Judging, being conscious, in so judging, of other truths as justifying grounds is called inferring.« (In der Philosophie ist es keine Seltenheit, daß Übersetzungen fehlgehen wie hier: Sie gehen nicht fehl, weil die Passage schwer zu übersetzen wäre, sondern weil der Übersetzer sich nicht dazu bringen kann, das zu denken, was die Passage sagt, und sie dann verändert und in etwas verwandelt, das er glaubt denken zu können.)

teil durch die Erkenntnis *nicht ausgeschlossen* ist. Und ich denke, daß es meinem Urteil zukommt, in die Erkenntnis *eingeschlossen* zu sein. Denn ich verstehe das erste Vermögen als eines, dem es zukommt, sich in einem ersten Akt selbst zu bestimmen. Indem ich also mein Urteil auf das Vermögen beziehe, denke ich, daß es ihm zukommt, in dem zu gründen, was zu sein diesem Vermögen zukommt: Wissenschaft. Da das erste Vermögen *das Vermögen zu seinem ersten Akt* ist, ist das Urteil, das im ersten Vermögen gründet, *das Vermögen, im ersten Akt des letzteren zu gründen*. Das assertorische Urteil ist potentiell apodiktisch.[15] Wieder ist diese Modalität des Urteils selbstbewußt: Im Urteilen verstehe ich, daß es meinem assertorischen Urteil zukommt, auf hinreichenden Gründen zu ruhen; es kommt ihm zu, apodiktisch zu sein.

So kommen wir auf die beiden Weisen zurück, in denen Wahrnehmungsurteile der Rechtfertigung offenstehen. Ein Wahrnehmungsurteil schließt aus, daß es hinreichende Gründe dafür gibt, entgegengesetzt zu urteilen. Das bedeutet, daß es urteilt, daß nichts in der Erkenntnis zeigt, daß es ungültig ist; in meinem Wahrnehmungsurteil denke ich, daß das, was ich urteile, durch die Wissenschaft nicht ausgeschlossen ist. Weiterhin verlangt, was in einem Wahrnehmungsurteil erkannt ist, nach Erklärung. Wenn es erklärt wird, ist das Urteil apodiktisch, und ich verstehe seine Notwendigkeit im Lichte dessen, was das von mir Geurteilte erklärt; das Urteil ist der Gedanke seiner selbst als in der Wissenschaft eingeschlossen. Das Wahrnehmungsurteil enthält die Idee der Rechtfertigung in diesen zwei Weisen, da das Erkenntnisvermögen sich in einem ersten Akt selbst bestimmt.

8.6. Randnotiz zur sogenannten Erkenntnistheorie des S weiß p

Der Bezug assertorischer Urteile auf *die Erkenntnis* tritt auch in den erkenntnistheoretischen Versuchen hervor, die Bedingungen angeben wollen, unter denen jemand etwas weiß. Dazu nämlich muß ein Autor Beispiele des Schemas *S weiß p* anführen, über die

15 Ian Blecher, von dem ich viel gelernt habe, entwickelt das als Kant-Interpretation in »Kant on Formal Modality«, in: *Kant-Studien* 104 (2013), S. 44-62.

er nachdenkt, um zu entscheiden, ob eine zur Debatte stehende Erklärung dessen, was es heißt, daß jemand etwas weiß, adäquat ist. Da das Beispiele dafür sind, daß einer etwas weiß, stellen sie diesen als einen dar, das etwas denkt, das gewußt zu werden geeignet ist. (So sind wir aufgerufen zu überlegen, unter welchen Bedingungen *S* weiß, daß Alfred über eine Pfütze gesprungen ist, nicht, unter welchen Bedingungen *S* weiß, daß Alfred über Chicago gesprungen ist.) Wir erkennen, daß etwas so ist, daß es gewußt werden kann, da wir wissen, was es heißt, etwas zu wissen; was man uns als etwas vorschlägt, das jemand weiß, darf durch unser Wissen darum, was Erkenntnis ist, nicht aus dem Gegenstand der Erkenntnis ausgeschlossen sein. *Die Erkenntnis* darf es nicht ausschließen. Da wir den Beispielen folgen, verstehen wir, daß das, was *S* wissen soll, etwas ist, das gewußt werden kann. Wir verstehen das, indem wir betrachten, was *S* wissen soll; wir achten auf keine gegebene Bestimmung seiner, der das möglicherweise weiß (welche Bestimmungen jedoch die sind, die den Autor, der die Beispiele präsentiert, allein interessieren). Da unser Verstehen sich auf keine gegebene Bestimmung von *S* stützt, sondern auf das, was er (vermeintlich) weiß, versteht er selbst – *S*, von dem wir annehmen, er wisse etwas – eben das, was wir verstehen, und zwar indem er weiß, was er weiß. Daher bezieht er sein assertorisches Urteil, indem er urteilt, auf *die Erkenntnis* und versteht, daß sein Urteil durch diese nicht ausgeschlossen wird. Wenn wir annehmen, daß *S* etwas weiß, gehört das zu dem, was wir annehmen. Und nur weil das so ist, verstehen wir die Beispiele. Es gibt ein Verständnis dessen, was es heißt, etwas zu wissen, von dem die Beispiele getragen sind, ein Verständnis, das übergangen wird und unverstanden bleibt.

9. Der ursprüngliche Akt des Urteils

9.1. Rekapitulation: Unsere Frage, unsere Antwort

Die Frage, die uns veranlaßt hat, unsere Untersuchung der Erklärung des Urteils durch das Erkenntnisvermögen zu vertiefen, erhob sich so. Indem ich urteile, beziehe ich mein Wahrnehmungsurteil auf das Erkenntnisvermögen. So erkenne ich seine Geltung nicht durch etwas anderes als durch das, was ich urteile. Mein Urteil ist deshalb jedoch nicht ohne Gegensatz. Es schließt die Möglichkeit seiner Rechtfertigung nicht aus: In einem Wahrnehmungsurteil bin ich offen für die Frage, warum die Dinge so sind, wie ich urteile, und ich weise darin vorgebliche Gründe zurück, die zeigten, daß die Dinge anders sind, als ich urteile. So muß es sein. Erlaubte ein Wahrnehmungsurteil keine Rechtfertigung seiner, wäre es ein Urteil ohne Gegensatz, und es wäre undenkbar, daß es irgendein Urteil rechtfertigte. Da Wahrnehmungsurteile der Rechtfertigung offenstehen, gehören sie zu einer Mannigfalt von Urteilen – Erfahrungsurteilen –, die in Schlußzusammenhängen miteinander verknüpft sind. Wiewohl wir sahen, daß es so sein muß, sahen wir nicht, wie es sein kann. Eine Rechtfertigung erweitert den Gedanken der Geltung des Urteils, das durch sie gerechtfertigt wird; doch schien dieser Gedanke im Bezug des Urteils auf das Erkenntnisvermögen vollständig. Wie also kann der Gedanke der Geltung eines Urteils ebenso vollständig sein, da das Urteil im Erkenntnisvermögen gründet, wie unvollständig, da es gerechtfertigt werden kann?

Das Erkenntnisvermögen ist nicht durch das gekennzeichnet, was zu tun es ein Vermögen ist, sondern durch die Weise, in der es Vermögen ist. Da Urteilen objektiv ist, ist das Erkenntnisvermögen keine gegebene Natur, sondern selbstbestimmt: Seine Bestimmtheit ist sein eigener Akt. Deshalb gliedert sich das Erkenntnisvermögen nicht in Vermögen und Akt, sondern in Vermögen, Vermögen/Akt, Akt. Das beantwortet die Frage. Ich halte mein Urteil für notwendig, da ich es auf eine Ursache beziehe, die seine Geltung sicherstellt: das Erkenntnisvermögen. Mein Gedanke des Vermögens wäre jedoch leer, und die Unterscheidung von Vermögen und Akt bräche zusammen, wäre das Vermögen nicht bestimmt. Und es ist bestimmt in seinem ersten Akt, der Wissenschaft. Indem ich mein Urteil also auf das Erkenntnisvermögen beziehe, beziehe ich es auf die Selbstbestimmung dieses Vermögens. Ich tue das auf eine von zwei Weisen. Mein Urteil kann in einer Wissenschaft gründen, einem ersten Akt des Erkenntnisvermögens. Dann ist es apodiktisch. Oder es ist bloß assertorisch. In diesem Fall beziehe ich mein Urteil, da ich es im Erkenntnisvermögen gründe, auf die Selbstbestimmung dieses Vermögens und verstehe es als Vermögen, in die Wissenschaft eingeschlossen zu sein. Indem ich mein Urteil im Erkenntnisvermögen gründe, verstehe ich es als eines, das in einem ersten Akt dieses Vermögens gründet oder gründen kann; ich denke, daß mein Urteil in den Prinzipien einer Wissenschaft hinreichende Gründe findet oder finden kann. Gerade darin also, daß ich denke, mein Urteil gründe im Erkenntnisvermögen, verstehe ich es als fähig, gerechtfertigt zu werden. Das gilt für jedes Erfahrungsurteil.

9.2. Kein vollständiges Bewußtsein der Geltung in Erfahrungsurteilen

Wenn wir uns, ohne dem Mythos des Gegebenen zu verfallen, von dem Schein befreien wollen, wir wären in einem Regreß des Rechtfertigens gefangen, müssen wir einsehen, wie die Geltung meines Urteils zugleich vollständig und unvollständig sein kann. Unsere Antwort lautet, daß das assertorische Erfahrungsurteil vollständig ist, insofern es sich auf das Erkenntnisvermögen bezieht, unvollständig jedoch, indem es sich eben darin, daß es sich auf dieses Vermögen bezieht, so versteht, daß es in Prinzipien einer Wissenschaft gründen kann. In dieser Antwort unterscheiden wir zwei Arten der Vollständigkeit. Der Sinn, in dem ein assertorisches Urteil vollständig ist, ist nicht der, in dem es unvollständig ist. Umgekehrt ist die Idee der Vollständigkeit, durch die wir ein assertorisches Urteil als *un*vollständig denken, nicht die, die wir verwenden, wenn wir dasselbe Urteil als vollständig charakterisieren. Das scheint auch gut so, denn was sollte es heißen, daß ein Urteil im selben Sinn vollständig und unvollständig ist? Wir werden jedoch sehen, daß wir unser Verständnis des Erfahrungsurteils und seiner Geltung untergraben, indem wir zwei Weisen, vollständig zu sein, unterscheiden.

Das apodiktische Urteil ist in dem Sinn vollständig, in dem das assertorische Urteil, das auf seine Weise vollständig ist, unvollständig ist. Ein apodiktisches Urteil gründet nicht bloß im Erkenntnisvermögen, sondern in einem ersten Akt des Vermögens, in dem dieses sich selbst bestimmt hat. Einem assertorischen Urteil fehlt *diese Grundlage*; sie fehlt ihm so, daß es versteht, daß sie ihm fehlt. So ist es der Gedanke seines Vermögens, diesen Mangel zu beheben; es ist der Gedanke seines Vermögens, apodiktisch zu sein. Nur da es apodiktisch ist, vollendet sich das Urteil und erlangt ein Verständnis seiner eigenen Notwendigkeit. Der Sinn von Vollständigkeit, der zum apodiktischen Urteil gehört, ist also grundlegend: Er gibt an, was es für ein Urteil heißt zu sein, was es sein soll, an nichts Mangel zu leiden, was es als Urteil haben soll: Einsicht in seine Geltung, Notwendigkeit, Objektivität.

Es scheint aber so etwas wie ein apodiktisches Erfahrungsurteil gar nicht zu geben; die Idee der Vollständigkeit, durch die wir ein assertorisches Urteil als unvollständig denken, ist leer und gar keine Idee. Wir sehen das so. Relativ zu seinem zweiten Akt ist ein erster Akt des Erkenntnisvermögens – eine Wissenschaft – Vermögen: Ein Urteil, das seinem Begriff entspricht, entspricht der Wissenschaft. Relativ zum ersten Vermögen aber ist das zweite Vermögen Akt. Und zwar ist es ein Urteil mit Gegensatz. Denn ein Prinzip, aus dem Urteile mit Gegensatz abgeleitet werden können, hat einen Gegensatz; es ist unmöglich, ein Urteil mit Gegensatz auf ein Urteil ohne Gegensatz zu gründen. Es gibt daher kein wissenschaftliches Prinzip ohne Gegensatz; Prinzipien einer Wissenschaft sind Erfahrungsurteile; ihre logische Form spiegelt ihre Abhängigkeit von sinnlicher Affektion.[1] Da Prinzipien einer Wissenschaft Erfahrungsurteile sind, gilt für sie, was wir über Erfahrungsurteile gesagt haben. Indem ich ein solches Prinzip bejahe, schließe ich das ihm entgegengesetzte Urteil aus und stelle es so als notwendig vor. Dieser Gedanke der Notwendigkeit des Prinzips ist der Gedanke seiner als im Erkenntnisvermögen gründend. Und dieser Gedanke ist leer, wenn das Vermögen nicht bestimmt ist. Im Gedanken seiner Notwendigkeit, der meiner Bejahung des Prinzips intern ist, beziehe ich es daher in einer von zwei Weisen auf einen ersten Akt des Erkenntnisvermögens, in dem sich das Vermögen selbst bestimmt hat. Entweder verstehe ich das Prinzip als in einer Wissenschaft

1 Vgl. mein *Kategorien des Zeitlichen.*

enthalten: Es folgt aus allgemeineren Prinzipien. Dann ist es apodiktisch. Oder ich verstehe es als Vermögen, apodiktisch zu sein, und denke, daß es ihm zukommt, in allgemeineren Prinzipien zu gründen. Dann ist es assertorisch. Es kommt einer Wissenschaft zu, in Wissenschaft zu gründen. Eine Wissenschaft gründet sich in sich selbst, indem sie zeigt, daß ihre Prinzipien in Prinzipien gründen, und so zu immer tieferen Prinzipien der Erfahrung, oder der Natur, vordringt.

Dieses Verständnis eines wissenschaftlichen Prinzips ist seiner Anwendung im Rechtfertigen intern. Ich verstehe ein Erfahrungsurteil als notwendig, da ich es auf wissenschaftliche Prinzipien gründe. Da ich mein Urteil so verstehe, halte ich es für notwendig, das fragliche Prinzip zu bejahen. Hätte ich kein Bewußtsein von etwas, kraft dessen es notwendig ist, das Prinzip zu bejahen, würde ich nicht seinen Gegensatz ausschließen. Ich würde das Prinzip nicht bejahen. Und bejahe ich es nicht, kann ich durch es nichts verstehen. Da ich ein Erfahrungsurteil auf ein wissenschaftliches Prinzip gründe, verstehe ich es als notwendig, dieses Prinzip zu bejahen. Das tue ich, indem ich es auf das Erkenntnisvermögen beziehe. Und da ich das tue, denke ich, daß das Prinzip dazu bestimmt ist, in einer Wissenschaft zu gründen.

Es mag scheinen, es gäbe zwei Urteile, ein apodiktisches, das in einem Prinzip gründet, und ein assertorisches, in dem jenes gründet. Jenes ist im Gedanken seiner Notwendigkeit vollkommen, dieses ist auf dem Weg zur Vollkommenheit. Wir haben jedoch gesehen, daß ein gerechtfertigtes Urteil kein vom Urteil dessen, wodurch es gerechtfertigt ist, verschiedener Akt ist. Insbesondere ist der Gedanke der Geltung des gerechtfertigten Urteils kein vom Gedanken der Geltung des es rechtfertigenden Urteils verschiedener geistiger Akt: Ich urteile *A* aufgrund von *B* in dem Bewußtsein, daß es gültig ist, *B* zu urteilen. Wenn also das eine Urteil nicht vollständig, sondern auf dem Weg zur Vollständigkeit ist, gilt das auch für das andere. Gründe ich ein Urteil auf ein Prinzip, dessen Notwendigkeit ich nicht, nicht vollends, verstehe, verstehe ich auch nicht, nicht vollends, die Notwendigkeit des Urteils, das ich darauf gründe. Die Urteile tun nicht jedes für sich den Schritt von der assertorischen zur apodiktischen Modalität, erst das eine, dann das andere. Vielmehr ist der modale Fortschritt im rechtfertigenden Urteil *derselbe Fortschritt* in dem Urteil, das in ihm gründet.

Denn beide sind ein Urteil. Was für zwei Urteile gilt, das gilt für jede Zahl von Urteilen, die im Rechtfertigen verknüpft sind. Sie schreiten in einem Zug von der assertorischen zur apodiktischen Modalität voran.[2]

Daraus folgt, daß es so etwas wie ein apodiktisches Erfahrungsurteil nicht geben kann. Ein Erfahrungsurteil ist nicht durch sich selbst apodiktisch, sondern indem es hinreichenden Gründen aufruht. Doch da der Gedanke der Geltung eines gerechtfertigten Urteils derselbe ist wie der Gedanke der Geltung des es rechtfertigenden Urteils, verleiht der Grund eines Urteils ihm keine stärkere Modalität, als er selbst besitzt. Ein wissenschaftliches Prinzip ist als solches ein Erfahrungsurteil; es ist ein Urteil mit Gegensatz. Es ist darin apodiktisch, daß es hinreichenden Gründen aufruht. Und das löst den Begriff des apodiktischen Erfahrungsurteils auf. Denn es ist sinnlos zu sagen, daß ein Erfahrungsurteil darin apodiktisch ist, daß es einem apodiktischen Erfahrungsurteil aufruht.

Wenn es so etwas wie ein apodiktisches Erfahrungsurteil nicht gibt, gilt das auch für das Vermögen eines Urteils, apodiktisch zu sein: So etwas gibt es nicht. Und dann ist die Idee des dreifachen Gefüges des Erkenntnisvermögens, seiner Struktur als Vermögen, Vermögen/Akt, Akt, sinnlos. Also hat die Idee, daß ich die Notwenigkeit meines Urteils durch das Erkenntnisvermögen verstehe, keinen Sinn; ebensowenig die Idee, daß ich die Geltung meines Erfahrungsurteils *in* diesem Urteil verstehe; ebensowenig die Idee eines Erfahrungsurteils.

9.3. Weisen, dem Problem auszuweichen; Kant

Wir mögen versucht sein zu sagen, daß wir uns daran gewöhnen müssen, daß Erfahrungsurteile letztlich assertorisch bleiben. Wir haben gelernt, das Verlangen nach Notwendigkeit im Urteilen auf-

2 Man mag sagen, ein Urteil, das in einem Prinzip gründet, welches seinerseits nicht apodiktisch ist, ist relativ apodiktisch, nämlich relativ zum fraglichen Prinzip. Wäre das Prinzip selbst apodiktisch, so wäre das in ihm gründende Urteil absolut apodiktisch. Dies sind schöne Worte. Doch sie tun nichts, um die Schwierigkeit zu heben, und verschleiern sie daher. Sie verschleiern, daß ein Urteil relativ apodiktisch zu nennen eine Weise ist zu sagen, daß es nicht apodiktisch ist.

zugeben; dieser Ehrgeiz gehört einer überlebten rationalistischen Tradition an. (Es ist üblich, Vorstellungen wie diese im Gestus der Verkündigung des geistigen Forstschritts der Menschheit zu präsentieren.)

Der Gedanke der Notwendigkeit jedoch, von dem wir sprechen, ist nichts anderes als der Gedanke, den ein Urteil von sich selbst als seinen Gegensatz ausschließend ist. Ich verstehe mein Urteil als gültig, indem ich seinen Gegensatz ausschließe. Daher kann die Idee, daß ich mein Urteil als notwendig denke, nicht an eine historische Periode geknüpft und auf diese begrenzt werden. *Diese Idee* hat keinen Gegensatz; sie ist etwas, das jeder immer schon denkt, und zwar in jedem Urteil. Ein Erfahrungsurteil schließt seinen Gegensatz aus, indem es sich auf das Erkenntnisvermögen bezieht. Und die Idee dieses Vermögens zerfällt, wenn sie nicht zur Idee seiner Selbstbestimmung in einem ersten Akt entfaltet wird. Der Begriff eines assertorischen Urteils – eines Urteils, das im Erkenntnisvermögen gründet – *ist* daher der Begriff eines Urteils, das apodiktisch sein kann – gegründet im Vermögen, da dieses sich selbst bestimmt hat. Wenn es so etwas wie ein apodiktisches Urteil nicht gibt, gibt es auch nicht so etwas wie ein Urteil, das fähig ist, apodiktisch zu sein. Und dann gibt es kein *assertorisches* Urteil. Wir verstehen dann nicht länger, wie ein Urteil notwendig sein und auf eine Weise erklärt werden kann, die seiner Objektivität adäquat ist, nämlich durch das, was es urteilt, und keine gegebene Bestimmung des urteilenden Subjekts. Da wir das nicht verstehen, legen wir nicht eine hinfällige Idee ab, die wir durch eine bescheidenere ersetzen könnten. Wenn wir nicht verstehen, wie es einen Akt geben kann, dessen Geltung objektiv ist, verstehen wir uns selbst nicht in ebenjener Tätigkeit, die jedes Verstehen ausmacht. Wir leiden an einem Nichtverstehen, wie es vollendeter oder durchgreifender keines geben kann.

Man könnte entgegnen, daß wir zwar in Erfahrungsurteilen Apodiktizität nie erreichen – daß wir die Notwendigkeit so zu urteilen, wie wir es tun, nie *vollends* verstehen –, wir uns diesem *telos* aber *annähern* und zu ihm fortschreiten. Wissenschaft ist das Vermögen, sich selbst in Wissenschaft zu gründen, indem sie ihre Prinzipien in immer tieferen Prinzipien der Natur gründet. Die Tätigkeit der Wissenschaft ist nichts anderes als dieses unendliche Fortschreiten zu immer tieferen Gründen des Verstehens. Das Erfahrungsurteil ist daher weder assertorisch noch apodiktisch. Es ist das unabschließbare Fortschreiten von ersterem zu letzterem. Die Würde der Wissenschaft liegt eben darin, daß dieses Fortschreiten kein Ende hat.

Diese Rede ist erbaulich, aber sie ergibt keinen Sinn. Wir verstehen nichts als Fortschritt, es sei denn, wir verstehen, was es ist, worauf zu er fortschreitet. Wir verstehen etwas nur als etwas, das sich einem Ziel annähert, wenn wir verstehen, was das ist, dem es sich annähert. Was fortschreitet, schreitet zu *etwas* fort; was sich annähert, nähert sich *etwas* an. Ist der Ausdruck, der in einem solchen Satz die Stelle von »etwas« einnimmt, bedeutungslos, so ist es der Satz.

Man mag das für zu stark halten: Die Idee eines apodiktischen Urteils ist nicht leer; wir sind nur außerstande, je zu einem solchen zu gelangen. Indem sie uns die Grenze unserer Vermögen erkennen läßt, erzieht uns die Idee des apodiktischen Urteils zur Demut. Gleichzeitig erhebt sie uns, denn sie hält uns ein Ideal vor Augen. Gerade weil es unmöglich ist, es zu erreichen, ist dieses Ideal so mächtig; es hört nie auf, uns zu höherer Vollkommenheit zu treiben.

Auch das ergibt keinen Sinn. Genauer ergibt es keinen Sinn, *wenn* das in Rede stehende apodiktische Urteil ein Erfahrungsurteil sein soll. Denn die Idee eines apodiktischen Erfahrungsurteils ist ohne Bedeutung. Und ein leeres Wort ist kein Ideal. Also sollten wir vielleicht sagen, daß die Idee des apodiktischen Urteils Bedeutung hat, daß dieses Urteil jedoch, eben weil es apodiktisch ist, *kein* Erfahrungsurteil ist. In der Erfahrung werden wir von einem Ideal geleitet, das in der Erfahrung nicht verwirklicht werden kann. Wir denken ein Urteil, das, obwohl es kein Erfahrungsurteil ist, doch das ist, worin das Erfahrungsurteil sich selbst vollendet. In diesem Urteil hat die Wissenschaft sich selbst abgeschlossen, da sie sich vollständig in sich selbst gegründet hat. Daher ist in diesem Urteil, der abgeschlossenen Wissenschaft, der Unterschied von erstem und zweitem Vermögen verschwunden. Das Erkenntnisvermögen hat sich in einem Akt der Selbstbestimmung, in dem es sich erschöpft, vollständig selbst bestimmt; das Vermögen *ist* dieser Akt. Die abgeschlossene Wissenschaft also ist eine Naturerkenntnis ohne Gegensatz. Jedes Erfahrungsurteil bezieht sich im Gedanken seiner Unvollkommenheit auf diese Erkenntnis. Gleichwohl ist diese Erkenntnis ganz anders als das Urteil, das sich auf sie bezieht. Sie ist der Akt eines Verstandes völlig anderer Art. Ja, es ist irreführend, sie als Urteil zu bezeichnen. Wir können sie ursprüngliche Anschauung nennen, *intuitus originarius.*[3]

Ursprüngliche Anschauung: Das ist die Idee der Vollendung, durch die ich in jedem Erfahrungsurteil die Unabgeschlossenheit der Erfahrung und also ihr immerwährendes Fortschreiten denke. Da diese Idee nichts anderes ist als der Gedanke der Geltung meines Urteils, ist sie nichts anderes als das Selbstbewußtsein des Erfahrungsurteils; sie ist das *Ich erfahre.* Wir sagen also, daß das Selbstbewußtsein des Erfahrungsurteils – sein Gedanke seiner als objektiv gültig – in der Idee eines Verstandes liegt, in dem die formale Gliederung des *Ich erfahre* aufgelöst ist. Ja, dieser Verstand, *intuitus originarius*, ist nichts anderes als die Auflösung der Unterscheidung von Vermögen, Vermögen/Akt, Akt der Erkenntnis. Im Gedanken seiner selbst also, versuchen wir zu sagen, denkt das Erfahrungsurteil etwas, das sich radikal von ihm selbst unterscheidet, so sehr, daß es durch keinen der Begriffe gedacht werden kann, durch die sich das Erfahrungsurteil denkt. Das heißt zu sagen, das Urteil ist das grundlegende und unaufhebbare Unverständnis seiner selbst: Es denkt sich als das, was es nicht ist, nicht sein kann und nicht verstehen kann.

Das ist Kants Idee des Urteils. Er erklärt, jedes Urteil sei der Gedanke der Vollendung des Urteils in einem Ganzen der Erkenntnis, welches als dieses Ganze die Idee abweist, es könne durch etwas anderes als es selbst gerechtfertigt werden. Er insistiert, daß die Idee dieser Erkenntnis die Idee eines Akts ist, der radikal anders ist als das Urteil, so anders, daß unser Gedanke von ihm – der Gedanke, der gleichwohl das Erfahrungsurteil als Urteil konstituiert – leer ist. Das Erfahrungsurteil versteht sich als diesem Ganzen entgegenstrebend; die Idee dieses Fortschritts ist ihm als Urteil intern, nämlich

3 Kants Darstellung der Vollendung des Urteils in der Transzendentalen Dialektik der *Kritik der reinen Vernunft* weist eine Gliederung auf, die von der Unterscheidung dreier Formen des Schließens herrührt: kategorisch, hypothetisch, disjunktiv. Denn Kant beschreibt das Ziel des Urteils als Vollendung gemäß jeder dieser Formen. Diese Gliederung aber ist der ursprünglichen Anschauung, die so beschrieben wird, äußerlich. Da die ursprüngliche Anschauung die Idee des Schließens abweist, gelten ihr Unterscheidungen, die auf Unterscheidungen von Formen des Schließens beruhen, nichts.

als der Gedanke seiner eigenen Notwendigkeit. Dennoch ist der Gedanke dieses Ziels als *in der Erfahrung* erreicht leer. Das Ganze der Erkenntnis ist das *telos* des Urteils, in dem es sich schließlich verwirklicht. Dieses *telos* aber ist ein Akt, der wesentlich alle Begriffe abweist, die das Selbstbewußtsein des Urteils artikulieren, alle Begriffe, die im *Ich erfahre* enthalten sind. Es ist offensichtlich, daß diese Auffassung des Urteils unverständlich ist. In gewissem Sinn ist das kein Einwand gegen Kant. Seine Philosophie ist die Behauptung der letzten Unbegreiflichkeit des Urteils; sie ist diese Behauptung explizit und wissentlich.

Kant sagt, das Ziel des Urteils sei keine konstitutive Idee, keine Erkenntnis oder *objektiv notwendig*. Sie ist eine regulative Idee oder *subjektiv notwendig*. Das heißt, ihre Notwendigkeit kann nicht durch ihren Gegenstand verstanden werden – durch das, wovon sie die Idee ist –, sondern nur durch eine gegebene Bestimmung des Subjekts. Die fragliche Bestimmung des Subjekts ist seine Abhängigkeit von der Sinnlichkeit, dies, daß es ein Subjekt der Erfahrung ist. Die Idee, daß das *telos* des Urteils nicht konstitutiv, sondern regulativ ist, nicht objektiv, sondern subjektiv notwendig, macht Kants Erklärung nicht weniger unverständlich. Sie legt einen Widerspruch ins Selbstbewußtsein des Urteils: Das Urteil ist vollkommen es selbst in einem Akt, der radikal anders ist als es selbst. So fixiert sie das Urteil in einem letzten Unverständnis seiner selbst, dem Unverständnis seiner Notwendigkeit und Objektivität. Da das Urteil nicht anders als durch sich selbst verstanden werden kann (hierin ist niemand klarer als Kant), legt das fest, daß das Urteil unbegreiflich ist. Das hat die Folge (die Kant unterstreicht), daß der Gegenstand der Erfahrung nicht – nicht gänzlich, nicht vollkommen – der Gegenstand der Erkenntnis ist: Wirklichkeit. Denn Erkenntnis versteht sich selbst. Der Gegenstand der Erkenntnis ist so, daß er für das Verständnis der Erkenntnis seiner in eben dieser Erkenntnis sorgt. Da das Erfahrungsurteil seine eigene Notwendigkeit nicht versteht, ist sein Gegenstand auf *Erscheinungen* eingeschränkt. (Das Theorem, daß Wissenschaft, Urteilen, einem regulativen Ideal untersteht, erfreut sich unter zeitgenössischen Autoren einiger Beliebtheit, die sich nur erklären läßt, wenn man annimmt, daß nicht allgemein bekannt ist, daß dieses Theorem den transzendentalen Idealismus ausspricht, die Lehre, daß wir nur Erscheinungen erkennen.) Hier ist nicht der Ort, Kant zu diskutieren. Die obigen Bemerkungen sollen zeigen, daß uns Kants Denken keinen Weg voran weist, da es das entschiedene Beharren darauf ist, daß es unmöglich ist, hier voranzukommen.

9.4. Die dem Urteil immanente Vollendung

Das Urteil, sein Gedanke seiner Geltung oder Notwendigkeit, muß zugleich vollständig und unvollständig sein. Die Vollständigkeit des assertorischen Urteils jedoch – daß es im ersten Vermögen gründet – wiegt seine Unvollständigkeit nicht auf, die darin besteht, daß ihm hinreichende Gründe in einem ersten Akt des Vermögens mangeln. Erfahrungsurteile sind als solche unvollständig. Im Erkenntnisvermögen wollten wir das Mittel finden, den Regreß des Rechtfertigens abzuwehren. Doch die Berufung auf das Vermögen vermag nichts. Das zeigt, daß die Vollendung des Urteils kein *telos* sein kann, das – paradox – im Urteil als jenseits des Urteils verstanden wird. Vielmehr muß die Vollendung des Urteils *im* Urteil mit Gegensatz wirklich sein, *in* seiner unaufhebbaren Unvollständigkeit. Wir müssen verstehen, wie ein Urteil mit Gegensatz – empirische Erkenntnis, Erkenntnis der Natur – als solches ein Urteil ohne Gegensatz ist, absolutes Wissen, das sich selbst wissende Wissen.

Das Erfahrungsurteil ist ein unabschließbares Fortschreiten von der assertorischen zur apodiktischen Modalität: Ein Urteil ist verstanden, da es in Prinzipien gründet, die wiederum durch Prinzipien zu verstehen sind, und so fort. Das Erkenntnisvermögen als Vermögen, Vermögen/Akt, Akt ist das Prinzip dieses Fortschreitens, und das Erfahrungsurteil ist im Gedanken seiner Geltung der Gedanke dieses Fortschreitens und seines Prinzips. Da der modale Fortschritt des Urteils die Entwicklung eines Zusammenhangs der Rechtfertigung ist, ist das Erfahrungsurteil Wissen vom Prinzip des Schließens. Wir werden sehen, daß das Urteil im Wissen dieses Prinzips vollständig ist: Es versteht sich, seine Notwendigkeit, durch sich selbst.

9.5. Der Begriff hinreichender Gründe und das logische Prinzip

Da ich mein Urteil rechtfertige, verstehe ich, daß es in Prinzipien gründet, in denen es eben dadurch gründet, daß ich dies verstehe; ich verstehe diese Prinzipien als hinreichende Gründe für mein Urteil. Ich verstehe also die Gründe, auf denen mein Urteil ruht, indem ich sie *durch den Begriff hinreichender Gründe* denke. Und ich verwende den Begriff hinreichender Gründe nicht nur im Rechtfertigen. In jedem Urteilen stelle ich mein Urteil als fähig vor, gerechtfertigt zu werden; ich stelle es als Urteil vor, das in Prinzipien gründen kann, die hinreichende Gründe für es geben. Im Gedanken seiner Geltung enthält also jedes Urteil die Idee hinreichender Gründe für es, eben dieses Urteil.

Der Begriff hinreichender Gründe enthält die Prinzipien, nach denen man etwas aufgrund von etwas anderem urteilt. Er ist der *Inbegriff* der Prinzipien des Schließens. Denn es ist genau dann richtig, etwas aufgrund von etwas anderem, das man weiß, zu urteilen, wenn dieses hinreichende Gründe dafür gibt, jenes zu urteilen. Indem ich, was ich urteile, durch den Begriff hinreichender Gründe urteile, ist mein Erfahrungsurteil als solches ein Bewußtsein der Prinzipien des Schließens.

Der Gedanke der Geltung eines jeden Erfahrungsurteils enthält die Erkenntnis der Prinzipien des Schließens. In diesem Gedanken nämlich beziehe ich mein Urteil auf das Erkenntnisvermögen als gegliedert in Vermögen, Vermögen/Akt, Akt. So begreife ich mein Urteil als Term eines Schlusses: als zweiten Akt, der wirklich oder möglicherweise in einem ersten Akt des Vermögens gründet. Jedes Erfahrungsurteil enthält so ein Verständnis dessen, was es für es heißt, in etwas zu gründen. Daher ist jedes Erfahrungsurteil im Gedanken seiner Geltung ein Bewußtsein der Prinzipien, nach denen etwas es rechtfertigt, etwas anderes zu urteilen. Wer urteilt, mag diese Prinzipien nicht in Worte fassen können, und er mag in Verwirrung stürzen, wenn er es versucht. Wenn es ihm aber gelingt, sein Verständnis der Prinzipien des Rechtfertigens sprachlich auszudrücken, macht er darin ein Verstehen explizit, das wirksam ist, da er etwas aufgrund von etwas, ja, da er überhaupt urteilt. Die Prinzipien des Schließens liegen im Selbstbewußtsein des Erfahrungsurteils. Sie liegen im *Ich erfahre*.

Das *Ich denke* ist kein Inhalt, der dem, was gedacht wird, *p*, hinzugefügt werden könnte. Eine klare Schreibweise setzte nicht *Ich denke* neben *p*, sondern bildete den Buchstaben *p* aus den Buchstaben *Ich denke*. Da die Prinzipien des Schließens das *Ich denke* sind, gilt das, was wir über das *Ich denke* gesagt haben, für sie. Es ist irreführend, diese Prinzipien als Aussagen neben andere Aussagen zu stellen. In einer klaren Notation wären die Gesetze der Logik in der graphischen Gestalt jedes Satzzeichens zu lesen.[4]

Etwas aus etwas schließen heißt, das eine aufgrund des anderen urteilen. Da Schließen Urteilen ist, sind die Prinzipien des Schließens Prinzipien des Urteilens. Darin sind sie wie Prinzipien einer Wissenschaft. Denn die sind Prinzipien des Urteilens: Gründe ich ein Urteil in einem Prinzip einer Wissenschaft, erkenne ich, daß die Dinge so sein müssen, wie ich urteile, und erkenne darin die Notwendigkeit, so zu urteilen. Wissenschaftliche Prinzipien unterscheiden sich aber darin vom Prinzip des Schließens, daß dieses im *Ich denke* enthalten ist. Das Wissen um dieses Prinzip ist nichts anderes als das Wissen des Urteils von sich selbst, das sich wissende Wissen. Das Wissen um das Prinzip des Schließens hat keinen Gegensatz.[5] Wissenschaftliche Prinzipien dagegen haben einen. Sie sind nicht im *Ich denke* enthalten; die Erkenntnis eines Prinzips einer Wissenschaft ist nicht dasselbe wie das, was sie erkennt. Um diesen Unterschied zu markieren, sprechen wir von wissenschaftlichen Prinzipien und Prinzipien einer Wissenschaft einerseits, von logischen Prinzipien und Prinzipien der Logik andererseits.

Ein wissenschaftliches Prinzip bestimmt das Erkenntnisvermögen so, daß es bestimmt, was es für ein Urteil heißt, dem Vermögen

4 Ludwig Wittgenstein bringt das klar zum Ausdruck. Siehe *Tractatus logico-Philosophicus*, in: *Tractatus logico-philosophicus*, Werkausgabe Bd. 1, Frankfurt/M. 1984, 5.47: »Man könnte sagen: Die eine logische Konstante ist das, was *alle* Sätze, ihrer Natur nach, mit einander gemein haben. Das aber ist die allgemeine Satzform.« In den Vorlesungen, von denen Alan Berger berichtet, scheint auch Kripke bemüht, diese Einsicht herauszubringen (Berger, »Kripke on the Incoherency of Adopting a Logic«, in: A. Berger (Hg.), *Saul Kripke*, Cambridge 2011, S. 177-210).

5 In *Metaphysik* Γ macht Aristoteles das deutlich, indem er zeigt, daß jemand, der das Gesetz vom ausgeschlossenen Widerspruch zurückzuweisen vorgibt, nichts sagt. Diese Methode Aristoteles' (die Wittgensteins Beschreibung des Philosophen entspricht, nach der es sein Geschäft ist, nicht offensichtlichen in offensichtlichen Unsinn zu verwandeln) haben wir nachzuahmen versucht, als wir in Kapitel 3 Versuche diskutiert haben, das Selbstbewußtsein des Urteils zu leugnen.

zu entsprechen. Verstanden als Bestimmung des Vermögens, ist das wissenschaftliche Prinzip Vermögen, zweites Vermögen. Verstanden als im Vermögen gegründet, ist es Akt, erster Akt. Im Gegensatz dazu ist das logische Prinzip ein Akt des Erkenntnisvermögens, der nicht von dem Vermögen, dessen Akt er ist, verschieden ist und von dem man daher nicht sagen kann, er sei im Vermögen gegründet. Das Erkenntnisvermögen ist das Gefüge von Vermögen, Vermögen/Akt, Akt, indem es im Selbstbewußtsein als dieses Gefüge verstanden ist. Daher ist das Erkenntnisvermögen nichts anderes als das Verstehen dieses Gefüges, und dieses Verstehen ist das logische Prinzip. Deshalb können wir es den *ursprünglichen* Akt des Erkenntnisvermögens nennen: In diesem seinem Akt ist das Vermögen konstituiert als das dreifache Gefüge von Vermögen, Vermögen/Akt, Akt.

Wenn wir zusätzlich zum ersten und zweiten Akt des Erkenntnisvermögens einen ursprünglichen Akt einführen, kann das eine Hierarchie von Akten nahelegen: ursprünglicher, erster, zweiter Akt. Der ursprüngliche Akt aber verhält sich zum ersten nicht wie der erste zum zweiten. Der ursprüngliche Akt des Erkenntnisvermögens – das logische Prinzip – ist die Einheit von erstem und zweitem Akt. Er ist das Vermögen selbst.

Wir haben von den Prinzipien des Schließens gesprochen, und wir haben von dem logischen Prinzip gesprochen. Der bestimmte Artikel zeigt an, daß der Gegensatz von Mannigfalt und Einheit in seiner Anwendung auf logische Prinzipien eine bestimmte Gestalt annimmt. Wenn wir ein wissenschaftliches Prinzip in einem tieferen gründen, erkennen wir eine Einheit des Prinzips, das wir so begründen, mit anderen, die durch dasselbe, tiefere Prinzip verstanden werden. Wissenschaftliche Prinzipien treten als Mannigfalt auf; die Wissenschaft schreitet voran, indem sie ihre Einheit begreift. Das spiegelt den Charakter wissenschaftlicher Prinzipien als Urteile mit Gegensatz, für die gilt, daß das Verstehen ihrer Notwendigkeit im Gedanken von etwas anderem liegt, durch das ihre Notwendigkeit verstanden wird. Ein logisches Prinzip dagegen ist ein Urteil ohne Gegensatz. Daher ist es immer schon durch die Einheit aller solcher Prinzipien gedacht, welche Einheit der Begriff oder das Vermögen zu urteilen ist: *Ich denke*. Es gibt hier kein Fortschreiten von einer Mannigfalt zur Einheit; insofern es Fortschritt gibt, liegt er in der fortschreitenden Erläuterung einer gegliederten

Einheit. Wir können deshalb von *dem* Prinzip der Logik sprechen. Damit beziehen wir uns auf die ursprüngliche Einheit aller logischer Prinzipien.

Wir wollen hier nicht das Prinzip oder die Prinzipien der Logik ausführen. Es wird jedoch hilfreich sein, wenn wir uns eine vorläufige Vorstellung ihres Inhalts verschaffen.

Das erste logische Prinzip ist das Gesetz vom ausgeschlossenen Widerspruch. Es drückt den Charakter des Urteils aus, nach dem es seinen Gegensatz ausschließt. In jedem Urteil mit Gegensatz verstehe ich, daß ich seinen Gegensatz ausschließe, und öffne es in diesem Gedanken der Rechtfertigung. Daher ist das Bewußtsein des Gesetzes vom ausgeschlossenen Widerspruch in jedem Urteil mit Gegensatz enthalten, in jedem Urteil, das überhaupt in einem Schluß auftreten kann. In dieser Weise liegt das Gesetz vom ausgeschlossenen Widerspruch jedem Prinzip des Schließens zugrunde.

Die Logik muß sich nicht im Gesetz vom ausgeschlossenen Widerspruch erschöpfen. Urteile mit Gegensatz sind Erfahrungsurteile. Diese enthalten die Einsicht in ihre Abhängigkeit von der Sinnlichkeit; ihre Abhängigkeit von der Sinnlichkeit zeigt sich in ihrer Form. Eben kraft dieser Form ist ein Erfahrungsurteil Element des Schließens. Daher kann sich die Abhängigkeit des Urteils von Affektion auch in Prinzipien des Schließens zeigen. Da sich Urteile, die von Affektion abhängen, auf einen zeitlichen Gegenstand beziehen, kann es sein, daß sich die Zeitlichkeit des Gegenstands des Urteilens in den Prinzipien der Logik darstellt. Logische Prinzipien enthalten daher vielleicht Begriffe wie die von Substanz und Akzidens, Bewegung und ihrem Gesetz, Mechanismus und Teleologie usw. Diese Begriffe bezeichnen Formen, in denen etwas von etwas abhängt, worin die Form der Zeitlichkeit dessen liegt, was so abhängt, eines vom anderen.[6] Wenn es solche logischen Prinzipien gibt – Prinzipien, die Formen der Erklärung oder Abhängigkeit und damit Formen der Zeitlichkeit bestimmen –, stehen sie nicht neben dem Gesetz vom ausgeschlossenen Widerspruch. Da seine Abhängigkeit von sinnlicher Affektion ein formales Merkmal des Urteils mit Gegensatz ist, enthält das Gesetz vom ausgeschlossenen Widerspruch, das das Bewußtsein der Gegensätzlichkeit ist, in dem sich ein Urteil mit Gegensatz konstituiert, diese Prinzipien. Wenn

6 Siehe mein *Kategorien des Zeitlichen*, Kap. 4 bis 6.

das stimmt, erklärt es, warum das Gesetz vom ausgeschlossenen Widerspruch, wie Platon und Aristoteles bemerken, alle möglichen Qualifikationen wie »gleichzeitig«, »in derselben Hinsicht« usw. aufweist. Daß jeder diese Qualifikationen immer schon versteht, zeigt, daß das Gesetz vom ausgeschlossenen Widerspruch nie isoliert von den Prinzipien verstanden wird, die die Zeitlichkeit und Materialität des Gegenstands des Urteils ausmachen.[7]

Das am Rande. Wir müssen die Prinzipien der Logik hier nicht entwickeln. Es genügt, daß es Prinzipien gibt, die im Begriff hinreichender Gründe gedacht sind und deren Bewußtsein daher in jedem Urteil mit Gegensatz enthalten ist, in jedem Erfahrungsurteil, das sich auf das Erkenntnisvermögen als Vermögen, Vermögen/Akt, Akt bezieht.

9.6. Achill und die Schildkröte

Das Prinzip der Logik ist das Selbstbewußtsein des Urteils. Eine Weise, das zu sehen, ist, über Lewis Carrolls Parabel von Achill und der Schildkröte nachzudenken. Achill und die Schildkröte sind sich darin einig, daß p und $p \supset q$. Die Schildkröte notiert diese Aussagen als etwas, dessen Wahrheit sie anerkennt, in ihr Notizbuch. Nun lädt Achill die Schildkröte ein, daraus zu schließen, daß q. Doch die Schildkröte erklärt, daß sie in dem, was ihr gegeben wurde – in dem, was sie notiert hat, nämlich p und $p \supset q$ –, keine hinreichenden Gründe erkennt, um q zu urteilen. Achilles beeilt sich, der Schildkröte zu helfen, indem er sie darauf hinweist, daß aus p und $p \supset q$ folgt, daß q. Die Schildkröte stimmt freudig zu, notiert auch diese Aussage in ihr Notizbuch und schließt sie damit in das ein, was sie als wahr anerkennt. Dennoch sieht sie sich außerstande, q zu urteilen, denn sie sieht nicht, wie das, was sie notiert hat, nämlich p, $p \supset q$ und *(p und (p ⊃ q)) ⊃ q*, ein hinreichender Grund ist zu urteilen, daß q.[8]

Das zeigt, daß, da man etwas aufgrund gegebener Prämissen urteilt, die Erkenntnis, daß diese Prämissen die Konklusion rechtfer-

7 Vgl. die entgegengesetzte Erklärung derselben Tatsache bei Kant: *Kritik der reinen Vernunft*, A 152-153/B 191-192.

8 Lewis Carroll, »What the Tortoise said to Achilles«, in: *Mind* 4 (1895), S. 278-280, hier S. 279.

tigen, kein *weiteres Urteil* sein kann, das eine zusätzliche Prämisse wäre, aus der man die Konklusion ableitet. Wer *C* aufgrund von *A* und *B* urteilt, versteht, daß *A* und *B* ein hinreichender Grund sind, *C* zu urteilen. Seine Einsicht jedoch, daß *A* und *B* zeigen, daß es richtig ist, *C* zu urteilen, kann kein Urteil sein, das zu seinen Urteilen *A* und *B* hinzukommt. Wäre es so, hieße, etwas aufgrund gegebener Prämissen urteilen, es aufgrund dieser Prämissen und einer weiteren urteilen.

Wir haben gesagt, das logische Prinzip kann kein weiteres *Urteil* sein. Das erschöpft die Bedeutung der Parabel nicht. Wenn es das täte, könnten wir sagen, das Bewußtsein eines Prinzips des Schließens ist nicht die Erkenntnis einer Tatsache, sondern etwa das Bewußtsein einer Regel, keine Behauptung, daß etwas soundso ist, sondern das Erteilen einer gewissen Erlaubnis zum Schließen. Achill und die Schildkröte aber zeigen, daß das Bewußtsein des Prinzips, nach dem man etwas aufgrund von etwas urteilt, kein weiterer Akt ist *gleich welcher Art*. Man müßte jeden solchen Akt mit den Prämissen verbinden, aus denen man schließt, um *C* aufgrund von *A* und *B* zu urteilen. Das genügt, um den Regreß in Gang zu setzen.[9]

9 In »What is Inference?« erklärt Paul Boghossian, was es heißt, daß die Prämissen hinreichenden Grund dafür geben, die Konklusion zu urteilen, wie folgt. Schließen heißt, einer Regel folgen: Wenn ich *p* aus *q* schließe, folge ich einer Regel, die verlangt, daß man, gegeben *q*, *p* urteilt. Das ergibt nur (und nur deshalb) einen Sinn, wenn jemand, der einer Regel folgt, da er *p* urteilt, versteht, daß er, da er *p* urteilt, dieser Regel entspricht. Wäre es nicht so, gäbe es keinen Grund zu denken, daß jemand, der einer Regel folgt, die vorschreibt, daß man, gegeben *q*, *p* urteilen soll, ein Bewußtsein davon hat, daß *q* dafür spricht, *p* zu urteilen. Doch nun haben wir nur Worte ausgetauscht. Wo wir von dem Bewußtsein gesprochen haben, daß es, gegeben *p*, hinreichenden Grund gibt, *q* zu urteilen, sprechen wir jetzt von dem Bewußtsein, daß man, indem man, gegeben *q*, *p* urteilt, mit einer Regel übereinstimmt.
Boghossian meint, daß wir dennoch einen Fortschritt erzielt haben, da wir erkennen, daß ein Schließen ein Regelfolgen ist. Denn so haben wir es auf etwas Grundlegenderes zurückgeführt. Und nicht nur ist Regelfolgen grundlegender als Schließen; es ist absolut grundlegend. Daher kommt unser Bemühen um Verstehen hier an ein Ende. So argumentiert Boghossian.
Wir können zustimmen, daß Regelfolgen für das menschliche Sein grundlegend ist. (Es ist nicht grundlegender als das Urteilen von etwas aufgrund von etwas. Ich werde hier einfach behaupten, daß jedes Regelfolgen ein Urteil ist, das sich selbst als in der Regel gegründet versteht.) Unsere Untersuchung kommt jedoch

Wenn ich aus gegebenen Prämissen auf eine Konklusion schließe, gibt es keinen Akt zusätzlich zum Urteilen der Prämissen, gleich wie wir ihn nennen, in dem ich den logischen Zusammenhang von Prämissen und Konklusion begreife. Man mag meinen, das zeige, daß das Urteil von etwas aufgrund von etwas *nicht* die Einsicht ist, daß dieses ein hinreichender Grund ist, jenes zu urteilen. Im grundlegenden Fall urteilt jemand *A* aufgrund von *B*, da sein Urteil *A* irgendwie von seiner Vorstellung *B* abhängt. Daß diese Abhängigkeit besteht, ist eines, daß das Subjekt denkt, *B* spreche dafür, *A* zu urteilen, ein anderes.[10] Nach dieser Auffassung kann jemand

nicht an ein Ende, wenn wir auf etwas Grundlegendes stoßen. Im Gegenteil, hier fängt sie an. Boghossian legt nahe, daß er meint, etwas verstehen heiße, es auf etwas Grundlegenderes zurückführen (»eine nicht-zirkuläre Analyse geben«). Das impliziert, daß es nichts gibt, das beschrieben werden könnte als: etwas, das absolut grundlegend ist, verstehen. Daraus folgt, daß es so etwas wie Philosophie nicht gibt, wenn erstens die Philosophie ein Verlangen nach Verstehen ist und es zweitens der Philosophie allein um das Grundlegende geht – so sehr, daß die Entdeckung, daß etwas nicht grundlegend ist, sondern auf etwas anderem beruht oder darauf zurückgeführt werden kann, die Aufmerksamkeit des Philosophen sogleich von diesem abzieht und sie auf das richtet, was er als grundlegender erkennt. Eine weitere Konsequenz ist, daß es unmöglich ist, irgend etwas zu verstehen. Denn ich verstehe etwas nicht dadurch, daß ich es auf etwas zurückführe, was mir unbegreiflich ist. Im Gegenteil verankert mich das nur tiefer im Nichtverstehen.

10 Crispin Wright zieht diesen Schluß (»Comment on Paul Boghossian: ›What is Inference?‹«, in: *Philosophical Studies* 169 (2012), S. 27-37). Er zieht ihn aufgrund der Beobachtung, daß er sich keine andere Weise denken kann, die Möglichkeit des Schließens zu begreifen (ebd., S. 32). Aber das ist kein gültiges Argument. Auf der genannten Grundlage behauptet Wright, daß es eine grundlegende Ebene geistiger Tätigkeit geben müsse, auf der ein Subjekt von einem Gedanken zu einem anderen gelangt, welcher Vorgang geeignete Dispositionen manifestiert und von ihnen erklärt wird. Auf dieser Ebene ist das Denken nicht objektiv: Eine Erklärung dessen, warum jemand denkt, was er denkt, nimmt auf eine gegebene Bestimmung des Subjekts bezug, nämlich die fraglichen Dispositionen. Die Erklärung eines Gedankens des Subjekts durch eine solche Disposition läßt offen, ob die Dinge so sind, wie sie in ihm gedacht werden. Es ist ein weiterer Akt zu urteilen, daß ein so erklärter Gedanke mit dem übereinstimmt, was ist, ein Akt, der zu seiner Erklärung durch die Disposition hinzukommt. Wright macht das klar, wenn er sagt, er *hoffe* (er sagt »wir hoffen«), daß seine Dispositionen so sind, daß ihnen Gedanken entspringen, die mit dem, was ist, übereinstimmen. Da Wright das hofft, fragt er sich vielleicht, was es für ihn hieße zu bemerken, daß sich seine Hoffnung erfüllt hat. Um das zu bemerken, müßte er seine Dispositionen an einem Maßstab messen, der so ist, daß dies, daß eine Disposition

A aufgrund von *B* urteilen und dabei auf die Frage, warum er *A* denkt, nichts zu sagen haben; er kann *A* aus *B* schließen, ohne zu denken, *B* habe etwas damit zu tun, ob es richtig ist, *A* zu urteilen. Doch dann würden wir nicht sagen, er schließe *A* aus *B* oder gründe sein Urteil *A* in *B*. Denn das stellt ihn als jemanden dar, der sein Urteil rechtfertigen kann. Und einer, der angesichts der Frage, warum er denkt, was er denkt, sprachlos ist, kann sein Urteil nicht rechtfertigen.

Man mag versuchen, das beiseite zu schieben. Es ist eine Beobachtung zu der Art, wie wir sprechen. Obzwar wir hier nicht von »Schluß« sprechen würden, ist es eine grundlegende psychische Realität, dazu eine, die dem, was wir »Schluß« nennen, zugrunde liegt und es ermöglicht. Das rechtfertigt es, auch hier von »Schluß« zu sprechen oder, wenn das weniger anstößig ist, von »Proto-Schluß«.

ihm gemäß ist, sicherstellt, daß Gedanken, die ihr entspringen, mit dem, was ist, übereinstimmen. Doch nun müssen wir den Charakter seiner Vorstellung dieses Maßstabs untersuchen. Es kann sein, daß sie durch eine gegebene Bestimmung ihres Subjekts erklärt wird – im gegebenen Fall eine Bestimmung Wrights. Dann ist es eine offene Frage – die weder in dieser Vorstellung noch in ihrer Erklärung beantwortet wird –, ob sie damit übereinstimmt, wie die Dinge sind. Wright mag hoffen, und wir für ihn, daß sie das tut. Doch da er das hofft, fragt sich Wright vielleicht, was es für ihn hieße zu bemerken, daß sich seine Hoffnung erfüllt hat. Oder Wrights Vorstellung des besagten Maßstabs ist objektiv: Was sie erklärt, beweist ihre Geltung. Dann kann sie ohne Verweis auf eine gegebene Bestimmung Wrights verstanden werden, nämlich allein durch das, was sie vorstellt. Wrights Auffassung des Schließens aber, die ihn darauf beschränkt zu hoffen, seine Dispositionen mögen mit der Wirklichkeit in Einklang sein, leugnet, daß es objektives Denken gibt.

Wright empfiehlt seine Auffassung mit der Bemerkung, daß sie sich auf sämtliche Weisen des Handelns aus Gründen erstreckt. Er scheint nicht zu bemerken, daß die praktische Philosophie an dieser Schwierigkeit festhängt: der Schwierigkeit zu verstehen, wie Handeln aus Gründen ein Verstehen des Grundes, aus dem man handelt, als etwas, das dafür spricht, so zu handeln, sein kann. Tatsächlich ist die Ethik, in der Opposition von Gründe-Realismus und Konstruktivismus, durch diese Schwierigkeit geprägt. Gleichwohl ist hier die Antwort, die Wright vorschlägt – wir handeln, wie zu handeln wir eingerichtet sind, *hoffend*, unsere Dispositionen mögen so sein, daß wir gut handeln, indem wir sie manifestieren –, offensichtlich absurd. (Mir ist niemand bekannt, der sie vertritt.) Eine erhellende Diskussion der Schwierigkeit, wie sie sich auf diesem Gebiet auftut, ist Douglas Lavin, »Problems of Intellectualism: Raz on Reason and its Objects«, in: *Jurisprudence* 2 (2011), S. 367-378.

Hier versuchen wir zu sagen, daß jemand im grundlegenden Fall *A* aufgrund von *B* urteilen mag, obwohl er keine Ahnung hat, daß *B* ein Grund ist, *A* zu urteilen. Wenn das aber im grundlegenden Fall so ist, ist es in jedem Fall so; die Einschränkung »im grundlegenden Fall« kann wegfallen. Ist der grundlegende Fall wie beschrieben, dann urteilt niemals jemand etwas *in dem Bewußtsein*, daß die Geltung dessen, so zu urteilen, durch das ausgewiesen wird, aufgrund dessen er urteilt. Angenommen, wir beschreiben einen weniger grundlegenden Fall so: Das Urteil *A* eines Subjekts ist nicht allein auf dessen Vorstellung *B* zurückzuführen, sondern auf diese seine Vorstellung und seinen Gedanken, daß *B* dafür spricht, *A* zu urteilen. Das nun kann wahr sein, während das Subjekt nichts zu sagen hat, wenn wir es fragen, warum es *A* denkt. Mit der Idee der Abhängigkeit eines Urteils von anderen, welcher Abhängigkeit es äußerlich ist, daß das Subjekt sie versteht, können wir keine primitive Art von Schluß einführen, auf der wir etwas aufzubauen versprechen, das mehr nach dem aussieht, was wir kennen, wenn wir von uns selbst wissen, daß wir etwas aufgrund von etwas urteilen. So erhalten wir das, was wir »Schluß« nennen, nie zurück; wir erhalten den Schluß nicht zurück.

Vielleicht müssen wir in den sauren Apfel beißen und sagen, daß das, was wir »Schluß« nennen, nichts ist. Es ist unmöglich und existiert daher nicht. Damit bestreiten wir die Objektivität des Urteils. Wir sprechen von einem Subjekt, daß *A* urteilt und *B* urteilt und dessen Urteil auf irgendeine Weise auf seine Vorstellung *B* zurückgeht. Es ist gleich, wie diese Weise näher spezifiziert wird, wenn gilt: Das Urteil *A* eines Subjekts kann in dieser Weise auf seiner Vorstellung *B* beruhen, obwohl es nicht erkennt, daß *B* die Geltung seines Urteils *A* ausweist. Das legt fest, daß die Weise, in der sein Urteil *A* von *B* abhängt, eine gegebene Bestimmung seiner, des urteilenden Subjekts, ist: eine Bestimmung, von der man nicht weiß, daß das Subjekt sie aufweist, indem man urteilt, was es urteilt. Und wenn das Urteil durch eine gegebene Bestimmung derer, die urteilt, erklärt wird, ist es nicht objektiv. Es ist kein Bewußtsein, dessen Vollkommenheit darin liegt, mit der Wirklichkeit übereinzustimmen. Und wenn es keine Erkenntnis der Wirklichkeit gibt, gibt es keine Wissenschaft, insbesondere keine von einer gegebenen Bestimmung eines gegebenen Subjekts, wie etwa die Wissenschaft vom Gehirn und darin liegender kognitiver Dispositionen. Etwas aus etwas schließen heißt, dieses als hinreichenden Grund dafür verstehen, jenes zu urteilen. Das ist keine Theorie, keine Hypothese. Dieser Gedanke hat keinen Gegensatz. Es gibt nichts, was sich beschreiben ließe als Zurückweisen seiner.

Wenn ich etwas aufgrund anderer Dinge, die ich weiß, urteile, gibt es keinen zum Urteilen der Prämissen hinzutretenden Akt, in dem ich den Nexus von Prämissen und Konklusion begreife. Daraus folgt nicht, daß etwas aufgrund von etwas urteilen nicht heißt, verstehen, daß dieses dafür spricht, jenes zu urteilen. Vielmehr folgt, daß das Bewußtsein des logischen Prinzips, durch das ich verstehe, daß die Prämissen die Konklusion rechtfertigen, kein Bewußtsein ist, *das vom Urteilen der Prämissen verschieden ist und zu ihm hinzukommt*. Es ist nichts nötig über das Urteilen der Prämissen hinaus, um zu verstehen, daß sie die Konklusion nach dem Prinzip des Schließens rechtfertigen. Das Urteilen der Prämissen ist immer schon das Bewußtsein dieses Prinzips.[11] Das ist es, was Achill und die Schildkröte zeigen: Das Bewußtsein des Prinzips des Schließens ist in jedem Urteil enthalten, das im Schließen auftreten kann. Ein Erfahrungsurteil ist ein Bewußtsein des logischen Prinzips und seiner selbst als ihm unterstehend. Wäre ein Urteil nicht selbst der Gedanke seiner als vom logischen Prinzip regiert, müßte er zu dem Prinzip gebracht werden und das Prinzip zu ihm. Das logische Prinzip müßte auf ein gegebenes Urteil angewandt werden. Dann entsteht der Regreß. Ein Erfahrungsurteil konstituiert sich als solches im Bewußtsein des Prinzips des Schließens. Das logische Prinzip ist das Selbstbewußtsein des Urteils; es ist das *Ich erfahre*.

11 Das haben wir in unserer Diskussion der Rechtfertigung in Kapitel 6 gesehen. Dort haben wir gesagt: Wenn es möglich sein soll, mein Urteil *A* in einer Weise durch *B* zu erklären (Ich denke *A*, weil *B*), die die Objektivität meines Urteils spiegelt, also ohne auf eine gegebene Bestimmung derer, die so urteilt, bezugzunehmen, dann erkenne ich, daß *B* hinreichenden Grund gibt, *A* zu urteilen, indem ich *B* urteile. Andernfalls würde ich darin, daß ich *B* urteile, nicht einsehen, daß es gültig ist, *A* zu urteilen. Und dann würde ich darin, daß ich durch *B* erkläre, warum ich *A* urteile, nicht alles angeben, was nötig ist, um die Geltung meines Urteils *A* zu erfassen. Jemandem, dem ich *B* als meinen Grund dafür nenne, *A* zu urteilen, hätte darin nicht alles, was er braucht, um einzusehen, daß es gültig ist, *A* zu urteilen. Würde ich ihm nur *B* nennen, täte er recht daran, sich des Urteils zu *A* zu enthalten. Wie die Schildkröte.

9.7. Die Objektivität des logischen Prinzips

Das Prinzip der Logik ist im Selbstbewußtsein des Urteils erkannt; die Erkenntnis des Prinzips ist Selbsterkenntnis; in dieser Erkenntnis erkenne ich nichts als das Urteil. Man möchte meinen, das zeige, daß das Prinzip subjektiv ist; es ist die Natur des Urteils. Es ist kein objektives Prinzip; es ist nicht die Natur der Wirklichkeit. Darin drückt sich die Vorstellung aus, Objektivität und Selbstbewußtsein schlössen einander aus: Daraus, daß die Erkenntnis des logischen Prinzips Selbsterkenntnis ist, wird geschlossen, daß sie nicht objektiv ist. Sie ist Erkenntnis des Urteils, des urteilenden Subjekts, im Gegensatz zur Erkenntnis dessen, was ist, Erkenntnis des Gegenstands des Urteils.

Wir stoßen auf das Prinzip des Schließens, da wir den Gedanken seiner Geltung entfalten, der dem Urteil intern ist. Ich begreife die Notwendigkeit meines Erfahrungsurteils, da ich es auf die Selbstbestimmung des Erkenntnisvermögens beziehe: seinen ersten Akt, Wissenschaft. In diesem Bezug auf die Wissenschaft verstehe ich das wissenschaftliche Prinzip, in dem mein Urteil gründet, als hinreichenden Grund dafür zu urteilen, was ich urteile, und verstehe so mein Urteil durch das logische Prinzip, das im Begriff hinreichender Gründe gedacht ist. Wenn das Bewußtsein dieses Prinzips nicht objektiv ist, infiziert das alles Bewußtsein der Geltung eines Erfahrungsurteils. Denn es gibt *keinen* Gedanken der Geltung eines Erfahrungsurteils, der nicht durch den Begriff hinreichender Gründe hindurchginge. Da wir zu denken versuchen, das logische Prinzip sei subjektiv, ein Prinzip lediglich des Subjekts im Gegensatz zum Objekt des Urteils, löst sich die Idee objektiver Geltung und mit ihr die Idee des Urteils auf. Die Einsicht, daß das logische Prinzip objektiv ist, ist ohne Gegensatz. Es gibt nichts, was beschrieben werden könnte als: dieses Prinzip für subjektiv halten.

Wenn wir zu denken versuchen, Erkenntnis des logischen Prinzips sei, da es Erkenntnis des Prinzips des Urteilens ist, keine Erkenntnis des Gegenstands des Urteils, verstehen wir das Urteilsvermögen als ein Vermögen unter anderen, ein Element der Wirklichkeit neben anderen. Prinzipien des Schließens sind Gesetze dieses besonderen Elements der Wirklichkeit: einer gegebenen seelischen Ausstattung einer gegebenen Spezies. Es ist unsinnig, die Natur dessen, was überhaupt ist, aus der Natur eines besonderen

Elements dessen, was ist, abzuleiten. Wäre aber das Urteilsvermögen ein besonderes Element dessen, was ist, wäre das Urteil nicht objektiv; es wäre nicht möglich, ein Urteil durch das, was es urteilt, zu erklären; ein Urteil könnte nur durch eine gegebene Bestimmung des urteilenden Subjekts erklärt werden, spezifisch durch die Natur seines kognitiven Vermögens, die in seinem Prinzip des Schließens läge. Und dann gäbe es keine Erkenntnis des Urteilsvermögens und keine Wissenschaft vom Urteil, denn es gäbe keine Wissenschaft und keine Erkenntnis.

9.8. Gesetze des Seins und Prinzipien des Urteilens

Spiegelte das logische Prinzip die Natur eines gegebenen Vermögens, so täte das jedes Urteil. Und dann gäbe es so etwas wie Urteilen nicht. Das logische Prinzip ist objektiv: Es ist das innerste Gesetz der Natur, der Wahrheit, des Seins. Wenn wir das einsehen und *zugleich* von der Idee eingenommen sind, die Objektivität des Urteils widerspreche seinem Selbstbewußtsein – was wiederum die Idee ist, daß die Selbsterkenntnis des Urteils nicht als solche Erkenntnis des Gegenstands des Urteils sein kann –, werden wir zu denken versuchen, daß das Prinzip des Urteils, das dem Subjekt zugehört, einem vorgängigen objektiven Prinzip entstammt, einem Prinzip des Gegenstands. Zuerst gibt es ein Gesetz des Seins, das festschreibt, was aus was folgt. Dieses Gesetz ist in dem Sinn objektiv, daß dies, daß die Dinge so sind, wie es sagt, nicht dasselbe ist wie dies, daß erkannt ist, daß sie so sind. Vom Gesetz abhängig ist ein Prinzip des Urteils, das verlangt, in Übereinstimmung mit diesem Gesetz zu urteilen.

Die Vorstellung, daß die Objektivität des Urteils darin gründet, daß es sich auf etwas anderes als sich selbst bezieht, führt zu der Idee, daß es sich in Kraft und Inhalt gliedert. Wenn das Urteil so gegliedert ist, ist ein Gesetz des Seins nicht als solches ein Prinzip des Urteilens. Da das Urteil eine Einstellung zu einem Inhalt ist, der diese Einstellung zu ihm nicht enthält, erkennt man im Urteilen dessen, was man urteilt, nicht die Notwendigkeit, es zu urteilen. Folglich erkennt man im Erkennen eines Gesetzes des Seins nicht die Notwendigkeit, in Übereinstimmung mit ihm zu urteilen. Umgekehrt gilt: Da ich es für gültig halte zu urteilen, wie ich urteile, indem ich so urteile, bin ich mir im Bewußtsein eines Naturgesetzes der Notwendigkeit bewußt, in Übereinstimmung mit ihm zu urteilen: Ich bin mir seiner als Prinzip des Urteilens bewußt. In der Tat heißt schließen, im Licht eines Gesetzes des Seins einsehen, daß es notwendig ist, so zu urteilen: Da *B* der Fall ist, ist es notwendig, *A* zu urteilen. Ein Schluß *ist* das Bewußtsein eines Gesetzes des Seins als Prinzips des Urteilens.

Gesetze einer Wissenschaft sind eine partielle Beschreibung des Urteilsvermögens: Gesetze einer Wissenschaft, die sagen, wie die Dinge in einem bestimmten Bereich im allgemeinen sind und ablaufen, sind etwas, aufgrund dessen ich urteilen kann, daß die Dinge hier und jetzt so sind und ablaufen, worin ich einsehe, daß es notwendig ist, so zu urteilen. Ein Gesetz eines Gegenstands des Urteils ist als solches ein Prinzip des Urteilens. Als solches: Es gibt keinen Schritt vom Bewußtsein eines Gesetzes des Seins zum Verstehen seiner als eines Prinzips des Urteilens und umgekehrt. Daher gründet ein Prinzip des Urteilens nicht in einem Gesetz des Seins. Es gibt nur einen geistigen Akt, der in eben diesem Akt als Erkenntnis eines Prinzips des Seins und als Prinzip des Urteilens verstanden ist. So ist es, weil ein Urteil als solches der Gedanke seiner Geltung ist. Als solches: Es gibt keinen Schritt vom Urteil, daß die Dinge so sind, zu dem Gedanken, daß es richtig ist zu urteilen, daß sie so sind; es gibt nur einen Akt, der in eben diesem Akt als Erkenntnis, daß die Dinge so sind, und als Einsicht in die Notwendigkeit, zu urteilen, daß sie so sind, verstanden ist. Da urteilen heißt, sich der Geltung seines Urteils bewußt sein, ist ein Gesetz, durch das ich erkenne, daß die Dinge so sein müssen, ein Prinzip, durch das ich erkenne, daß es notwendig ist zu urteilen, daß sie so sind.

Ein Gesetz des Seins ist ein Prinzip des Urteilens, weil urteilen, daß die Dinge soundso sind, einsehen heißt, daß es richtig ist zu urteilen, daß sie so sind. Darin liegt die Objektivität des Urteils: Da ein Urteil, daß die Dinge so sind, selbst der Gedanke seiner Geltung ist, hängt seine Geltung von keiner gegebenen Bestimmung des Subjekts, das so urteilt, ab (einer Bestimmung seiner, um die man nicht weiß, indem man nur urteilt, was es urteilt), sondern allein davon, was es urteilt. Wäre das Urteil, daß die Dinge so sind, nicht für sich selbst der Gedanke der Geltung dieses Urteils, dann hinge seine Geltung von etwas ab, das nicht im Urteil selbst gedacht ist. Sie hinge von einer gegebenen Bestimmung des urteilenden Subjekts ab; das Urteil wäre nicht objektiv. Wer denkt (oder vielmehr versucht zu denken), daß zwischen einem Gesetz des Seins und einem Prinzip des Urteilens ein Abstand ist, denkt (oder vielmehr versucht zu denken), daß Urteilen *nicht* objektiv ist. Es gibt keinen Raum, nicht einmal für eine begriffliche Unterscheidung des Prinzips des Urteilens vom Gesetz des Seins, in dem sich die Frage stellen ließe, wie sich beide zueinander verhalten.

9.9. Das logische Prinzip und wissenschaftliche Prinzipien

Das logische Prinzip ist das Selbstbewußtsein des Urteils. Im Gegensatz dazu sind wissenschaftliche Prinzipien nicht im *Ich denke* enthalten; daß die Dinge so sind, wie ein wissenschaftliches Prinzip sagt, ist nicht dasselbe wie dies, daß sie als so seiend erkannt sind. Wenn wir meinen, die Objektivität eines Urteils liege darin, daß es sich auf einen Gegenstand bezieht, der vom Urteilen dieses Gegenstands verschieden ist, werden wir das logische Prinzip als eine Art wissenschaftliches Prinzip zu denken versuchen, eine Art vielleicht, die sich durch höchste Allgemeinheit auszeichnet: Logische Prinzipien gelten für keinen begrenzten Bereich, sondern erstrecken sich auf alles. Ungeachtet seiner großartigen Allgemeinheit ist ein logisches Prinzip eine objektive Tatsache, die unabhängig davon, daß sie als diese Tatsache erkannt wird, besteht.

Diese Weise zu erklären, wie logische Prinzipien zur Wissenschaft gehören, zeigt in Wahrheit, daß sie im *Ich denke* enthalten sind. Logische Prinzipien sollen maximal allgemein oder universell sein: Sie regieren alles. Diese Universalität ist die Unbegrenzbarkeit des Gegenstands des Urteils, in dem sich das Selbstbewußtsein des Urteils spiegelt. Der Begriff dessen, was ist, der den Geltungsbereich der Gesetze der Logik angibt, ist der Begriff des Gegenstands des Urteils. Und der Begriff des Gegenstands des Urteils ist kein anderer als der Begriff des Urteils, der Selbstbewußtsein ist. Die Exposition des Begriffs dessen, was ist, in Gesetzen, die so verstanden werden, daß sie das, was ist, universell bestimmen, ist die Artikulation des Selbstbewußtseins des Urteils.[12]

12 Quine ist dafür berühmt, logische Prinzipien empirischen, wissenschaftlichen Prinzipien anzugleichen. Er erklärt, logische Prinzipien würden wie alle allge-

Indem wir behaupten, das logische Prinzip sei von der Erkenntnis seiner unabhängig, meinen wir, an der Idee von Objektivität und Notwendigkeit festzuhalten, die das Urteil ausmacht. Statt dessen unterminieren wir sie in eben dieser Behauptung. Wenn das Prinzip des Schließens nicht im Selbstbewußtsein erkannt ist, ist es ein Urteil mit Gegensatz: Es ist nicht durch das, was es urteilt, das Verstehen seiner eigenen Notwendigkeit. Das Prinzip ist eine rohe, unbegriffene Tatsache. Und das ist endgültig. Denn der Gedanke der Notwendigkeit eines Urteils mit Gegensatz ist der Gedanke seiner als in einem tieferen Prinzip gegründet. Da das Prinzip des Schließens ein letztes Prinzip ist, kann es keinen Gedanken seiner Notwendigkeit geben. Das mag beunruhigend scheinen: Im letzten Prinzip des Urteils stoßen wir auf die rohe Notwendigkeit, gemäß einem Prinzip zu urteilen, das wir nicht verstehen.[13] Das

meinen Aussagen durch die Erfahrung gestützt und könnten durch sie zu Fall gebracht werden (vgl. »Two Dogmas of Empiricism«, in: ders., *From a Logical Point of View. Nine Logico-Philosophical Essays,* Cambridge/Mass. 1953, S. 20-46, hier S. 42; deutsch: »Zwei Dogmen des Empirismus«, in: ders., *Von einem Logischen Standpunkt. Neun logisch-philosophische Essays.* Frankfurt/M., Berlin, Wien 1979, S. 27-50). Nun stellen wir uns vor, Quine träfe auf die Schildkröte, die keinen Grund sieht, eines ihrer Urteile p und $p \supset q$ aufzugeben, da sie, kraft Erfahrung, wie wir vermuten können, erkennt, daß $\neg q$. Quine könnte nichts tun, um der Schildkröte zu zeigen, daß sie eines ihrer Urteile korrigieren muß, um auf diese Erfahrung zu antworten. Überhaupt könnte er nichts tun, um sie dazu zu bringen einzusehen, daß eine gegebene Erfahrung widerspenstig ist und verlangt, daß sie ihre Theorie irgendwie ändert. Quines Behauptung, daß uns *widerspenstige* Erfahrungen *abverlangen* können, logische Prinzipien zu ändern, unterminiert sich selbst. (Saul Kripke präsentiert diesen Einwand gegen Quine in Gestalt der Parabel von Achilles und der Schildkröte. Vgl. Berger, »Kripke on the Incoherency of Adopting a Logic«, S. 182-185.)

Logische Prinzipien sind keine Prinzipien irgendeiner Wissenschaft. Da der Begriff hinreichender Gründe (das Prinzip des Schließens) ein Bewußtsein der Struktur von Vermögen, Vermögen/Akt, Akt ist, kann er nicht zu einem Bestandteil dieser Struktur erklärt werden; er kann nicht als ein erster Akt des Erkenntnisvermögens verstanden werden. Allgemein führt der Versuch, ein Ganzes als Element dieses Ganzen zu verstehen, in einen Regreß, der das Ganze unmöglich zu machen droht. Der Regreß von Achill und der Schildkröte ist dieser Regreß für das Urteilen. Siehe Aristoteles, *Metaphysik*, 1041b20-22.

13 Hier ist nicht der Ort, das zu entwickeln, doch es lohnt sich zu bemerken, daß das eine Implikation des Gründe-Realismus in der Ethik ist. Dieser »Realismus« versteht die Erkenntnis, wie man handeln oder leben soll, als Einsicht in eine Tatsache, die nicht mit der (praktischen) Erkenntnis ihrer identisch ist. Daraus folgt, daß man in dieser und durch diese Erkenntnis nicht versteht, warum man

ist aber nicht beunruhigend; es ist unverständlich. Wäre das Prinzip des Schließens ein Urteil mit Gegensatz, wäre es nicht noch unbegriffen; es wäre sein Wesen, unbegreiflich zu sein. Und dann wäre es unmöglich, ein Urteil durch dieses Prinzip zu verstehen; es wäre unmöglich einzusehen, daß die Gründe, aufgrund derer man urteilt, zeigen, daß es notwendig ist zu urteilen, wie man urteilt. Denn man versteht nichts durch etwas, das die Unbegreiflichkeit selbst ist. Und wenn man nicht durch das Prinzip des Schließens verstehen kann, warum man urteilt, wie man urteilt, gibt es keinen Gedanken der Geltung des Urteilens von irgend etwas. Denn dieser ist der einem jeden Erfahrungsurteil interne Gedanke, daß das Urteil hinreichende Gründe hat oder haben kann. Die Idee, daß das logische Prinzip eine Tatsache ist, die unabhängig von unserer Erkenntnis ihrer besteht, ist so weit entfernt davon, das Verständnis des Urteils von sich selbst zu artikulieren, daß sie vielmehr dieses Verständnis, und damit das Urteil, auflöst.

Das Prinzip des Schließens – das Prinzip, durch das ich erkenne, daß etwas ein hinreichender Grund ist zu urteilen, wie ich urteile – ist keine Tatsache. Es ist ein Akt: der ursprüngliche Akt des Urteils. Dieser Akt ist nichts anderes als dies, daß die Dinge so sind, wie sie in diesem Akt erkannt sind. In diesem Akt ist Denken Sein. Im Bewußtsein dieses Akts ist das verstanden. Das Vermögen zu urteilen, sein ursprünglicher Akt, ist die Erkenntnis seiner als identisch mit dem Sein. Das Prinzip des Urteils – die Selbsterkenntnis des Urteils – ist die Objektivität selbst. Es ist alle Realität.

9.10. Historische Anmerkungen

Das ist vielleicht eine Gelegenheit für einige historische Anmerkungen zu Hegel, Frege und Aristoteles. Die Prinzipien der Logik, da sie die Prinzipien des Urteils als solchen sind, sind die Prinzipien des Urteilsgegenstands als solchen. Denn das Urteil ist objektiv. Da das Urteil objektiv ist, ist die Bestimmung des Urteilsvermögens dieselbe wie die Bestimmung seines Gegenstands. Den Versuch, et-

so leben soll. Und da diese Erkenntnis die letzte ist, gibt es eine endgültige Unbegreiflichkeit des Prinzips, das unser selbstbestimmtes Leben leiten soll. Der Gründe-Realismus ist die Behauptung, daß das Wesen des menschlichen Lebens darin besteht, sich selbst unbegreiflich zu sein.

was anderes zu denken, können wir als Psychologismus bezeichnen. Dann verstehen wir, warum Hegel Kant des Psychologismus bezichtigt: Kant unterscheidet das Selbstbewußtsein des Urteils von der Erkenntnis des Gegenstands des Urteils.

Frege sagt, daß jedes Gesetz des Seins als ein Gesetz des Denkens aufgefaßt werden kann: ein Gesetz, das angibt, wie zu denken im jeweiligen Bereich richtig ist.[14] Er sagt nicht, jedes Gesetz des Seins begründe ein entsprechendes Gesetz des Urteils. Es gibt keinen Schluß, der den Begriff des Urteils und seiner Prinzipien mit dem Denken dessen, wie und warum Dinge sind, wie sie sind, verknüpft. Das gilt, gleich ob es sich um wissenschaftliche oder logische Prinzipien handelt. Ein Gesetz des Seins ist, als solches, ein Prinzip des Urteilens. Frege sieht das, da er auf der Objektivität des Denkens besteht. Gleichwohl scheitert er daran zu erkennen, daß die Objektivität des Denkens nichts anderes als sein Selbstbewußtsein ist. Und deshalb will er die Objektivität des Urteils durch die Unterscheidung von Kraft und Inhalt darstellen. So zerstört er unvermerkt seine Einsicht, daß ein Gesetz des Seins als solches ein Prinzip des Urteilens ist.

In Buch Γ der *Metaphysik*, Kapitel 3, spricht Aristoteles ein Prinzip – ja, das erste Prinzip – der Wissenschaft aus, die er in Buch Γ 1 als die Wissenschaft dessen, was ist, insofern es ist, eingeführt hat. Im Verlauf des Buchs drückt er dieses Prinzip auf mehrfache Weise aus. Einerseits sagt er, es sei unmöglich, daß etwas zugleich ist und nicht ist (wir fügen alle Qualifikationen hinzu, die aus den sophistischen Einwänden bekannt sind). Andererseits sagt er, es sei unmöglich zu glauben, daß etwas zugleich ist und nicht ist. Aristoteles gibt keinen Hinweis darauf, daß er meint, diese Formulierungen stünden für verschiedene Prinzipien. Vielmehr legt die Weise, wie er schreibt, nahe, daß er es für selbstverständlich und keiner expliziten Erwähnung bedürftig hält, daß das Weisen sind, ein und dasselbe zu sagen. Es gilt als Zeichen des überlegenen Scharfsinns modernen philosophischen Denkens, daß es fähig war, in Aristoteles' Text zwei Prinzipien zu unterscheiden:[15] ein Prinzip des Seins, ein ontologisches Prinzip, und ein Prinzip des Denkens, ein psychologisches Prinzip. In Wahrheit ist das kein Zeichen der

14 Gottlob Frege, *Grundgesetze der Arithmetik. Begriffsschriftlich abgeleitet*, Band I und II, Paderborn 2008.

15 Oder drei Prinzipien. Damit müssen wir uns nicht befassen.

intellektuellen Reife moderner Philosophie, sondern ein Symptom der verderblichen Wirkung des Psychologismus auf sie.[16]

16 Vgl. die hervorragende Diskussion des Gesetzes vom ausgeschlossenen Widerspruch in Irad Kimhiș *Thinking and Being. A Two Way Capacity*, Cambridge/Mass. 2018, der dieses Buch zutiefst verpflichtet ist.

10. Die Identität von absoluter und empirischer Erkenntnis

10.1. Vollständigkeit als Unvollständigkeit

Das Erfahrungsurteil schien wesentlich unvollständig: Die Idee, daß ich in einem Erfahrungsurteil die Notwendigkeit zu urteilen, wie ich urteile, ganz verstehe, schien leer und gar keine Idee. Wenn das zutrifft, gilt es für den Begriff des Erfahrungsurteils: Er ist leer und gar kein Begriff. Und dann gibt es kein Erfahrungsurteil. Daher haben wir versucht, im Erfahrungsurteil die Erkenntnis seiner eigenen Vollständigkeit zu finden. Seine Vollendung muß gerade in seiner Unvollständigkeit liegen, das heißt in seinem Verstehen seiner Unvollständigkeit.

Wenn ich mein Urteil für gültig halte, beziehe ich es auf das Erkenntnisvermögen und darin auf einen ersten Akt dieses Vermögens. Ein erster Akt des Erkenntnisvermögens ist ein Prinzip, in dem ein Urteil, ein zweiter Akt, gründen kann. In meinem Urteil denke ich daher, daß mein Urteil einen hinreichenden Grund in diesem Prinzip hat. So verstehe ich in meinem Erfahrungsurteil das dreifache Gefüge von Vermögen, Vermögen/Akt, Akt und denke mein Urteil durch den Begriff hinreichender Gründe. Da der Begriff hinreichender Gründe nichts anderes ist als das Bewußtsein des logischen Prinzips, bin ich mir im Urteilen dieses Prinzips, von dem mein Urteil geleitet ist, da ich es auf hinreichende Gründe stütze, bewußt. So ist das logische Prinzip im Selbstbewußtsein erkannt; es ist die Selbsterkenntnis des Urteils. Deshalb ist es ohne Gegensatz. Es ist in sich gültig; es denken heißt, seine Geltung begreifen; es denken heißt wissen, daß man es weiß. *Dieses* Wissen, der ursprüngliche Akt des Erkenntnisvermögens, ist vollständig im Gedanken seiner Geltung. Es ist absolut.

Wir haben die Vorstellung erwähnt, das Bewußtsein des logischen Prinzips sei die Vorstellung nur der Form des Urteils, unterschieden von der Erkenntnis des letzten Prinzips dessen, was ist, des Gegenstands des Urteils. Das zerstört die Idee des Urteils als objektiv gültig. Das Bewußtsein des logischen Prinzips ist Erkenntnis dessen, was ist, welche Erkenntnis sich selbst durch sich selbst als solche versteht. So scheint es die Schwierigkeit, die wir damit haben, das Urteil zu verstehen, zu heben.

Bei näherer Betrachtung allerdings scheint es unsere Schwierigkeit gar nicht zu betreffen. Wir wollen verstehen, wie ein *Erfahrungs*urteil im Gedanken seiner Notwendigkeit vollständig sein kann. Doch die Erkenntnis des logischen Prinzips ist kein Erfahrungsurteil; sie ist absolute Erkenntnis. Selbst wenn es absolute Erkenntnis gibt, die sich selbst als das versteht, was sie, schlicht als Urteil, sein soll, beseitigt das nicht das Ungenügen des Erfahrungsurteils, dem dessen Unbegreiflichkeit folgt. Denn das logische Prinzip rechtfertigt kein Erfahrungsurteil; kein wissenschaftliches Prinzip kann aus dem Prinzip der Logik abgeleitet werden. Das ist so, eben weil das logische Prinzip ohne Gegensatz ist. Denn ein Urteil ohne Gegensatz rechtfertigt kein Erfahrungsurteil. Ein Urteil, das rechtfertigt, hat, wie ein Urteil, das gerechtfertigt ist, einen Gegensatz. Die Erkenntnis des logischen Prinzips hebt daher nicht den Mangel, an dem das Erfahrungsurteil krankt; es vollendet nicht das Fortschreiten des Erfahrungsurteils von der assertorischen zur apodiktischen Modalität.

Wir haben schon gesehen, daß das logische Prinzip, wenn es wissenschaftliche Prinzipien rechtfertigte, die Wissenschaft abschlösse. Indem es die Wissenschaft abschlösse, verwandelte das logische Prinzip sie in ein Urteil ohne Gegensatz, und in der so abgeschlossenen Wissenschaft wäre das Gefüge von Vermögen, Vermögen/Akt, Akt verschwunden. Das mag uns dazu anhalten, das logische Prinzip von der Wissenschaft getrennt und das absolute Wissen für von empirischer Erkenntnis verschieden zu halten. Doch dann ist es nicht nur so, daß das absolute Wissen unsere Schwierigkeiten, das Erfahrungsurteil zu verstehen, nicht betrifft, sondern daß es sämtliche Begriffe abweist, durch die wir das Erfahrungsurteil denken. Erstens ist das absolute Wissen – das Bewußtsein des logischen Prinzips – dann nicht notwendig und versteht sich nicht als notwendig. Denn der Gedanke der Geltung eines Urteils ist der Gedanke seiner Notwendigkeit, nur weil und insofern es ein Urteil ist, das seinen Gegensatz ausschließt. Zweitens kann das absolute Wissen dann kein Akt, insbesondere nicht der ursprüngliche Akt, des Erkenntnisvermögens sein. Denn es enthält keinen Gedanken der Unterscheidung von Vermögen und Akt und ist daher kein Verstehen seiner als das Vermögen, dessen Akte Erfahrungsurteile sind.

Das absolute Wissen bleibt in sich eingeschlossen und verwehrt sich jeder Verbindung zur empirischen Erkenntnis. Wenn wir bedenken, was wir nun als absolutes Wissens zu denken vorgeben, stellen wir fest, daß wir statt der Fülle des Seins überhaupt nichts denken.

Wir finden uns in einem Dilemma. Wir gehen irre, wenn wir denken, die Selbsterkenntnis des Urteils oder das absolute Wissen begründe empirische Erkenntnis oder Erkenntnis der Natur. Wir irren auch, wenn wir denken, das absolute Wissen sei ein eigenständiger Akt, unberührt von der Gliederung, die das Erfahrungsurteil ausmacht. Entweder meinen wir, das absolute Wissen vollende das Erfahrungsurteil. Dann gibt es keine empirische Erkenntnis, denn Erkenntnis ist sie nur insofern, als sie in ein Urteil ohne Gegensatz verwandelt ist. Oder wir meinen, das absolute Wissen sei vollendet und damit vom Erfahrungsurteil, das unvollendet ist, verschieden. Dann ist das absolute Wissen leer und überhaupt nichts.

Um einen Ausweg aus dieser Verwirrung zu finden, müssen wir uns erinnern, daß die Vollständigkeit eines Erfahrungsurteils nichts anderes sein darf als seine Unvollständigkeit. Wenn wir diese Einsicht nicht würdigen, sind wir weiter mit dem Dilemma konfrontiert. Sitzen wir auf seinem ersten Horn, verstehen wir die Vollständigkeit des Urteils im logischen Prinzip als das, was seine Unvollständigkeit überwindet. Doch seine Unvollständigkeit überwinden heißt, seinen Charakter als Erfahrungsurteil überwinden. Es heißt bestreiten, daß ein Erfahrungsurteil Erkenntnis dessen sein kann, was ist. Sitzen wir auf dem zweiten Horn, isolieren wir die absolute von empirischer Erkenntnis. Indem wir das tun, verneinen wir, was wir erkannt haben, nämlich daß die Selbsterkenntnis des Urteils Erkenntnis dessen ist, was ist. Denn wenn ich in meiner Erkenntnis des logischen Prinzips dieses absolute Wissen nicht mit der empirischen Erkenntnis in Zusammenhang bringe, kann ich ersteres nicht so verstehen, daß es den Gegenstand des letzteren teilt. Wenn also das Erfahrungsurteil urteilt, was ist, tut das absolute Wissen das nicht. Oder wir folgen Kant und sagen, daß sich empirische Erkenntnis nicht auf das bezieht, was ist, sondern nur auf Erscheinungen. Nur das absolute Wissen ist Wissen von dem, was ist. Dann ist das, was wahrhaft ist, die wahre Wirklichkeit, der Gegenstand des absoluten Wissens, überhaupt nichts.

Wenn wir versuchen, das absolute Wissen von empirischer Erkenntnis zu trennen, vergessen wir, daß das absolute Wissen, die Erkenntnis des logischen Prinzips, nichts anderes ist als das Selbstbewußtsein des Urteils. Genauer ist es das Selbstbewußtsein des Erfahrungsurteils. Das logische Prinzip trägt das dreifache Gefüge von Vermögen, Vermögen/Akt, Akt des Erkenntnisvermögens, welches der Gedanke der Geltung oder Notwendigkeit des Erfahrungsurteils ist. Das absolute Wissen ist nichts anderes als der Gedanke der Geltung des empirischen Urteils. Und da ein Urteil nichts anderes ist als der Gedanke seiner Geltung, ist das absolute Wissen nichts anderes als empirische Erkenntnis.

Im Erkenntnisvermögen gibt es eine Unterscheidung von Vermögen, erstem Akt und zweitem Akt. Als wir über den Schluß nachgedacht haben, haben wir einen weiteren Akt des Erkenntnisvermögens eingeführt, seinen ursprünglichen Akt. Wie wir deutlich gemacht haben, darf das nicht so aufgefaßt werden, als beschreibe es eine Hierarchie von Akten: ursprünglicher, erster, zweiter Akt. Der ursprüngliche Akt ist die Einheit von erstem und zweitem Akt; als diese Einheit geht er dem ersten Akt nicht voraus, sondern wohnt erstem wie zweitem Akt gleichermaßen inne. Daher ist der ursprüngliche Akt des Erkenntnisvermögens kein höchster Akt der Selbstbestimmung. Das Erkenntnisvermögen bestimmt sich selbst in seinem ersten Akt, nicht in seinem ursprünglichen Akt. Der ursprüngliche Akt ist die Tätigkeit – das Selbstbewußtsein der Tätigkeit – der Selbstbestimmung des Erkenntnisvermögens in Wissenschaft und Urteil. Er ist die ganze Tätigkeit der Erkenntnis, nicht ein besonderer Teil ihrer. Der ursprüngliche Akt ist daher vollständig in der Weise, daß er unvollständig ist: Sein Verstehen seiner eigenen Vollendung ist nichts anderes als der selbstbewußte Fortschritt – das Selbstbewußtsein des Fortschritts – empirischer Erkenntnis.[1]

1 Damit erreichen wir den Gedanken John McDowells in »Hegel's Idealism as Radicalization of Kant«, in: *Having the World in View: Essays on Kant, Hegel, and Sellars*, Cambridge/Mass. 2009, S. 69-89, hier S. 87 f.; deutsch: »Hegels Idealismus als Radikalisierung Kants«, in: *Die Welt im Blick. Aufsätze zu Kant, Hegel und Sellars*, Berlin 2015, S. 107-132, hier S. 130: »Der Standpunkt des absoluten Wissens ist ein Standpunkt, auf dem wir das Streben nach Objektivität als das freie Sich-Entfalten des Begriffs verstehen. Es ist kein Standpunkt, auf dem wir uns irgendwie aus der empirischen Welt zurückgezogen haben. Wenn der Fall des Strebens nach Objektivität, den wir betrachten, empirische Forschung ist, dann haben wir es, indem wir uns im absoluten Wissen bewegen, bereits mit

Zu Beginn dieses Essays haben wir die Versuchung besprochen zu meinen, daß man zusätzlich dazu, daß man denkt, etwas sei soundso, denkt, daß man das denkt. Man mag eine enge Verbindung postulieren und sagen, daß dies beides – daß etwas so ist und daß man denkt, daß es so ist – im Bewußtsein nah beieinander liegt: Das eine ist im Vordergrund, das andere im Hintergrund; das eine ist die Form, das andere der Inhalt. Diese Metaphern versperren den Blick für den entscheidenden Punkt: Ich bin mir *im* Denken dessen, daß die Dinge so sind, bewußt, daß ich das denke. Das bedeutet, daß dies, daß ich es denke, *im Inneren* dessen liegt, was ich denke, da ich denke, daß die Dinge so sind. Das *Ich denke* ist im Inneren des Gedachten. Die Bedeutung dieser Einsicht wird von uns vollkommen erfaßt, wenn wir erkennen, daß das Selbstbewußtsein des Erfahrungsurteils, welches das absolute Wissen des logischen Prinzips ist, kein von der Erkenntnis, deren Selbstbewußtsein es ist, verschiedener Akt ist, welche letztere empirische Erkenntnis der Natur ist. Das absolute Wissen ist also nichts anderes als das sich selbst bestimmende Fortschreiten des Erfahrungsurteils. Da das absolute Wissen nichts anderes ist als das sich stetig vertiefende Verstehen der Natur in der Wissenschaft, ist das absolute Wissen keine leere, subjektive Form. Es ist die Gewißheit des Wissens, alle Realität zu sein.

Wir haben bemerkt, daß das absolute Wissen, wenn es von empirischer Erkenntnis isoliert wird, sämtliche Begriffe abweist, durch die wir das *Ich erfahre* artikulieren. Insbesondere weist es den Begriff der Notwendigkeit ab, denn der bezeichnet den Ausschluß des entgegengesetzten Urteils durch ein Urteil mit Gegensatz. Da aber das absolute Wissen das Selbstbewußtsein der empirischen Erkenntnis ist und also empirische Erkenntnis *ist*, ist und versteht sich das absolute Wissen als unbedingt notwendig. Es ist die Notwendigkeit selbst, da es der ursprüngliche Akt des Erkenntnisvermögens ist

der empirischen Welt zu tun.« Man mag sagen wollen, daß McDowell in diesem Text die spekulative Identität, und das heißt die Differenz, von absolutem Wissen und empirischer Erkenntnis nicht herausarbeitet. Es gibt aber kein absolutes Maß dafür, was man sagen muß, um explizit zu Bewußtsein zu bringen, was jeder immer schon weiß. Das hängt von den Hindernissen ab, auf die man stößt und von denen man meint, es lohne sich, sie abzubauen. Daran muß man sich erinnern, um nicht jeder lokalen Wirrnis zu gestatten, das Maß dafür zu bestimmen, was es heißt, etwas klar zu machen.

und also nichts anderes als dieses Vermögen: Jeder Gedanke der Notwendigkeit – wo auch immer – ist ein Gedanke der Notwendigkeit nur, weil er die Einsicht in die unbedingte Notwendigkeit des logischen Prinzips ist.

Nagel behauptet, die wissenschaftliche Tätigkeit sei ohne ein Denken, das in sich gültig ist, undenkbar.[2] Insbesondere könnten wir Wissenschaft nicht verstehen als zu immer tieferem Verstehen fortschreitend. Statt dessen erscheine Wissenschaft als Folge von Vorstellungen, deren keine der Erkenntnis im geringsten näher ist – als ihr näher erkannt werden kann – als die vorhergehende. Nagel hat recht. Wir sehen, wie ein Denken, das in sich gültig ist, die Tätigkeit der Wissenschaft trägt. Es tut dies nicht, indem es wissenschaftliche Prinzipien rechtfertigt. Und so mag es scheinen, als wäre das in sich gültige Denken eine abgeschiedene Insel in einem Meer von Vorstellungen, denen innere Geltung fehlt und die daher so unbegründet sind, wie sie es ohne diese Insel in ihrer Mitte wären. Denken jedoch, das in sich gültig ist, das Urteil ohne Gegensatz, trägt die wissenschaftliche Tätigkeit, da es das Selbstbewußtsein des Erfahrungsurteils ist, das Bewußtsein *seiner* Geltung oder Notwendigkeit. Denken, das in sich gültig ist – das logische Prinzip –, ist die Selbsterkenntnis des Urteils, in dem sich das Urteil als alle Realität weiß. Da die Wissenschaft dieses Bewußtsein ist, weiß sie von sich, daß sie nicht leer und eitel ist.

Das zweite Horn des Dilemmas, das absolutes Wissen von empirischer Erkenntnis isoliert, stellt das absolute Wissen als nicht nur nicht absolut vor, sondern als überhaupt nichts. Das erste Horn des Dilemmas versucht empirische Erkenntnis in absolutem Wissen zu gründen, und stellt so empirische Erkenntnis als letztlich nicht empirisch vor; denn insofern sie im absoluten Wissen gründet, verwandelt sich die empirische Erkenntnis in ein Urteil ohne Gegensatz. Das absolute Wissen jedoch ist absolut eben darin, daß es

2 Vgl. Nagel, *Mind and Cosmos*, S. 83, *Geist und Kosmos*, S. 122 f.: »Der Prozeß ist höchst fallibel, aber er könnte nicht einmal versucht werden ohne den harten Kern der Selbstevidenz, von dem jedes weniger gewisse Schließen abhängt.« Leser von Nagels *The Last Word* fragen vielleicht nach einem Merkmal des Denkens, das in sich gültig ist. Ein solches Merkmal ist leicht anzugeben: Denken, das in sich gültig ist, hat keinen Gegensatz; man kann es nicht verneinen. Dies gilt für und nur für das, was in jedem Gedanken gedacht ist. Es gilt für das Selbstbewußtsein des Denkens.

das Bewußtsein des Prinzips des immerwährenden modalen Fortschreitens empirischer Erkenntnis ist. Eben als empirisch und mit Gegensatz gliedert sich das Urteil in Vermögen, Vermögen/Akt, Akt; und allein in dieser Gliederung, das heißt im Bewußtsein dieser Gliederung, liegt absolutes Wissen des logischen Prinzips. Das Wesen empirischer Erkenntnis als empirisch trennt sie also nicht vom absoluten Wissen; im Gegenteil ist empirische Erkenntnis in und durch seinen empirischen Charakter absolut.

Wissenschaft sucht nach Prinzipien des Urteilens, in denen sich das Erkenntnisvermögen selbst bestimmt. Ihre Tätigkeit ist empirische Erkenntnis, Urteil mit Gegensatz. *Philosophie* entfaltet das Selbstbewußtsein des Urteils; ihre Tätigkeit ist das absolute Wissen, Urteil ohne Gegensatz. Die Identität von empirischer und absoluter Erkenntnis ist also die Identität von Philosophie und Wissenschaft. Zum einen ist Wissenschaft, eben als Wissenschaft, als Erkenntnis nämlich, die objektiv ist und gültig kraft ihres Gegenstands statt kraft einer gegebenen Bestimmung des Subjekts, Philosophie, nämlich absolute Erkenntnis des logischen Prinzips der Gliederung, die Wissenschaft als Wissenschaft aufweist. Zum anderen ist Philosophie, eben als Philosophie, nämlich als Artikulation des *Ich denke*, als das Selbstbewußtsein des Urteils, Wissenschaft, nämlich die Tätigkeit, in der sich der Nexus von Urteilen, die im Rechtfertigen verbunden sind, gemäß dem Prinzip der Logik ausdehnt.

In der Philosophie artikulieren wir das absolute Wissen, den Begriff hinreichender Gründe, die logischen Prinzipien des Denkens. Die Werke Aristoteles' und Hegels sind die unübertroffenen Errungenschaften des Bemühens darum, das Selbstbewußtsein zu artikulieren. Ihr Werk unterscheidet sich von naturwissenschaftlicher Forschung. Dennoch ist klar, daß das Verstehen ihres Werks nur in der Einsicht, daß die Tätigkeit der Wissenschaft nichts anderes ist als die Betrachtung dieser Prinzipien *in concreto*, ganz verwirklicht ist. Umgekehrt ist das Werk der Wissenschaft nur verstanden, da es als die Wirklichkeit des absoluten Wissens erkannt ist.

10.2. Die spekulative Identität von Selbstbewußtsein und Objektivität

Die Gliederung des Erkenntnisvermögens in Vermögen, Vermögen/Akt, Akt konstituiert das Erfahrungsurteil als unendliches Fortschreiten von der assertorischen zur apodiktischen Modalität. Darin liegt die konstitutive Unvollständigkeit des empirischen Urteils. Eben das Bewußtsein dieser Unvollständigkeit, das Bewußtsein des dreifachen Gefüges, ist das absolute Wissen. Daher begreift sich das Urteil eben im Bewußtsein seiner unaufhebbaren Unvollständigkeit als vollständig. So verstehen wir die Geltung eines Erfahrungsurteils, ohne dem Mythos des Gegebenen anheimzufallen.

Darin, daß es ein Bewußtsein seiner Unvollständigkeit ist, begreift das Erfahrungsurteil seine Vollständigkeit. Darin, daß es empirisch ist, ist das empirische Urteil absolut. Darin, daß sie Erkenntnis der Natur ist, ist die Wissenschaft Philosophie und Selbsterkenntnis des Urteils. Um das richtig zu verstehen, müssen wir den Gedanken festhalten, daß die Identität dieser Begriffe – Philosophie und Wissenschaft, absolutes Wissen und empirische Erkenntnis, Vollständigkeit und Unvollständigkeit des Urteils, seine Befriedigung hier und jetzt und sein unendliches Fortschreiten – in ihrer Differenz liegt.

Die Idee einer Vollendung der Wissenschaft (»das Ende der Forschung«, die letzte Wissenschaft) ist der Gedanke einer vollständigen Identität von empirischer Erkenntnis und absolutem Wissen, einer Identität, in der ihre Differenz überwunden ist. Es ist der Gedanke einer Vollendung, aus der alle Unvollständigkeit ausgeschlossen ist. Es ist der Gedanke der Befriedigung unseres Verlangens, die Notwendigkeit unseres Urteilens einzusehen, in der unser Ringen um Einsicht zur Ruhe kommt. Diese Vorstellung ist leer. Da wir uns ihr entgegensetzen, versuchen wir, einen ursprünglichen Akt der Vernunft zu denken, der in sich vollkommen ist, rein, unberührt von jeder Differenz und Gliederung. Das ist der Gedanke einer letzten Differenz des absoluten vom empirischen Wissen, einer Differenz, die keine Identität ist. Es ist der Gedanke einer Vollendung, die in keiner Verbindung zu irgendeiner Unvollständigkeit steht. Es ist der Gedanke einer Befriedigung des Urteils, die jede Idee eines Abstands von einer solchen Befriedigung ausschließt. Diese Vorstellung ist ebenso leer.

Beide Vorstellungen beruhen auf demselben Gedanken: daß Selbstbewußtsein und Objektivität einander ausschließen. Indem wir überhaupt urteilen, weisen wir das im Gedanken der Geltung unseres Urteils zurück. Da wir überhaupt urteilen, erkennen wir die Differenz von Selbsterkenntnis und Erkenntnis der Natur als ihre Identität, ihre Identität als ihre Differenz.

Literatur

Anscombe, G. E. M., »Rules, Rights, and Promises«, in: *Midwest Studies in Philosophy* 3 (1978), S. 318-323; deutsch: »Regeln, Rechte und Versprechen«, in: U. Hlobil/K. Nieswandt (Hg.), *Aufsätze*, Berlin 2014, S. 82-93.

Aristoteles, *Über die Seele*, hg. v. H. Seidl, Hamburg 1995.

– »Über die Teile der Lebewesen«, in: H. Flaschar (Hg.), *Zoologische Schriften II*, Werke in deutscher Übersetzung, Bd. 17, S. 17-126.

– *Metaphysik*, hg. v. H. Seidl, Hamburg 1982.

– *Nikomachische Ethik*, hg. v. U. Wolf, Hamburg 2006.

Austin, John L., »Other Minds«, in: J. O. Urmson/G. J. Warnock (Hg.), *Philosophical Papers*, S. 76-116.

Baier, Annette, »The Idea of the True God in Descartes«, in: A. Rorty (Hg.), *Essays on Descartes' Meditations*, Berkeley 1986, S. 359-388.

Berger, Alan, »Kripke on the Incoherency of Adopting a Logic«, in: A. Berger (Hg.), *Saul Kripke*, Cambridge 2011, S. 177-210.

Blecher, Ian S., »Kant on Formal Modality«, in: *Kant-Studien* 104 (2013), S. 44-62.

Boghossian, Paul, »What is Inference?«, in: *Philosophical Studies* 169 (2014), S. 1-18.

Boyle, Matthew, »Active Belief«, in: *Canadian Journal of Philosophy* 39 (2009), S. 119-147.

Carroll, Lewis, »What the Tortoise Said to Achilles«, in: *Mind* 4 (1895), S. 278-280.

Evans, Gareth, *The Varieties of Reference*, Oxford 1982.

– »Things Without the Mind. A Commentary upon Chapter Two of Strawson's *Individuals*«, in: ders., *Collected Papers*, Oxford 1985, S. 249-290.

Franks, Paul, *All or Nothing. Systematicity, Transcendental Arguments, and Skepticism in German Idealism*, Cambridge/Mass. 2005.

Frege, Gottlob, »Logik (1879-1891)«, in: H. Hermes/F. Kambartel (Hg.), *Nachgelassene Schriften*, Hamburg 1969, S. 1-8.

– »Der Gedanke«, in: G. Patzig (Hg.), *Logische Untersuchungen*, Göttingen 1966, S. 30-53.

– *Grundgesetze der Arithmetik. Begriffsschriftlich abgeleitet*, Band I und II, Paderborn 2008.

Grover, Dorothy, Joseph L. Camp, Jr., Nuel D. Belnap, Jr., »A Prosentential Theory of Truth«, in: *Philosophical Studies. An International Journal for Philosophy in the Analytic Tradition* 27 (1975), S. 73-125.

Haase, Matthias, »Geist und Gewohnheit: Hegels Begriff der anthropologischen Differenz«, in: A. Kern / Ch. Kietzman (Hg.), *Selbstbewusstes Leben. Texte zu einer transformativen Theorie der menschlichen Subjektivität*, Berlin 2017, S. 389-426.

Hegel, Georg Wilhelm Friedrich, »Verhältniß des Skepticismus zur Philosophie, Darstellung seiner verschiedenen Modificationen, und Vergleichung des neuesten mit dem alten«, in: *Jenaer Kritische Schriften*, Gesammelte Werke 4, Hamburg 1968, S. 197-238.

– *Phänomenologie des Geistes*, Gesammelte Werke 9, Hamburg 1980.

– *Wissenschaft der Logik*, Gesammelte Werke 21, Hamburg 1985.

– *Enzyklopädie der philosophischen Wissenschaften im Grundrisse*, Gesammelte Werke 20, Hamburg 1992.

Kant, Immanuel, *Kritik der reinen Vernunft*, Kants gesammelte Schriften 3/4, Berlin 1911.

– *Grundlegung zur Metaphysik der Sitten*, Kants gesammelte Schriften 4, Berlin 1911.

– *Kritik der praktischen Vernunft*, Kants gesammelte Schriften 5, Berlin 1913.

– *Logik*, Kants gesammelte Schriften 9, Berlin 1923.

Kern, Andrea, *Quellen des Wissens. Zum Begriff vernünftiger Erkenntnisfähigkeiten*, Frankfurt/M. 2006.

Kimhi, Irad, *Thinking and Being. A Two Way Capacity*, Cambridge/Mass. 2018.

Kitcher, Patricia, *Kant's Thinker*, Oxford 2011.

Lavin, Douglas, »Problems of Intellectualism. Raz on Reason and Its Objects«, in: *Jurisprudence* 2 (2011), S. 367-378.

Lear, Jonathan, Barry Stroud, »The Disappearing ›We‹«, in: *Proceedings of the Aristotelian Society, Supplementary Volumes* 58 (1984), S. 219-258.

Lear, Jonathan, *Radical Hope. Ethics in the Face of Cultural Devastation*, Cambridge/Mass. 2006.

Lewis, David, »Index, Context and Content«, in: S. Kanger/S. Öhmann (Hg.), *Philosophy and Grammar. Papers on the Occasion of the Quincentennial of Uppsala University*, Dordrecht 1980, S. 79-100.

MacFarlane, John, *Assessment Sensitivity. Relative Truth and Its Applications*, Oxford 2014.

Marusic, Jennifer Smalligan, »Propositions and Judgments in Locke and Arnauld. A Monstrous and Unholy Union?«, in: *Journal of the History of Philosophy* 52 (2014), S. 255-280.
McDowell, John, *Mind and World*, Cambridge/Mass. 1994; deutsch: *Geist und Welt*, Frankfurt/M. 2001.
– »*De Re* Senses«, in: *Meaning, Knowledge, and Reality*, Cambridge/Mass. 1998, S. 214-227.
– »Aesthetic Value, Objectivity, and the Fabric of the World«, in: *Mind, Value, and Reality*, Cambridge/Mass. 1998, S. 112-130; deutsch: »Ästhetischer Wert, Objektivität und das Gefüge der Welt«, in: A. Honneth / M. Seel (Hg.), *Wert und Wirklichkeit. Aufsätze zur Moralphilosophie*, Frankfurt/M. 2002, S. 179-203.
– »Sellars on Perceptual Experience«, in: *Having the World in View. Essays on Kant, Hegel, and Sellars*, Cambridge/ Mass. 2009, S. 3-22; deutsch: »Sellars über sinnliche Erfahrung«, in: ders., *Die Welt im Blick. Aufsätze zu Kant, Hegel und Sellars*, Berlin 2015, S. 19-46.
– »Hegel's Idealism as a Radicalization of Kant«, in: *Having the World in View. Essays on Kant, Hegel, and Sellars*, Cambridge/ Mass. 2009, S. 69-89; deutsch: »Hegels Idealismus als Radikalisierung Kants«, in: *Die Welt im Blick. Aufsätze zu Kant, Hegel und Sellars*, Berlin 2015, S. 107-132.
Moore, Adrian W., *Points of View*, Oxford 1997.
– »One or Two Dogmas of Objectivism«, in: *Mind* 108 (1999), S. 381-393.
Moran, Richard, *Authority and Estrangement. An Essay on Self-Knowledge*, Princeton/N. J. 2001.

Nagel, Thomas, *The View from Nowhere*, Oxford 1986; deutsch: *Der Blick von nirgendwo*, Frankfurt/M. 1992.
– *The Last Word*, Oxford 1997; deutsch: *Das letzte Wort*, Stuttgart 1999.
– *Mind and Cosmos. Why the Materialist Neo-Darwinian Conception of Nature Is Almost Certainly False*, Oxford 2012; deutsch: *Geist und Kosmos. Warum die materialistische neodarwinistische Konzeption der Natur so gut wie sicher falsch ist*, Berlin 2013.

Quine, W. V. O., »Two Dogmas of Empiricism«, in: ders., *From a Logical Point of View. Nine Logico-Philosophical Essays*, Cambridge/Mass. 1953, S. 20-46; deutsch: »Zwei Dogmen des Empirismus«, in: ders., *Von einem Logischen Standpunkt. Neun logisch-philosophische Essays*, Frankfurt/M., Berlin, Wien 1979, S. 27-50.

Rödl, Sebastian, *Kategorien des Zeitlichen. Eine Untersuchung der Formen des endlichen Verstandes*, Frankfurt/M. 2005.
– *Selbstbewusstsein*, Berlin 2011.

– »The Idea of Practice«, in: P. Stekeler-Weithofer (Hg.), *Wittgenstein. Zu Philosophie und Wissenschaft*, Hamburg 2012, S. 190-202.
– »Self-Consciousness and Knowledge«, in: S. Bacin u. a. (Hg.), *Kant und die Philosophie in weltbürgerlicher Absicht*, Berlin 2013, S. 357-370.
– »Review of *Transcendental Philosophy and Naturalism*, by J. Smith, P. Sullivan (eds.)«, in: *European Journal of Philosophy* 22 (2014), S. 483-504.
– »Autonomy and Education«, in: *Journal of Philosophy of Education* 50 (2016), S. 84-97.
– »The First Person and Self-Knowledge in Analytic Philosophy«, in: U. Renz (Hg.), *Self-Knowledge. A History*, Oxford 2017, S. 280-294.
– »Self-Consciousness, Negation, and Disagreement«, in: *Proceedings of the Aristotelian Society* 117/3 (2017), S. 215-230.

Scanlon, Tim, *Being Realistic About Reasons*, Oxford 2014.

Thomas von Aquin, *Quaestiones disputatae de veritate*; deutsch: *Über die Wahrheit*, Wiesbaden 2013.
– *Summa Theologica*, Graz u. a. 1933 ff.
Thompson, Michael, »You and I. Some Puzzles about Mutual Recognition«, ⟨http://www.pitt.edu/~mthompso/i+you.pdf⟩, letzter Zugriff 13. 6. 2018.
Tugendhat, Ernst, *Vorlesungen zur Einführung in die sprachanalytische Philosophie*, Frankfurt/M. 1967.

Williams, Bernard, *Descartes. The Project of Pure Enquiry*, New York 1978.
Wittgenstein, Ludwig, »Philosophische Untersuchungen«, in: *Tractatus logico-philosophicus*, Werkausgabe Bd. 1, Frankfurt/M. 1984.
– »Tractatus logico-philosophicus«, in: *Tractatus logico-philosophicus*, Werkausgabe Bd. 1, Frankfurt/M. 1984.
– »Zettel«, in: *Über Gewissheit*, Werkausgabe Bd. 8, Frankfurt/M. 1984.
– Wright, Crispin, »Comment on Paul Boghossian, ›What is Inference?‹«, in: *Philosophical Studies* 169 (2012), S. 27-37.

Yalcin, Seth, »Epistemic Modals«, in: *Mind* 116 (2007), S. 983-1026.

Register

Georg Wilhelm Friedrich Hegel im Suhrkamp Verlag

stw-Werkausgabe in zwanzig Bänden. Redaktion: Eva Moldenhauer und Karl Markus Michel. Mit einem Registerband. (Die Ausgabe ist text- und seitenidentisch mit der 1969 ff. erschienenen Theorie-Werkausgabe.) 12618 Seiten

Die Bände sind auch einzeln lieferbar

1: Frühe Schriften. stw 601. 637 Seiten

2: Jenaer Schriften. 1801-1807. stw 602. 593 Seiten

3: Phänomenologie des Geistes. stw 603. 599 Seiten

4: Nürnberger und Heidelberger Schriften 1808-1817. stw 604. 623 Seiten

5: Wissenschaft der Logik I. Erster Teil. Die objektive Logik. Erstes Buch. stw 605. 457 Seiten

6: Wissenschaft der Logik II. Erster Teil. Die objektive Logik. Zweites Buch. Zweiter Teil. Die subjektive Logik. stw 606. 575 Seiten

7: Grundlinien der Philosophie des Rechts oder Naturrecht und Staatswissenschaft im Grundrisse. Mit Hegels eigenhändigen Notizen und den mündlichen Zusätzen. stw 607. 531 Seiten

8: Enzyklopädie der philosophischen Wissenschaften im Grundrisse 1830. Erster Teil. Die Wissenschaft der Logik. Mit den mündlichen Zusätzen. stw 608. 393 Seiten

NF 115/1/6.09

9: Enzyklopädie der philosophischen Wissenschaften im Grundrisse 1830. Zweiter Teil. Die Naturphilosophie. Mit den mündlichen Zusätzen. stw 609. 539 Seiten

10: Enzyklopädie der philosophischen Wissenschaften im Grundrisse 1830. Zweiter Teil. Die Naturphilosophie. Dritter Teil. Die Philosophie des Geistes. Mit den mündlichen Zusätzen. stw 610. 432 Seiten

11: Berliner Schriften 1818-1831. stw 611. 432 Seiten

12: Vorlesungen über die Philosophie der Geschichte. stw 612. 568 Seiten

13: Vorlesungen über die Ästhetik I. stw 613. 546 Seiten

14: Vorlesungen über die Ästhetik II. stw 614. 462 Seiten

15: Vorlesungen über die Ästhetik III. stw 615. 578 Seiten

16: Vorlesungen über die Philosophie der Religion I. stw 616. 442 Seiten

17: Vorlesungen über die Philosophie der Religion II. Vorlesungen über die Beweise vom Dasein Gottes. stw 617. 540 Seiten

18: Vorlesungen über die Geschichte der Philosophie I. stw 618. 560 Seiten

19: Vorlesungen über die Geschichte der Philosophie II. stw 619. 600 Seiten

20: Vorlesungen über die Geschichte der Philosophie III. stw 620. 566 Seiten

NF 115/2/6.09

Einzelausgaben

Die Philosophie der Kunst. Vorlesung von 1826. Herausgegeben von Annemarie Gethmann-Siefert, Jeong-Im Kwon und Karsten Berr. stw 1722. 297 Seiten

Die Philosophie des Rechts. Vorlesung von 1821/22. Herausgegeben von Hansgeorg Hoppe. stw 1721. 237 Seiten

Zu Georg Wilhelm Friedrich Hegel Eine Auswahl

Materialien zu Hegels ›Phänomenologie des Geistes‹. Herausgegeben von Hans Friedrich Fulda und Dieter Henrich. stw 9. 445 Seiten

Materialien zu Hegels Rechtsphilosophie. Herausgegeben von Manfred Riedel. Band 1. stw 88. 437 Seiten

Der Weg zum System. Materialien zum jungen Hegel. Herausgegeben von Christoph Jamme und Helmut Schneider. stw 763. 307 Seiten

Herbert Schnädelbach (Hg.). Hegels Philosophie – Kommentare zu den Hauptwerken. Drei Bände. stw 1475-1477. 1500 Seiten

- Band 1: Ludwig Siep, der Weg der »Phänomenologie des Geistes«. stw 1475 384 Seiten
- Band 2: Herbert Schnädelbach, Hegels praktische Philosophie. stw 1476. 400 Seiten
- Band 3: Hegels »Enzyklopädie der philosophischen Wissenschaften« (1830). Von Hermann Drüe, Annemarie Gethmann-Siefert, Christa Hackenesch, Walter Jaeschke, Wolfgang Neuser und Herbert Schnädelbach. stw 1477. 568 Seiten

NF 115/3/6.09

Philosophie des Geistes im Suhrkamp Verlag

Anatomie der Subjektivität. Bewußtsein, Selbstbewußtsein und Selbstgefühl. Herausgegeben von Thomas Grundmann, Frank Hofmann, Catrin Misselhorn, Violetta L. Waibel und Véronique Zanetti. stw 1735. 496 Seiten

Wolfgang Barz. Die Transparenz des Geistes. stw 2034. 400 Seiten

Bewußtsein. Philosophische Beiträge. Herausgegeben von Sybille Krämer. stw 1240. 250 Seiten

Susan Blackmore. Gespräche über Bewußtsein. Aus dem Englischen von Frank Born. Mit einem Glossar. Gebunden und stw 2023. 380 Seiten.

Robert B. Brandom
- Expressive Vernunft. Aus dem Amerikanischen von Eva Gilmer und Hermann Vetter. 1014 Seiten. Gebunden
- Begründen und Begreifen. Eine Einführung in den Inferentialismus. Aus dem Amerikanischen von Eva Gilmer. Gebunden und stw 1689. 264 Seiten

Donald Davidson
- Dialektik und Dialog. Rede anläßlich der Verleihung des Hegel-Preises 1992. stw 1080. 101 Seiten
- Handlung und Ereignis. Aus dem Amerikanischen von Joachim Schulte. Gebunden und stw 895. 421 Seiten
- Probleme der Rationalität. Vorwort von Marcia Cavell. Aus dem Amerikanischen von Joachim Schulte. 445 Seiten. Gebunden

NF 165/1/8.12

- Subjektiv, intersubjektiv, objektiv. Aus dem Amerikanischen von Joachim Schulte. 382 Seiten. Gebunden
- Wahrheit und Interpretation. Herausgegeben von Dieter Henrich und Niklas Luhmann. Aus dem Amerikanischen von Joachim Schulte. stw 896. 408 Seiten
- Wahrheit, Sprache und Geschichte. Aus dem Amerikanischen von Joachim Schulte. 514 Seiten. Gebunden

Donald Davidson / Richard Rorty. Wozu Wahrheit? Eine Debatte. Herausgegeben und mit einem Nachwort von Mike Sandbothe. stw 1691. 353 Seiten

Daniel C. Dennett. Süße Träume. Die Erforschung des Bewußtseins und der Schlaf der Philosophie. Aus dem Amerikanischen von Gerson Reuter. 216 Seiten. Gebunden

Farben. Betrachtungen aus Philosophie und Naturwissenschaften. Herausgegeben von Stefan Glasauer und Jakob Steinbrenner. stw 1825. 370 Seiten

Manfred Frank. Ansichten der Subjektivität. stw 2021. 420 Seiten

Gene, Meme und Gehirne. Geist und Gesellschaft als Natur. Eine Debatte. Herausgegeben von A. Becker, C. Mehr, H. H. Nau, G. Reuter und D. Stegmüller. stw 1643. 336 Seiten

Andrea Kern. Quellen des Wissens. Zum Begriff vernünftiger Erkenntnisfähigkeit. stw 1786. 385 Seiten

Ruth Garrett Millikan
- Biosemantik. Sprachphilosophische Aufsätze. Aus dem Amerikanischen von Alex Burri. stw 1979. 205 Seiten

NF 165/2/8.12

- Die Vielfalt der Bedeutung. Zeichen, Ziele und ihre Verwandtschaft. Aus dem Amerikanischen von Hajo Greif. stw 1829. 330 Seiten

Thomas Nagel. Der Blick von nirgendwo. Aus dem Amerikanischen von Michael Gebauer. stw 2035. 418 Seiten

Martine Nida-Rümelin. Der Blick von innen. Zur transtemporalen Identität bewusstseinsfähiger Wesen. stw 1787. 357 Seiten

Philosophie und Neurowissenschaften. Herausgegeben von Dieter Sturma. stw 1770. 266 Seiten

Hilary Putnam
- Repräsentation und Realität. Übersetzt von Joachim Schulte. stw 1394. 220 Seiten
- Vernunft, Wahrheit und Geschichte. Aus dem Amerikanischen von Joachim Schulte. stw 853. 294 Seiten

Sebastian Rödl
- Kategorien des Zeitlichen. Eine Untersuchung der Formen des endlichen Verstands. stw 1748. 215 Seiten
- Selbstbewußtsein. stw 1992. 264 Seiten.

Richard Rorty. Der Spiegel der Natur. Eine Kritik der Philosophie. Aus dem Amerikanischen von Michael Gebauer. stw 686. 438 Seiten

Jürgen Schröder. Einführung in die Philosophie des Geistes. stw 1671. 400 Seiten

John R. Searle
- Freiheit und Neurobiologie. Aus dem Amerikanischen von Jürgen Schröder. Kartoniert. 96 Seiten

NF 165/3/8.12

- Geist. Eine Einführung. Aus dem Amerikanischen von Sibylle Salewski. 324 Seiten. Gebunden
- Geist, Sprache und Gesellschaft. Philosophie der wirklichen Welt. Aus dem Amerikanischen von Harvey P. Gavagai. stw 1670. 192 Seiten
- Intentionalität. Eine Abhandlung zur Philosophie des Geistes. Aus dem Amerikanischen von Harvey P. Gavagai. stw 956. 353 Seiten
- Die Konstruktion der gesellschaftlichen Wirklichkeit. Zur Ontologie sozialer Tatsachen. Aus dem Amerikanischen von Martin Suhr. stw 2005. 248 Seiten
- Wie wir die soziale Welt machen. Die Struktur der menschlichen Zivilisation. Aus dem Amerikanischen von Joachim Schulte. 351 Seiten. Gebunden

Selbstbewußtseinstheorien von Fichte bis Sartre. Herausgegeben und mit einem Nachwort versehen von Manfred Frank. stw 964. 599 Seiten

Michael Tomasello
- Die kulturelle Entwicklung des menschlichen Denkens. Zur Evolution der Kognition. Aus dem Englischen von Jürgen Schröder. stw 1827. 307 Seiten
- Die Ursprünge der menschlichen Kommunikation. Aus dem Amerikanischen von Jürgen Schröder. Mit Abbildungen. stw 2004. 410 Seiten

Matthias Vogel. Medien der Vernunft. Eine Theorie des Geistes und der Rationalität auf Grundlage einer Theorie der Medien. stw 1556. 427 Seiten

Wissen zwischen Entdeckung und Konstruktion. Erkenntnistheoretische Kontroversen. Herausgegeben von Matthias Vogel und Lutz Wingert. stw 1591. 328 Seiten

NF 165/4/8.12